权威·前沿·原创

皮书系列为
"十二五""十三五""十四五"时期国家重点出版物出版专项规划项目

B
BLUE BOOK

智库成果出版与传播平台

上海蓝皮书

BLUE BOOK OF SHANGHAI

上海奉贤经济发展分析与研判
（2023~2024）

ECONOMY OF SHANGHAI FENGXIAN:
ANALYSIS AND FORECAST (2023-2024)

主　编／张兆安　朱平芳　王东辉
副主编／张　淼　邸俊鹏

社会科学文献出版社
SOCIAL SCIENCES ACADEMIC PRESS (CHINA)

图书在版编目（CIP）数据

上海奉贤经济发展分析与研判 . 2023~2024 / 张兆安，朱平芳，王东辉主编.--北京：社会科学文献出版社，2024.3
（上海蓝皮书）
ISBN 978-7-5228-3252-4

Ⅰ.①上… Ⅱ.①张… ②朱… ③王… Ⅲ.①区域经济发展-经济分析-研究报告-奉贤区-2023~2024②区域经济发展-经济预测-研究报告-奉贤区-2023~2024
Ⅳ.①F127.513

中国国家版本馆 CIP 数据核字（2024）第 029871 号

上海蓝皮书
上海奉贤经济发展分析与研判（2023~2024）

主　　编／张兆安　朱平芳　王东辉
副 主 编／张　淼　邸俊鹏

出 版 人／冀祥德
责任编辑／胡庆英　陈　荣
责任印制／王京美

出　　版／社会科学文献出版社·群学出版分社（010）59367002
　　　　　地址：北京市北三环中路甲 29 号院华龙大厦　邮编：100029
　　　　　网址：www. ssap. com. cn
发　　行／社会科学文献出版社（010）59367028
印　　装／天津千鹤文化传播有限公司

规　　格／开 本：787mm×1092mm　1/16
　　　　　印 张：21　字 数：316 千字
版　　次／2024 年 3 月第 1 版　2024 年 3 月第 1 次印刷
书　　号／ISBN 978-7-5228-3252-4
定　　价／158.00 元

读者服务电话：4008918866

编委会名单

主要编撰者简介

张兆安　男，汉族，博士，研究员，博士生导师，上海社会科学院原副院长，现为全国人大代表，上海社会科学院区县研究中心主任，上海国际经济交流中心副理事长，国家高端智库《中国宏观经济运行研究》团队首席专家，中国民主建国会中央委员会委员、中央经济委员会副主任、上海市委副主委，上海交通大学、上海市委党校（上海行政学院）、上海对外经贸大学、华东政法大学、上海海洋大学等高校兼职教授等。曾经长期担任上海市人民政府发展研究中心咨询部主任，《上海经济年鉴》主编，民建上海市委专职副主委；第十届上海市政协委员，第十一届、第十二届、第十三届全国人大代表；长期以来在上海社会科学院、上海市人民政府发展研究中心以及民建上海市委从事经济理论、决策咨询、新闻出版等工作。出版著作20部、译著1部，发表论文和文章300余篇，自1997年起连续18年主编《上海经济年鉴》，主持120余项国家及省市级的重大决策咨询课题，荣获各类奖项20多项。

朱平芳　男，汉族，博士，研究员，博士生导师，现为上海社会科学院研究生院院长、数量经济研究中心主任，享受政府特殊津贴专家，"上海领军人才"；研究方向为计量经济学、宏观经济预测分析与政策评价、科技进步评价与分析；在《经济研究》、《统计研究》和 *Journal of Business & Economic Statistics* 等国内外权威学术刊物上发表论文20多篇；主持上海市人民政府发展研究中心和上海市科学技术委员会软科学项目等。

王东辉 男，汉族，现为中共上海市奉贤区委党校（奉贤区行政学院）副校（院）长，上海市奉贤区思想政治工作研究会副会长，主要从事教学、科研及干部教育培训与管理工作；2018～2022年，组织、主持开展各类课题研究116项，形成咨政成果113篇，获得市区两级领导批示54次。

张 淼 女，汉族，硕士，副教授、会计师、经济师，现为中共上海市奉贤区委党校（奉贤区行政学院）教学部副主任，长期从事经济领域的教学和科研工作，主要研究方向为区域经济学、金融学；在国家、省级刊物发表文章30余篇，参编教材、论著8部；主持、参与多项省部级、市级科研课题，形成咨政成果，获不同层次奖励。

邸俊鹏 女，汉族，博士，现为上海社会科学院经济研究所、数量经济研究中心副研究员；曾主持国家自然科学基金青年项目、上海市哲学社会科学规划项目一般项目、上海市科学技术委员会软科学项目等，在权威期刊《统计研究》、《数量经济技术经济研究》和《教育研究》等上发表学术论文10余篇。

摘　要

近年来，奉贤区不断优化产业结构，培育发展动能，激活创新动力，经济呈现稳中有进、稳中向好的态势，围绕"美丽大健康、新能源汽配、数智新经济、化学新材料"四大新兴产业，大力引进龙头企业，不断做强产业链，着力打造上海先进制造业重要承载区、前沿技术转化首选区、人才创新创业活力区、生态宜居产城融合区，全力打造创新创业、宜居宜业的人民之城、未来之城。本书分别从农业、工业、服务业、固定资产投资、消费品市场、对外经济形势、财政形势、房地产发展形势等角度对奉贤经济进行深入研究，还对"东方美谷"美丽大健康产业集群、新能源汽车产业高地、数字江海、提升中小企业核心竞争力、奉贤新城消费高质量发展、数字乡村、南上海创新人才高地、"无废城市"与"双碳"发展以及新江南文化等特色经济做了详尽的专题分析。全书共有总报告1篇，分报告8篇，专题报告9篇，分别从不同角度对奉贤区经济运行情况进行了回顾与总结，并提出了相应的分析与研判。

首先，本书对奉贤区2023年前三季度经济运行的总体情况进行解读。奉贤抢抓自贸区临港新片区和新城建设两大历史机遇，经济加快发展、新城全面发力、营商环境持续优化，一大批优质企业集聚成势，经济社会发展呈现良好态势。主要经济指标恢复向好，经济增长核心动力足。奉贤数智新经济发展初具规模，以"数字江海"为引擎，数字产业规模快速扩大，数字技术赋能乡村振兴建设成效显著，以数字文化产业赋能奉贤区域文化软实力新高地建设。奉贤发挥龙头企业对新能源汽车产业链上下游的整合作用，借力产学研合作布局智能网联汽车，坚持以场景建设牵引产业创新发展。奉贤坚持"建城—引才—创业—发展"可持续循环，高标准建设奉贤新城，加速推动各类优质资源的落地，以"引育留"为抓手全力打造南上海人才高地。

其次，本书分别从生产、支出、收入的角度出发，对奉贤区的经济发展情况进行了分析与研判。研究表明：从生产的角度来看，农村现代化不断升级，农村经营主体不断壮大，工业增长对经济拉动作用显著，经济发展新动能不断释放，服务业增速逐步恢复。从支出的角度来看，消费品市场稳步回升，促消费政策利好不断，固定资产调控作用凸显，工业投资进入加速阶段，跨境电商亮点纷呈。从收入的角度来看，财政收入有所回升，财政支出保持稳定，房地产经营情况较为低迷，市场呈现收缩的趋势，积极推进多元保障房建设，落实人才房供应、申请等工作。

最后，本书对奉贤区经济发展亮点与特色进行总结与展望。奉贤加快提升中小企业核心竞争力，强化创新主体作用，持续优化营商环境，推动科技成果落地。抢抓新片区机遇，打造奉贤新能源汽车产业高地，加强奉贤在汽车零部件和智能网联等有优势的领域的发展，加强产业链协同发展。聚力数字江海建设，推动奉贤城市数字化转型，丰富数字场景建设，拓展应用广度，提高应用深度。通过打造现代消费场景、提升城市生活品质等方式，引领"健康""美丽"消费新市场，满足多元化需求，推动新型消费经济，提升奉贤新城的知名度和繁荣度。进一步发挥数字乡村建设对乡村振兴的推动作用，打造数字乡村建设助推乡村振兴的"奉贤样板"。奉贤积极推进"无废城市"建设，加快推进固体废物减量化、资源化利用，并带来了显著的环境效益、经济效益和社会效益，具备促进二氧化碳减排的潜力。奉贤打造具有品牌影响力的文化地标，推动建设南上海文化创意产业集聚区。奉贤持续聚贤引才，打造南上海创新人才高地，加快推动专业技术人才引育，完善人才工作机制。

关键词： 奉贤经济　高质量发展　乡村振兴

目 录

Ⅰ 总报告

B.1 2024年上海奉贤经济形势分析与预测 ……… 朱平芳 邱俊鹏 / 001

Ⅱ 分报告

B.2 2023~2024年奉贤农业经济形势分析与研判 ………… 方顺超 / 020

B.3 2023~2024年奉贤工业形势分析与研判

……………………………… 王永水 任 静 倪润德 / 034

B.4 2023~2024年奉贤服务业形势分析与研判 ………… 纪园园 / 066

B.5 2023~2024年奉贤固定资产投资形势分析与研判

…………………………………………… 何雄就 伏开宝 / 081

B.6 2023~2024年奉贤消费品市场形势分析与研判

…………………………………………… 邱俊鹏 宋敏兰 / 106

B.7 2023~2024年奉贤对外经济形势分析与研判 ………… 李世奇 / 121

B.8 2023~2024年奉贤财政形势分析与研判 ……………… 程东坡 / 139

B.9 2023~2024年奉贤房地产发展形势分析与研判

………………………………………………………… 谢娒青 / 154

Ⅲ 专题报告

B.10 科技创新赋能生命健康产业链，打造"东方美谷"

千亿级美丽大健康产业集群 ………………… 谢越姑 张 淼 / 171

B.11 抢抓新片区机遇，打造奉贤新能源汽车产业高地

………………………………………… 马艺瑗 张 淼 / 184

B.12 聚力数字江海建设，推动奉贤城市数字化转型

………………………………………… 乔 娜 丁波涛 / 198

B.13 提升中小企业核心竞争力，推动奉贤科技创新高质量发展

………………………………………… 马鹏晴 沈鹏远 / 215

B.14 特色商业功能区促进奉贤新城消费高质量发展

………………………………………… 孟 醒 杜学峰 / 229

B.15 数字乡村建设助推奉贤乡村振兴 ………… 冯树辉 吴康军 / 246

B.16 聚贤引才，奉贤区打造南上海创新人才高地

………………………………………… 张美星 朱嘉梅 / 263

B.17 协同推进奉贤"无废城市"建设与"双碳"战略目标

………………………………………………… 徐大丰 / 278

B.18 建构新江南文化 奉贤打造区域文化软实力新高地

………………………………………… 杜学峰 廖 辉 / 289

Abstract ……………………………………………………… / 301

Contents ……………………………………………………… / 305

皮书数据库阅读**使用指南**

总 报 告

B.1

2024年上海奉贤经济形势分析与预测

朱平芳　邸俊鹏*

摘　要： 在国际经贸形势严峻、全球经济增速继续放缓、外需增长放缓等外部环境的影响下，2023年奉贤区按照"新片区西部门户、南上海城市中心、长三角活力新城"的定位，推动区域经济高质量发展。前三季度主要经济指标恢复增长态势，经济运行总体向好发展。农村现代化不断升级，农村经营主体不断壮大；工业增长对经济拉动作用显著，经济发展新动能不断释放；服务业增速逐步恢复，固定资产投资增速加快。消费品市场稳步回升，固定资产逆周期调控作用凸显，房地产市场呈现收缩趋势。综合外部环境和奉贤区内生动力发展情况，预计2024年奉贤地区生产总值将加快增长步伐，增速水平有望高于2023年。但仍需重点关注国际经贸发展形势，做好扩内需促消费、招商引资、招贤引才等工作。把握数字产业加快布局、生

---

* 朱平芳，上海社会科学院数量经济研究中心研究员、博士生导师，主要研究方向为计量经济学、宏观经济预测分析与政策评价、科技进步评价与分析；邸俊鹏，经济学博士，上海社会科学院经济研究所、数量经济研究中心副研究员，主要研究方向为宏观经济形势分析、计量经济学理论及政策评估。

物医药和新能源汽车产业集聚发展、乡村振兴与奉贤新城建设发展等机遇，持续推动科技创新，推动奉贤经济可持续发展。

关键词： 奉贤经济　稳增长　产业集聚

一　2023年奉贤经济发展状况

2023年我们面临的外部环境更为复杂严峻。国际政治经济博弈加剧，美元持续加息，国内面临多风险因素冲击，市场信心虽不断提振但未能得到全面修复，房地产市场继续走弱。在此背景下，中国经济社会发展大局仍保持稳定。国民经济持续恢复向好，生产供给稳步增加，市场需求持续扩大，就业状况总体改善，物价总体平稳，发展质量稳步提升，积极因素累积增多。上海认真贯彻落实党中央、国务院决策部署和市委、市政府工作要求，坚持稳中求进工作总基调，着力扩大内需、提振信心，前三季度经济总体延续恢复向好态势，物价和就业总体保持稳定，高质量发展有效推进。奉贤区按照"新片区西部门户、南上海城市中心、长三角活力新城"的城区定位，抢抓自贸区临港新片区和新城建设两大历史机遇，经济加快发展、新城全面发力、营商环境持续优化，一大批优质企业集聚成势，经济社会发展呈现良好态势。

（一）经济总体向好发展，经济活力不断释放

主要经济指标恢复向好，经济增长核心动力足。2023年前三季度，奉贤实现地区生产总值1003.5亿元，同比增长5.8%（见表1）。1~10月，完成财政总收入632.9亿元，同比增长12.4%；规模以上工业总产值2298.4亿元，同比增长6.9%。[①]

---

① 本报告中，若无特殊说明，数据来自《奉贤统计月报》。

从表1中可以看出，2023年1~9月奉贤区主要经济指标，除进口总额同比下降外，其余指标均同比增长。其中，固定资产投资总额同比增长较快，尤其是工业投资较去年同比增长52.9%。工业投资加速布局，投资稳经济的作用进一步显现。此外，临港新片区产城融合区工业总产值（规模以上）有较大幅度的增长，进一步彰显了奉贤区实体经济的增长态势。社会消费品零售总额、财政收入、城乡居民人均可支配收入等指标均实现10%以上的正增长，居民的消费和收入增长保持向好发展态势，为经济的稳定增长奠定了基础。

表1 奉贤区近几年主要经济指标对比

主要经济指标	单位	2023年1~9月	同比增长（%）	2022年	2021年	2020年
地区生产总值	亿元	1003.5	5.8	1371.1	949.8	842.0
规模以上工业总产值	亿元	2062.3	9.8	2637.0	2362.8	1901.5
临港新片区产城融合区工业总产值（规模以上）	亿元	674.9	31.0	——	——	——
战略性新兴产业工业总产值（规模以上）	亿元	923.3	17.1	1161.5	818.4	633.6
固定资产投资总额	亿元	415.1	22.0	541.9	581.2	527.3
其中:工业投资	亿元	124.6	52.9	136.9	136.7	114.0
房地产投资	亿元	184.0	7.9	259.8	306.4	300.2
商品销售额	亿元	995.2	3.3	1333.9	1481.6	1273.9
社会消费品零售总额	亿元	436.7	12.5	521.7	564.3	516.7
进出口总额	亿元	830.9（1~8月）	1.7	1232.2	1122.1	883.2
其中:出口总额	亿元	494.2（1~8月）	11.2	713.1	629.1	442.3
进口总额	亿元	336.7（1~8月）	-9.6	519.2	493.0	440.9
财政收入	亿元	560.4	12.7	651.4	670.8	491.1
区级地方财政收入	亿元	177.6	2.6	222.5	220.8	161.6
财政支出	亿元	256.8	10.4	336.8	332.6	427.1
城乡居民人均可支配收入	元	30973（1~6月）	11.3	55292.0	54086.0	49439.0

资料来源：历年《上海市奉贤区统计年鉴》、《奉贤统计月报》和《2023年奉贤区国民经济和社会发展统计公报》。

从表2中奉贤区与上海市其他郊区部分经济指标的情况对比可以看出，2023年前三季度，奉贤区的经济增速在各郊区中处于中间水平。表2中所列的各项经济指标，奉贤区均实现正增长，并未出现负增长的情况，且各项指标的增速与其他郊区相比均处于中间水平，说明奉贤区经济发展较为均衡稳健。从总量上看，奉贤区规模以上工业产值仅次于嘉定、松江和闵行，但这三个区增速均为负。奉贤区社会消费品零售总额总量上相较闵行、嘉定、宝山等区仍有较大差距，未来发展空间较大。

表2　上海市郊区2023年前三季度部分经济指标对比

单位：亿元，%

指标	奉贤	闵行	宝山	嘉定	松江	金山	青浦	崇明
地区生产总值	1003.5	2078.5	1266.1	1919.0	1224.7	808.3	988.8	299.7
同比增速	5.8	4.0	2.7	2.4	0.2	7.8	7.7	6.8
规模以上工业产值	2062.3	2427.2	1870.8	3160.2	2734.6	1866.9	1245.9	361.3
同比增速	9.8	-3.9	-4.0	-1.2	-18.3	11.8	2.6	18.9
财政总收入	560.4	719.24	343.6	596.5	474.7	353.3	182.5	257.03
同比增速	12.7	24.1	25.5	6.1	16.3	9.4	8.8	-10.4
社会消费品零售总额	436.7	1472.7	740.6	1181.9	516.7	333.5	459.3	111.2
同比增速	12.5	10.8	26.1	7.5	18.8	12.7	21.8	11.8
全社会固定资产投资	415.1	506.4	423.0	398.5	425.6	209.1	418.7	104.9
同比增速	22.0	25.4	14.7	22.6	30.2	7.6	24.1	-15.5

资料来源：《奉贤统计月报》。

三产受新冠疫情冲击较为明显，以工业为主的产业结构并未改变。2022年奉贤区实现地区生产总值1371.11亿元，增长0.4%。分产业看，第一产业增加值8.93亿元，下降2.2%；第二产业增加值882.13亿元，增长1.8%，上拉地区生产总值1.2个百分点；第三产业增加值480.05亿元，下降2.0%，下拉地区生产总值0.7个百分点。三次产业结构为0.7∶64.3∶35.0，其中第一产业比重与上年持平，第二产业比重上升0.4个百分点，第三产业比重下降 0.4 个百分点。第二产业的正增长为保持经济发展的韧性发挥了巨大作用，奉贤区以工业为主的产业结构仍将长期存在。

农村现代化不断升级，农村经营主体不断壮大。《奉贤统计月报》显示，2023 年 1~9 月，奉贤区实现农业总产值 12.9 亿元，同比增长 0.4%。实现粮食总产量 227 吨，同比增长 174.6%。近年来，奉贤区逐步培育出一大批懂技术、善经营、会管理的新型农业经营主体。根据《2022 年奉贤区国民经济和社会发展统计公报》，截至 2022 年底，奉贤区成功创建区级及以上农业产业化重点龙头企业 33 家、农民专业合作社示范社 131 家、家庭农场 600 多家。奉贤区成功入选 2023 年国家农业现代化示范区创建名单，未来还将持续优化农业产业结构，创建农业绿色生产方式推进镇，推动农业农村数字化转型，做好应用场景开发、维护运营工作，加快推进农业农村现代化进程。

工业增长对经济的拉动作用显著，经济发展新动能不断释放。2023 年 1~9 月，奉贤区全区规模以上工业总产值达 2062.3 亿元，增长 9.8%；全区规模以上工业企业总数达到 1252 家（其中 400 家单位出现亏损），总资产达到 3483.6 亿元，负债为 1573.7 亿元，营业收入达到 1973.7 亿元，利润总额为 134.8 亿元。全区经济发展新动能不断释放，其中美丽健康产业规模以上工业总产值达到 351.9 亿元，占规模以上工业总产值的比重为 17.1%；战略性新兴产业工业（规模以上）总产值为 923.3 亿元，占规模以上工业总产值的比重达 44.8%。

服务业增速逐步恢复，固定资产投资增速加快。2023 年 1~9 月，奉贤区服务业实现税收收入 307.7 亿元，同比增长 14.4%，占全区税收收入的比重为 59.1%，比上年增加约 2 个百分点。从固定资产投资来看，奉贤区服务业固定资产投资占全区比重相比上年有所下降，但仍居主导地位。从产业投资来看，2023 年 1~9 月，奉贤区服务业固定资产投资为 290.4 亿元，增速由负转正，同比增长 12.4%，占全区固定资产投资的比重为 70.0%。从服务业分行业来看，旅游业全面恢复，房地产业呈现收缩趋势，金融业增速放缓。

（二）固定资产逆周期调控作用凸显，消费品市场稳步回升

消费品市场稳步回升，促消费政策利好不断。从宏观统计数据来看，2023年1~9月奉贤区商品销售额995.2亿元，同比上升3.3%，高于全市2.8个百分点；社会消费品零售总额436.7亿元，同比增长12.5%，低于全市3.6个百分点。商务部将2023年定为"消费提振年"，从国家到地方都发布了各具特色的消费提振政策与措施。2023年10月，《奉贤区关于促进商业发展支持消费城市建设的实施细则》正式发布，明确了政府资金支持的方向和金额，为奉贤区商业的发展指明了方向。

固定资产逆周期调控作用凸显，工业投资进入加速阶段。2023年1~9月，奉贤区完成固定资产投资总额415.1亿元，同比增长22.0%。从产业分类来看，第一产业固定资产投资完成733万元；第二产业固定资产投资完成124.6亿元，同比大幅上涨52.8%；第三产业固定资产投资完成290.4亿元，同比上涨12.4%。房地产开发投资完成184.0亿元，同比上涨7.9%。奉贤区固定资产投资完成总额已从2022年静态管理的冲击中恢复，并且多于2021年同期水平。固定资产投资的有序推进，有助于奉贤区高质量发展，构建新发展格局。

出口、进口分化明显，跨境电商亮点纷呈。2022年四季度奉贤出口仍然能保持两位数增速，但进口已经降至个位数增速。而在2023年第一季度进口的表现则远好于出口，从第二季度开始，出口增速又反超进口增速，但两者均呈现下降态势。2023年1~9月奉贤出口总额累计达到494.2亿元，同比增长11.2%；进口总额则累计达到336.7亿元，同比下降9.6%。主要发达经济体的持续加息对国际市场的需求带来持续负面影响，奉贤出口在高基数与高利率环境的影响下，仍然能保持两位数的增速殊为不易。2023年，上海积极创建"丝路电商"合作先行区，探索跨境电商更加便利化的通关监管举措，《上海市推进跨境电商高质量发展行动方案（2023—2025年）》正式发布，其中明确了18项重点任务。"美谷美购·跨境购"作为奉贤一张亮丽的"名片"，以美丽健康产业为特色，以综合开发区美妆企业资源为

基础，以奉贤综保区跨境电商功能为优势，已经吸引凝聚了大批跨境电商企业，发展成为"东方美谷"国际化建设中的重要组成部分。

（三）财政收入回升显著，房地产市场呈现收缩趋势

财政收入有所回升，财政支出保持稳定。2023 年 1~9 月奉贤区实现财政总收入达 560.4 亿元，同比增长 12.7%。其中税收收入为 519.6 亿元，同比增长 13.8%。税收收入中增值税收入迎来反弹，同比增长 34.1%，企业所得税（-3.6%）和个人所得税（-3.8%）仍为负增长。税收收入按产业分类来看，第三产业中的交通运输、仓储和邮政业税收增长最快，同比增长 128.7；其次是住宿和餐饮业（27.5%）及批发和零售业（21.4%）；金融业的税收较去年有显著减少，同比降低 21.6%。此外，按企业性质来看，外商投资企业的税收显著下降，税收同比下降 20.9%。财政支出方面，2023 年 1~9 月奉贤区公共财政预算支出达到 256.8 亿元，同比增长 10.4%。在科学技术（45.0%）、城乡社区事务（38.0%）、教育（20.7%）等方面的支出增长较快。而 2022 年财政增长较快的节能环保等领域的支出在 2023 年前三季度同比下降 56.8%。

房地产经营情况较为低迷，市场呈现收缩的趋势。2023 年，奉贤房地产市场呈现收缩的趋势，房屋施工面积和新开工面积同比下降较快，商品房销售面积和销售额均未恢复至疫情前的水平，新房去化呈现板块分化的趋势，二手房存量房市场交易遇冷。从 2023 年前三季度来看，奉贤区房地产完成投资额为 184.0 亿元，同比增长 7.9%。奉贤区房屋施工面积为 1049.0 万平方米，同比下降 21.2%，其中新开工面积为 64.2 万平方米，同比下降 65.4%。奉贤商品房销售面积下降速度有所收窄，同比下降 31.5%；商品房销售额为 191.4 亿元，同比下降 7.1%，其中现房销售额为 37.3 亿元，同比下降 48.2%，下降幅度逐渐收窄。随着 2023 年 7 月中央政治局明确我国房地产市场供求关系发生重大变化的新形势，全国各地因城施策，上海逐渐放宽"四限"政策，房地产市场有望逐渐回暖。

推进多元保障房建设，落实人才房供应、申请等工作。2022~2023 年，

奉贤区大力推进保障性住房建设，让奉贤人才不仅"住有所居"，更能"住有宜居"。一是推进大型居住社区区域内共有产权的保障住房建设。二是推进廉租住房及共有产权保障房建设。廉租住房继续坚持"应保尽保"的原则。三是加大公租房房源供应力度。2023年上半年共受理区筹公租房申请3288户。四是加快保障性租赁住房筹措进度。截至2023年6月末，已完成筹措任务1579套。五是推进人才房建设、申请和落实工作，累计已挂牌人才公寓项目7个，房源4317套，包含市场化租赁房源、公租房、保障性租赁住房等多种类型。

二 2024年奉贤经济运行展望

（一）重要机遇

1.数智新经济发展初具规模

数字技术赋能乡村振兴建设成效显著。奉贤区是全国首批117个国家数字乡村试点区之一。近年来，奉贤区委积极探索数字乡村建设赋能乡村振兴新路径，实践数字乡村建设推动乡村产业发展。奉贤区还推动了数字农业的发展。2021～2023年，奉贤电子商务零售额年均增长率保持在35%左右。通过数字化技术手段，村民们开阔了视野，提高了栽培养殖技术，并开始利用互联网进行农产品销售。这些举措大大拓宽了农产品的销售渠道，提高了农民的收入水平。目前，奉贤区青村镇吴房村、南桥镇江海村、四团镇新桥村等9个乡村被授予"数字乡村网络试点村"。奉贤在推动政务服务向农村延伸、发展智慧农业等方面取得了阶段性的成效，建立了农业信息化服务体系，推动了政务服务向农村延伸，发展了智慧农业，加强了网络安全防护等。这些成果为奉贤区的数字乡村建设赋能乡村振兴提供了有力的支撑和保障。

以数字文化产业赋能奉贤区域文化软实力新高地建设。数字技术使得文化产品创作、生产、消费和流通效率极大提升，实现创作多元化、智能化定制、消费规模扩大和连接的规模效应，文化产品创作模式和群体日益多样，文化产品生产和推荐更具个性化，文化消费选择更加便捷，文化产品消费体验获得及时反馈与传播。如青村镇吴房村借助网红经济，实现了上海"第二模式"的乡村振兴，既有本土产业，又有网红民宿、各类"打卡地点"建成落地，注册企业达100多家。

以"数字江海"为引擎，数字产业快速增长。"数字江海"已发展成为上海绿色低碳试点示范区、上海城市数字化转型示范区、上海国资国企数字化转型创新基地，并在数字经济领域集聚了阿里云、网易等一批国内优秀的产业龙头主体。2023年上半年，数字江海园区内企业税收产出同比增长超过206%，园区企业营收同比增长65%，为奉贤新城核心区域的转型发展、产业升级、就业拉动发挥了重要引领作用。"数字江海数字化产业赋能平台"正针对区域数字经济产业发展和企业数字化转型需求，着力构建"一个中心+N个边缘节点"的产业赋能型高性能公共算力网络，全方位助力企业数字化转型，赋能宜居宜业、令人向往的"未来之城"。

2. 抢抓新能源汽车产业集聚机遇

发挥龙头企业对产业链上下游的整合作用。奉贤东部四团和临港新片区产域融合区在2022~2023年导入了一大批优质的特斯拉供应商项目，目前已经集聚了瑞庭时代（宁德时代）、延锋汽车、均胜电子、深园汽车、佛吉亚、达亚等一批企业。复制"特斯拉"速度，从项目洽谈到落地，快速达产并形成规模化产出。除此之外，以中日（上海）地方发展合作示范区打造国际氢能谷为契机，四团镇正在打造集制造、制氢、储氢、加氢于一体的撬装设备、氢燃料电池各类汽车、零部件全产业链的世界一流燃料电池汽车创新中心和产业高地的新引擎和增长极。在奉贤东部，一座新能源汽车城正在加速崛起。2023年1~8月，奉贤区内新能源汽车完成产值334.6亿元，同比增长98.2%；新能源完成产值92.9亿元，同比增长35.3%。截至2023年9月，奉贤区全面对接特斯拉项目需求，已为瑞庭时代、均胜电子等100余家规模以上工业企业搭建发展平台。

借力产学研合作布局智能网联汽车。在西部地区，奉贤致力于打造核心技术创新承载区，以全市唯一一个聚焦"出行"的特色产业园区——临港南桥智行生态谷为载体，立足与临港集团和上海交通大学的产学研三方合作，借鉴"斯坦福-硅谷"模式，正不断集聚优势创新资源。上海交通大学向奉贤输出了王牌学院下的汽车电子控制技术、信息内容分析技术2个国家工程研究中心，12位上海交通大学教授领衔的十个前瞻技术与政策研究所在奉贤落地，全面支撑智能网联汽车企业研发，已形成具有奉贤特色和全国影响力的科技创新服务"品牌"。

坚持以场景建设牵引产业创新发展。奉贤区大力推动自动驾驶示范应用，建成了"智能驾驶全出行链创新示范区"，一期已于2021年初开园。在国内率先具备了"开放道路+地下道路+内部道路"的智慧全出行链智能网联研发测试能力，可面向智能网联产业链、技术链等环节提供多级别、多种类的测试及验证环境；二期项目还获交通部批准作为智能交通先导应用试点项目。坚持围绕创新链布局产业链，临港南桥科技城围绕前沿技术开发、整车集成应用、核心装备攻关、出行服务保障等细分领域，已引进昆易电子、麦睿菱、广通远驰等20余家创新企业，更与业内知名企业持续沟通接洽，跨界融合的智能网联汽车核心产业体系已初见雏形。

3."建城—引才—创业—发展"可持续循环

高标准建设新城，加速推动各类优质资源落地。在教育方面，做优本土教育，华二临港奉贤分校开门迎新，上海中学国际部年内开工建设，奉贤由原来的生源净流出区变为净流入区，三年累计流入学生1700余名。卫生方面，国妇婴奉贤院区已于2022年9月开业运营，累计新生儿近4000名。[①]此外，新华医院奉贤院区正在建设中，复旦儿科奉贤院区即将开工。在文化方面，奉贤区把旧厂房改造成10万平方米的"海之花"青少年活动中心，为青少年提供了成长的活动平台；"隐身"于万亩林地的九棵树未来艺术中心，是奉贤第一座全国A级剧场；上海之鱼、言子书院等一批地标建筑成

---

① 《高质量发展在申城·奉贤区 | 培育发展动能、激活创新动力，高标准加快新城建设》，https：//mp.weixin.qq.com/s/AP2waIvwcbdyz4wCTCchdg，最后访问日期：2024年2月26日。

为新的打卡地。奉贤博物馆已举办多个文物大展，累计吸引游客超110万人次。

以"引育留"为抓手全力打造南上海人才高地。近年来，通过"东方美谷国际化妆品大会"、"世界城市日"人民城市主题论坛、"浦江创新论坛"、奉贤区"才聚贤城·创享未来"全球创新创业大赛、上海国际生物技术与医药研讨会等活动的举办，奉贤向世界展现了更加开放的引才姿态和美好的发展前景，全球各领域专家人才的目光也越来越多地投向奉贤。奉贤区依托生物医药、智能制造、数字经济、文化创意等区内特色产业园区，培育院士专家工作站72个、国家级孵化器2个、国家级专精特新"小巨人"25个，形成产业发展与人才集聚"双螺旋"上升的"场效应"。奉贤还进一步加强了与上海、浙江乃至海外各界优秀人才、高能级平台的联系沟通，通过聘任"招才引智合作机构""招才大使"，以才引才、以才荐才、以才聚才，形成招才引智强大动能。此外，奉贤区还研究出台《关于落实人才工作牵头抓总职能的若干制度（试行）》，明确人才政策审核等9个方面15项制度，更好地把人才工作统筹起来，并进一步加大人才理论研究及宣传力度，使尊重人才的氛围更加浓厚。

（二）风险挑战

1.国际经贸形势严峻

国际经贸形势严峻，全球经济增速继续放缓。当前，国际经贸格局变化的复杂性、不确定性显著增加，全球产业链重构的多元化、多样化趋势更加明显，对我国经济发展的影响在持续加深。生产、消费、投资三大需求都处于低迷状态，全球制造业采购经理人指数（PMI）已经连续9个月低于荣枯线，主要经济体的通胀也仍然处在高位，商品消费复苏相对缓慢。国际经贸格局加快重组，呈现区域贸易协定主导态势，亚洲区域生产、贸易、投资一体化和金融融合进程将加快。国际产业分工加快重构，安全与效率并重成为跨国公司布局的战略考量和底层逻辑，供应链本土化、区域化、短链化、备份化趋势愈发明显，全球产业链供应链调整进入窗口期。

国际经贸规则加快重塑，外需整体不景气。据世贸组织（WTO）预计，2023年全球货物贸易量增幅可能只有1.7%，不仅低于2022年2.7%的增长率，也低于过去12年来2.6%的平均增长水平。① 美国经济在前期刺激政策效果消散和货币政策收紧作用下增速放缓，欧元区经济增长疲弱，英国、加拿大等发达经济体央行继续加息，美联储在6月暂停加息后再次释放年内加息信号，国际金融市场脆弱性增强。我国申请加入的RCEP、CPTPP、DEPA等区域协定都涉及知识产权保护、竞争政策、劳动和环境规则、互联网规则和数字经济等高标准规则内容。与此同时，服务全球化、数字全球化、低碳全球化趋势对全球贸易形态、跨国投资布局、国际经贸规则等影响加速显现。

我国高水平开放持续深化。我国继续推进更大范围、更宽领域、更深层次、更为安全的对外开放，持续深化商品、服务、资金、人才等要素流动型开放，稳步扩大规则、规制、管理、标准等制度型开放。与此同时，我国参与全球竞争合作的比较优势转向超大规模市场优势、全产业链竞争优势、科技创新潜在优势，跨国公司在华投资战略、领域、模式都发生新变化，国内企业"走出去"需求不断上升。

2. 生物医药赛道竞争激烈

从全国范围来看，北京、苏州、杭州、成都、深圳等城市已经或正在筹建生命健康产业园区。例如：深圳大百汇生命健康产业园，依托研发单位，联合高校、医院医疗单位、研究单位进行研发工作，是深圳市投资推广重点园区，是深圳规模最大、专业化程度最高的生命健康产业园。从周边城市来看，杭州、嘉兴、绍兴、苏州等地已发布生物医药产业相关发展意见。2020年，苏州就发布《全力打造生物医药及健康产业地标实施方案（2020—2030年）》，宣布用十年时间，打造万亿级产业地标——"中国药谷"。2022年6月，浙江省发改委发布《关于促进生物医药产业高质量发展行动

---

① 《国务院新闻办就今年一季度国民经济运行情况举行发布会》，https：//www.gov.cn/lianbo/ 2023–04/18/content_ 5752044.htm，最后访问日期：2024年2月26日。

方案（2022—2024年）》，其中提出，到2024年生物医药产业总产值达到4500亿元左右，加快构建"一核两带两圈"的产业发展空间格局，力争培育形成2个千亿级、3个500亿级生物医药产业集群。从周边地区来看，临港、松江、青浦、嘉定等区分别推动生物医药产业高质量发展。临港片区在2020年9月发布"2.0版生物医药产业政策"，政策力度属全国第一梯队；青浦区、嘉定区也于2021年发布了推动生物医药产业高质量发展和支持高性能医疗设备及精准医疗产业发展的政策。

奉贤区在生物医药领域面临巨大的竞争压力，尤其是面临长三角地区在资本、市场和人才等方面的争夺。而生命健康领域现行的一些认证或检验检测周期较长，认证标准滞后于市场需求和行业前沿技术。部分企业研发的新产品或者新技术在国内没有对应的检测标准，国际上已有的相关标准国内尚不能接轨认可，导致产品无法应用于市场，也限制了企业的研发创新。国际国内龙头企业集聚效应尚未形成，产业集群发展水平还需进一步提升，一些化妆品生产企业缺乏市场竞争力，以委托加工为主，没有自主品牌和自主产品。

3. "无废城市"建设中的相应机制不完善

"无废城市"建设的动力机制尚不健全。奉贤区于2022年11月制定发布了《奉贤区碳达峰实施方案》，明确坚持走绿色、低碳、循环、可持续发展之路，并提出以垃圾源头减量、资源循环利用为方向，加快循环经济发展和资源综合利用，打造"无废城市"新样板。当前，奉贤区"无废城市"建设的行政主导特征相当明显，政府在"无废城市"建设中发挥了主要作用，不仅投入了巨大的行政资源，而且投入了巨大的经济资源。然而，"无废城市"建设涉及社会的方方面面，"无废城市"治理需要充分发挥社会力量，尤其要发挥市场力量，才能具有可持续性，也才能体现生态价值与经济价值的统一。由于全市缺乏固废的成熟市场，奉贤区内有关固废处理企业市场竞争力较低，营利性较差，影响其积极性。"无废城市"建设与降碳工作有效融合还需要各类市场主体尤其是涉及工业生产、排放企业的充分参与，以市场机制强化减污降碳成效，扎实推进产业转型升级与低碳发展。此外，从奉贤区市场体系建设水平来看，距离完善的市场体系目标还存在较大差距。未来还需不断提高"无废城市"建设项目投资总额、引导更多固体废物相关企业纳入企业环境信用评价范围、提升危险废物经营单位环境污染责任保险覆盖率。

需高度关注固体废物资源化利用过程的碳排放。根据奉贤区"无废指数"指标体系一轮测算结果，在固体废物资源化利用的 14 项细分指标中，已有 10 项完成目标值，说明奉贤区固体废物资源化利用整体水平较高。要注意固体废物资源化利用过程中的隐含碳排放，可能影响资源化利用的降碳潜力。首先，从资源化利用全过程看，分拣、运输、生产、处理各个环节均有可能引致新增碳排放。其次，固体废物资源循环利用覆盖不全面，多集中在工业固体废物、建筑垃圾、电子废弃物等领域，废纺、废木、杂塑等低价值可回收物的处置企业普遍存在落地难的问题。这样也可能导致资源利用效率低下，引发浪费。最后，如果管理不当或缺乏有效的监管机制，则可能导致资源化利用过程中的能源消耗和碳排放增加。未来需根据产业发展规划，科学引导固废处理企业的规划，夯实、夯牢奉贤"无废城市"建设的基础，可以保持奉贤"无废城市"建设的持续性。

（三）走势研判

在国际经贸形势严峻、全球经济增速继续放缓、外需放缓等外部环境影响下，2023 年奉贤区按照"新片区西部门户、南上海城市中心、长三角活力新城"的定位，推动区域经济高质量发展，前三季度主要经济指标恢复增长态势，经济运行总体向好发展。

农业数字化转型加速推进。奉贤区通过推动数字化技术与农业生产的深度融合，已经基本实现了农业全产业链的数字化升级。奉贤区在数字农业建设方面投入了大量资源和精力，积极推进数字化技术在农业中的应用，推广智能化的农业机械设备，探索农业大数据的应用。通过农业数字化转型助力奉贤区乡村振兴。

工业增长对经济拉动作用显著。全区工业企业回升向稳，其中美丽健康产业增长虽放缓，规模效益有所下降，但其规模仍比较大。此外，2023年奉贤区新能源汽车行业的规模以上工业总产值增速较快，进一步凸显出奉贤区在新能源汽车产业链完整性方面正在逐步完善。奉贤区大力发展美丽大健康、新能源汽配、数智新经济、化学新材料四大新兴产业，着力打造四大千亿级产业集群，从而为奉贤区经济增长增添了活力。

服务业增速逐步恢复。住宿和餐饮业逐渐恢复，房地产业呈现收缩，金融业增速回落，信息传输、计算机服务和软件业活力释放。服务业固定资产投资占全区的比重相比2022年有所下降，但仍居于主导地位。"15分钟社区生活圈"、特色商业街区、数字商圈等的商业探索引导奉贤消费品市场的稳步回升。

综合来看，结合奉贤区产业布局以及奉贤区在消费、投资、外贸等方面的发展态势，预计2024年，奉贤区服务业将进一步向好发展，工业产值有望持续攀升，消费品市场企稳回升，投资将进一步扩大，进出口贸易可以从服务贸易和数字贸易等方面寻找新增长点。预计2024年奉贤地区生产总值将加快增长，增速水平有望不低于全市平均水平。在紧抓数字产业加快布局、生物医药和新能源汽车产业集聚发展、乡村振兴与奉贤新城建设发展等机遇的同时，仍需密切关注国际经贸环境的变化，差异化布局生物医药产业，注重产业发展中的碳排放，持续推进奉贤经济可持续发展。

三　对策建议

（一）持续聚贤引才，打造南上海创新人才高地

加快推动专业技术人才引育，加强产学研创新合作。一是制定更具吸引力的高端人才引进政策，包括薪酬激励、住房购房补贴、子女教育优惠等福利政策。二是增加对科研和创新的投入，设立科技创新基金，支持科研机构和企业开展创新项目。提供科技类人才的培训和发展计划，激励他们在奉贤从事创新研究工作。三是建设创新孵化器和科技园区，提供良好的创业环

境，吸引初创企业、高科技企业及国外顶尖企业和科研机构入驻，形成创新产业集聚效应。四是加强产学研合作。与高校签署战略合作协议，共建实践基地，为学生提供实习和就业机会。加大对职业技术人才的培训力度，建立更多的实验室和技术创新平台，提供更多的实际操作机会。设立奖学金和科研基金，吸引优秀毕业生留在奉贤从事科研和产业工作。

加强政策顶层设计，优化人才工作机制。一是进一步加强定制化政策的系统研究和顶层设计，吸引更多"头部人才""腰部人才"集聚奉贤，避免出现有些政策"高端人才不需要，中低端人才享受不到"的尴尬现象。二是推出个性化引才计划。制订个性化、定制化的高端人才引进计划，根据其专业背景和技能需求量身定制差异化激励措施，设立专业的招聘团队，积极主动联系潜在人才。三是完善人才工作协调机制。设立人才协调机构，负责协调各类人才政策的实施，推动政策的协同发展。建立政府、高校、企业和社会组织等多方参与的协调机制。加强与其他区域的合作，形成更大范围的人才共享和流动机制，避免人才的局部流失。

（二）提升中小企业核心竞争力，推动科技创新高质量发展

强化创新主体作用，进一步提升中小企业核心竞争力。中小企业是奉贤经济发展的重要组成部分，目前全区注册企业已超 56 万家，其中 95% 以上是中小企业。作为上海市中小企业科创活力区，奉贤区新增企业数量居于全市前列，日均注册企业 500 多家，经济活动具有非常强劲的动力。① 但由于奉贤区中小企业大部分仍处于价值链末端的生产制造环节，产品和服务的附加值较低，高端人才缺乏，这极大地制约了奉贤区中小企业核心竞争力的提升。未来，奉贤区应继续聚焦"五个创新"，以提高科技企业创新能力为目标，激发市场主体创新活力。继续做好高新技术企业、市区两级科技小巨人企业和区级工程技术研究中心的认定工作，加大市区两级创新资金项目扶持

---

① 《抢占未来产业｜上海奉贤：美丽有余强大不足，活力有余实力不足》，https://www.thepaper.cn/newsDetail_forward_23359578，最后访问日期：2024 年 2 月 26 日。

力度，新增市级院士专家工作站等，坚持"招引增量""挖掘存量"并举，持续孵育后备企业。

持续优化营商环境，推动科技成果落地。当前在自贸区新片区国家战略、上海"五大新城"和乡村振兴等多重发展战略叠加的背景下，奉贤区应深入推进"三区两镇"联动，打造"政产学研金介用"的创新生态链。关注和服务科技型中小企业，提供定制化培训，打好政策"组合拳"，最大限度地发挥科技新政、人才新政等各类政策协同叠加效应，为企业的成长发展提供全链式、精准化服务，持续优化营商环境。积极探索区域发展与大学城、科研院所合作新模式，研究高质量孵化器建设，加大科技创新创业载体建设力度。发挥市化工区大型外资企业、跨国公司在化学新材料领域的创新带动效应，打造化学新材料的产业集聚区和创新策源地。

（三）抢抓新片区机遇，打造奉贤新能源汽车产业高地

加强奉贤在汽车零部件和智能网联等领域的优势。吸引或扶持与自身优势相契合的企业，加速集聚零部件、电机、智能化系统等领域的优势企业的发展。加强品牌建设，注重品质和创新，树立自身的品牌形象，提升市场竞争力。与上下游企业建立紧密合作关系，促进协同创新、共同研发，优化供应链条和生产体系。引进新的配套产业，例如电池材料、充电基础设施等，填补产业链条上的空白，完善整个产业链。鼓励企业与其他地区或国际企业合作，甚至进行并购，获取先进技术和资源，弥补自身技术或产业链不足。

延伸产业链条。鼓励企业拓展与新能源汽车相关的增值服务，更全面地覆盖新能源汽车产业链，拓展产业链的广度，提高区域内产业链的完整性和竞争力。如在汽车零部件业务之外，发展充电桩制造和充电网络建设，满足新能源汽车的充电需求；发展废旧电池回收和再利用技术，推动电池资源循环利用；开发车载应用，包括娱乐、安全和信息服务等，提升汽车使用体验。以及开发与汽车制造相关的智能制造装备和自动化技术，提升生产效率和质量。结合智能网联技术，发展智能共享出行平台，提供更便捷、更智能

的出行服务，运用大数据分析和智能交通管理技术，提升交通效率和加强智慧城市建设。

加强产业链协同发展。横向和垂直整合产业链各企业的合作关系，深度整合零部件制造、电池技术、智能网联汽车等关键领域。建议成立产业联盟，推动企业之间的深度合作，形成"链-园-企"的协同创新体系。通过合作共赢，加速整个产业链的发展，提高区域内企业的综合竞争力。此外，加强与国际新能源汽车企业的合作，开展联合研发项目，共同探索新技术和产品创新。洽谈技术转移协议，促进国际企业的先进技术引进和交流。借助国际企业的技术、市场和资源优势，进一步融入国际产业链，获取国际资源，扩大产业影响力。

（四）聚力"数字江海"建设，推动奉贤城市数字化转型

丰富数字场景建设，拓展应用广度。发挥"数字江海"产城融合样板区场景牵引作用。在经济方面，加强企业经营管理与数字科技融合，利用新技术对传统产业进行全链条改造，推进工业互联网、智能工厂建设应用；在生活方面，推动便捷医疗、智慧校园、在线新零售等数字场景规模化应用，加速解锁智慧绿色出行、智慧文旅等应用新场景，提升群众获得感、幸福感；在治理方面，聚焦"高效办成一件事""高效处置一件事"，拓展政务服务新场景，利用"一网通管"健全政务应用集群，形成统一的城市运行视图，扩大"随申办"奉贤旗舰店受惠面，加快数字政府建设向纵深推进。

构建安全运营体系，筑牢持续发展底线。数字安全是城市整体运行的基础，它直接关系到城市的经济、产业、社会和基础设施的安全与可持续发展。打造以"感知风险+识别威胁+抵御攻击"为核心的安全运营体系，建立一体化作战平台，整合全网络、全维度、全时域数据，组建有丰富经验的数字安全团队，通过"人机结合"对各类安全风险做到快速响应、联防联控，整体提升奉贤区的数字安全与防御能力，构建起城市可持续发展的长效治理机制。

加强区域合作交流，促进跨域协同发展。基于区域一体化背景下的跨界

跨域协调发展带来的市场发展机遇和增长潜力，鼓励产业合作与开放创新，建立合作交流机制，在研发创新、科技成果转化等方面加强合作，促进信息开放共享、生产要素流动和资源高效配置，打造具有区域特色的创新生态体系，探索跨区域的人才联合培养机制，推动人才资源共享和优势互补，充分发挥区域循环的双向带动作用，通过区域联建共建形成区域整体合力，促进区域高质量协同发展。

分 报 告 ［

B.2
2023~2024年奉贤农业经济
形势分析与研判

方顺超*

摘　要： 奉贤区在"十四五"规划中坚持农业农村优先发展，农业结构持续优化，为其农业高质量发展奠定了基础，尤其是农产品品牌效应不断提升。城乡融合方面，奉贤区推进"三园一总部"工程实现了城乡发展新布局，通过吸引高端总部和研发机构入驻，建立了高质量的乡村产业体系。乡村振兴方面，奉贤区通过深化"三块地"改革促进土地资源合理配置，逐渐形成了高效能、融合发展的乡村布局，并以农业数字化不断推动农业现代化和乡村人居环境的改善。乡村招商引资正在加速，通过提供贴息资金，鼓励社会资本和金融资本积极参与乡村振兴。然而，奉贤农业经济仍然面临乡村治理、农民增收、乡村人才培养等方面的挑战。

关键词： 乡村振兴　农业生产结构　数字农业

---

* 方顺超，上海社会科学院数量经济研究中心博士研究生，研究方向为计量经济学、农村经济。

"十四五"规划实施以来,奉贤坚持农业农村优先发展,现代农业快速发展,农民收入稳步提高。同时,扎实推进美丽家园、绿色田园和幸福乐园"三园"工程,乡村生活品质不断提档升级,并有序开展宅基地改革试点、全国农村社区治理实验区试点、全国居家和社区养老服务改革试点等工作,开创了奉贤乡村振兴的新局面。

一 农村现代化不断升级,农业生产结构更趋合理

(一)农业生产总体情况

2022年,奉贤区农业总产值23.82亿元,受疫情冲击影响,相比2021年的24.05亿元,降幅为1%。2022年,奉贤林业产值下降幅度最大,同比下降6.2%,占农业总产值的比重从2021年的4.1%下降为3.9%。种植业产值下降3%,其中,蔬菜种植产值有10.1%的显著增幅,粮食和水果种植业产值均有下降。农林牧副渔服务业产值也有所下降,降幅为2.7%。与之相反的是,畜牧业和渔业有不同程度的上涨,增幅分别为2.2%和8.6%。①2018~2022年,奉贤农业生产总体情况如图1所示。值得注意的是,尽管在过去的一年里,奉贤在农业生产方面经历了一些波动,但奉贤区的农业部门在2022年总体表现出相对稳定的态势,并且在细分领域仍有亮眼表现。这背后是奉贤区积极落实"1710米袋子"(17万亩水稻10万吨产量)、"1223菜篮子"(12万亩次蔬菜23万吨产量)、"8050果盘子"(8000亩黄桃5000亩蜜梨)、"1250肉盆子"(12万头生猪出栏、5000头能繁母猪存栏)等工程的结果。不仅如此,2022年奉贤区农产品行业网络零售额达到14.4亿元,大米、黄桃、蜜梨等特色产业优势明显,荣获上海市产地优质农产品品鉴评优活动金银奖。

---

① 数据来源于2023年《上海市奉贤区统计年鉴》。

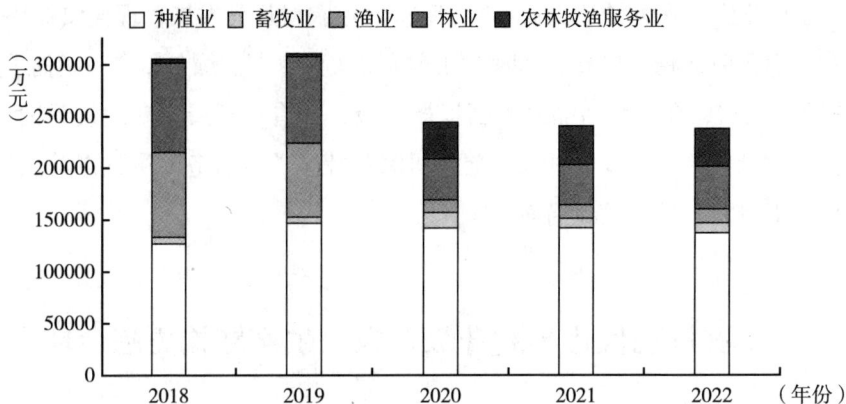

图1　2018~2022年奉贤区农业生产总体情况

资料来源：历年《上海市奉贤区统计年鉴》。

（二）传统种植业

2022年，奉贤区严格落实粮食安全党政同责制度，确保完成9.6万吨粮食生产任务。通过政策引导，逐步使农户从"卖稻谷"向"卖大米"转变，从而，壮大了奉贤区的稻米产业，增加了农民的种植效益。奉贤区首个拥有自主知识产权的优质稻品种"美谷2号"在2022年种植面积达1.1万亩，并在上海地产优质中晚熟大米品鉴评优活动中取得了一银一铜的优异成绩。此外，截至2022年，奉贤区的优质软米种植面积有了显著增加，已达5万亩，并成功打造谷满香等3家全国生态农场，建成地产稻米规模型加工生产线14条。在蔬菜生产方面，奉贤区常年蔬菜种植面积不少于3.25万亩，并开展相应蔬菜新优品种引筛，引导蔬菜生产经营主体种植优质高产的主栽品种，调优地产蔬菜品种种植结构。截至2022年，奉贤区已经创建蔬菜区级以上标准园59家，面积1.48万亩。具体的，2022年，奉贤粮食产量9.6万吨，同比增长0.2%；播种面积为1.2万公顷，同比增长0.4%。具体的，除水稻种植面积从2021年的1.14万公顷增加到1.15万公顷外，夏熟谷物、小麦、水果、蔬菜及水果中的西瓜、甜瓜等种植面积均有不同程度的减少，如蔬菜和水果分别减少了 6.4% 和 9.7%，而夏熟谷物减少了 37.8%，小麦减少了 47.6%，但小麦的单产较 2021 年有 4.3% 的增幅（见表1）。

表1　奉贤区种植业主要作物基本情况

年份	粮食			夏熟谷物		
	播种面积（公顷）	单产（千克）	总产量（吨）	播种面积（公顷）	单产（千克）	总产量（吨）
2018	10845	8427	91391	624	4912	3064
2019	10731	8528	91517	109	4500	484
2020	11264	8398	94589	58	4396	254
2021	11480	8363	96013	37	4013	149
2022	11526	8347	96203	23	3584	83

年份	小麦			水稻		
	播种面积（公顷）	单产（千克）	总产量（吨）	播种面积（公顷）	单产（千克）	总产量（吨）
2018	582	4911	2860	10211	8642	88326
2019	83	4700	388	10389	8619	89544
2020	44	4582	203	11206	8418	94335
2021	21	4423	92	11443	8378	95864
2022	11	4613	51	11503	8356	96121

年份	水果(不含瓜类)		蔬菜		西甜瓜	
	果园面积（公顷）	总产量（吨）	播种面积（公顷）	上市量（吨）	播种面积（公顷）	总产量（吨）
2018	1848	41127	10521	296803	487	14140
2019	1685	36037	7995	227187	475	13642
2020	1465	27252	6633	193151	238	9378
2021	1317	20173	8387	226448	248	9343
2022	1189	16982	7850	238625	240	9267

资料来源：历年《上海市奉贤区统计年鉴》。

（三）畜牧业

2022 年，奉贤区生猪出栏数量增加，为 512 头，相比 2021 年的 459 头，同比增长 11.5%。与此同时，家禽出栏数从 2021 年的 44 万羽减少到 2022

年的 42 万羽，同比降低 4.5%。禽蛋产量也出现了一定程度的减少，从
2021 年的 5106 吨减少到 2022 年的 4084 吨，同比降低 20.0%。然而，雉鸡
产量有大幅增加，由 2021 年的 3.1 万羽增长到 2022 年的 8.5 万羽（见表
2），在一定程度上彰显了奉贤为"珍禽之乡"的美誉。奉贤是上海特禽养
殖大区，人工饲养品种有七彩山鸡、申鸿七彩雉、肉鸽、番鸭、肉鹌鹑、鹧
鸪等特种动物。不仅如此，奉贤区拥有我国雉鸡行业第一个具有独立知识产
权的国家审定品种，即上海奉贤区欣灏珍禽育种有限公司成功培育出的申鸿
七彩雉新品种。截至 2022 年，商品雉鸡苗共计推广 2000 万羽以上，销售网
络遍布 28 个省区市，产品辐射全国。

表 2　奉贤区畜牧业产量情况

畜牧业	2018 年	2019 年	2020 年	2021 年	2022 年
生猪出栏数（头）	1252	1578	638	459	512
家禽出栏数（万羽）	62	55	68	44	42
禽蛋产量（吨）	4499	4713	4164	5106	4084
雉鸡出栏数（万羽）	—	—	—	3.1	8.5

资料来源：历年《上海市奉贤区统计年鉴》。

（四）水产养殖业

2022 年，奉贤区水产品产量为 10836 吨，同比增长 11.4%，主要是由
淡水产品（占比由 96.5% 提到 98.7%）增加带来的。这与奉贤区近年来在
水产养殖方面所做的努力不无关系，尤其是在南美白对虾养殖技术上做了进
一步的推广和运用，并积极与美国、新加坡等国家和地区的专家开展合作，
引进优质种虾，开展种质研究，繁育优质苗种，大力发展虾类养殖。2022
年，全区池塘养殖面积 23465 亩，其中虾类养殖面积 21007 亩（南美白对虾
19099 亩，罗氏沼虾 1907 亩）。① 此外，奉贤区持续开展水产养殖标准化工
作，累计实施标准化水产养殖场改造项目 61 个、总面积超 1 万亩。其中，

① 数据来源于 2023 年《上海市奉贤区统计年鉴》。

上海品兴农家乐专业合作社承担建设的"国家鱼类绿色生态综合标准化试点项目"于2022年正式通过考核评估，这是奉贤首个国家鱼类绿色生态综合标准化示范区，也是上海市唯一一家 A 类国家标准化示范区项目。

二 农村经营主体不断壮大，农民收入持续增加

近年来，奉贤区逐步培育出一大批懂技术、善经营、会管理的新型农业经营主体。截至2022年底，奉贤区成功创建区级及以上农业产业化重点龙头企业33家、农民专业合作社示范社131家、家庭农场600多家。2022年，奉贤区农业产业化龙头企业年产值达95亿元。在新型农业经营主体不断壮大的同时，奉贤区不断完善创新联农带农机制，通过农村综合帮扶"百村"系列，累计投入资金21亿元，形成物业27万平方米。具体的，从2013～2017年第一轮综合帮扶开始，对100个经济薄弱村实现每村经营性资产增加870万元，到2018～2022年第二轮农村综合帮扶时，平均每个村累计分红615万元，年分红总额1.22亿元，同比增加6.41%。其中，市级财政补助、区级财政配套和帮扶单位投入12.2亿元建设帮扶项目，年收益6300余万元。而在农民增收方面，奉贤区聚焦农村集体经济发展，依托产业带动农民增收。奉贤区通过培育了一批具有示范引领作用的星级达标村，截至2022年，评定五星级达标村22个，培育资产过亿元的村21个、收入上千万元的村12个，分别同比增长40%、20%。纯农户家庭人均收入为48774元，比上年同期增长15.2%，两年平均增长12.0%，高于全市平均水平。除此之外，奉贤区也通过创新实施宅基地"政策超市"，提供置换上楼、平移归并、货币化、股权化等多种形式，实现全区405户农户认购宅基地股权，总金额2.1亿元，每年保底收益5%以上。

在城乡收入差距方面，2022年奉贤城乡人均可支配收入差距增速持续减缓，其中城乡人均可支配收入的比值为1.59：1，相比2020年有了缩窄（见表3）。这表明奉贤区城乡人均收入尽管有差距，但是在持续缩小，从而有助于推动奉贤城乡融合发展。

表3　奉贤区城乡居民人均可支配收入

		2018 年	2019 年	2020 年	2021 年	2022 年
人均可支配收入(元)	城镇居民	52032	56444	58589	63461	64594
	农村居民	30514	33517	35404	39298	40628
城乡人均收入比		1.71∶1	1.68∶1	1.65∶1	1.61∶1	1.59∶1

资料来源：历年《上海市奉贤区统计年鉴》。

三　农村劳动力技能显著提升

自《上海市奉贤区实施乡村振兴战略"十四五"规划》实施以来，奉贤区通过不断加强乡村振兴人才队伍建设，显著提升了农民的专业技能，培育新型职业农民 1200 人。[①] 奉贤区通过培养与引进相结合、引才与引智相结合的策略，大大激发了乡村人才的潜力。特别是，大力引入涉农高层次创新型人才，加速培养农业科技领军人才和创新团队，从而逐渐培养出一批具有文化底蕴、精通技术、善于经营和擅长管理的高素质技术型农民，为奉贤农业的高质量发展注入了新动力。

（一）奉贤区农村劳动力情况

奉贤区农村常住人口数量表现为逐年下降趋势，而其中外来人口占常住人口的比重在逐年上升。截至 2022 年，外来人口占比达 59.3%，主要是因为奉贤新城建设吸引了大量外来人员。从表 4 中农村地区的劳动力数据可以看出，农村劳动力的总数以及他们在第一产业、第二产业和第三产业的分布情况。总体而言，农村劳动力总数从 2018 年的 358865 人逐年减少，到 2022 年降至 313683 人。在这个时期内，第一产业（原始生产领域）的劳动力数量逐年减少，第二产业（工业生产领域）的劳动力也呈下降趋势，而第三产业（服务领域）的劳动力数量在波动中略有上升。这反映了农村地区的经济结构呈现第一产业和第二产业逐渐减少，而第三产业在一定程度上保持了相对稳定。

———————

① 数据来源于 2023 年《上海市奉贤区统计年鉴》。

表4 奉贤区农村劳动力现状

单位：人，%

	2018年		2019年		2020年		2021年		2022年	
	数量	占比	数量	占比	数量	占比	数量	占比	数量	占比
农村常住人口	510432	100	485250	100	480351	100	459630	100	443581	100
其中：外来人口	281135	55.1	264796	54.6	277155	57.7	268416	58.4	262894	59.3
农村劳动力总数	358865	100	342632	100	338686	100	321734	100	313683	100
其中：第一产业劳动力	37358	10.4	33418	9.8	31713	9.4	30540	9.5	29721	9.5
第二产业劳动力	269547	75.1	256329	74.8	252198	74.5	240187	74.7	234608	74.8
第三产业劳动力	51960	14.5	52885	15.4	54775	16.2	51007	15.9	49354	15.7

资料来源：历年《上海市奉贤区统计年鉴》。

（二）奉贤区农民文化结构状况

从2018～2022年奉贤区农村居民的文化结构情况来看，在受调查人群中，文盲或者半文盲人数在这段时间内略有波动，最终从2018年的4.6%下降至2022年的4.2%（见表5）。除2020年、2022年，小学文化程度人数占比逐年降低；初中文化程度人数占比相对稳定，高中文化程度人数占比呈下降趋势；大专及以上文化程度人数占比呈先降后升趋势。

表5 奉贤区农民文化结构

单位：人，%

	2018年	2019年	2020年	2021年	2022年
调查户数（户）	130	130	130	130	130
总调查人数（人）	237	241	243	241	238

续表

	2018 年	2019 年	2020 年	2021 年	2022 年
其中:文盲或者半文盲人数占比	4.6	4.6	4.9	5.8	4.2
小学文化程度人数占比	27.8	26.1	27.2	22.4	24.8
初中文化程度人数占比	42.6	43.6	44.0	50.2	50.4
高中文化程度人数占比	17.7	18.7	17.7	15.8	15.1
大专文化程度人数占比	5.5	5.8	5.4	2.9	2.5
大学及以上文化程度人数占比	1.7	1.2	0.8	2.9	2.9

资料来源:历年《上海市奉贤区统计年鉴》。

四 2022~2023年奉贤乡村振兴中亮点众多

(一)持续推进"美丽家园"建设,农业现代化布局不断优化

第一,高效能空间利用的城乡发展新布局基本形成。奉贤区在 2022 年将城乡发展融为一体,形成了高效能的空间布局。这一布局坚持了乡村振兴和新型城镇化建设的"双轮"驱动理念,使特色村落和新城协同发展成为可能。重点是将乡村振兴与自贸新片区的发展相融合,进一步夯实了绿色产业布局,为未来的可持续发展奠定了坚实基础。

第二,高质量融合发展的乡村产业体系基本建立。奉贤区在 2022 年初步建立了高质量的乡村产业体系。这一体系使农业投入更有效率,农业发展更有规模,农业品牌更具特色,同时推动了一、二、三产业的融合发展,为农村经济提供了新的增长动力。智慧农业的发展也使生产过程更加高效,为农民创造了更多的就业机会。

第三，生态化和美丽宜居的乡村人居新环境基本形成。2022年，奉贤区着力打造生态化和美丽宜居的乡村人居环境。通过不断加强水环境综合治理和聚焦绿色生态村庄建设，奉贤区的生态环境得到了改善。此外，稳步推进农民相对集中居住，加强宅基地管理，不断促进城乡空间的融合，为乡村的美化和宜居化提供了坚实支持。

（二）持续推进"绿色田园"建设，农业现代化水平不断提升

第一，持续推进农业绿色生产方式。2022年，奉贤区在农业领域取得了显著进展。生态循环示范镇和示范基地的创建使农产品农残抽检合格率达到99%，进一步提升了食品安全水平和质量。此外，绿色食品认证不断推广，农民也积极参与其中，提高了农产品的品质，满足了市场需求。

第二，加快提升农业数字化水平。2022年，奉贤区不仅推进了蔬果生产的机器化，还加强了农用地信息综合管理平台（GIS）的功能，推动了数字乡村和数字农业云平台的建设。这些措施有助于提高农业生产的效率和质量，为乡村振兴提供了数字支撑。[1]

第三，持续提升农产品的品牌效应。奉贤区将品牌农业视为乡村振兴的关键要素，通过推广主要品牌农产品，开展宣传活动，提高了这些农产品的知名度。同时，与研究机构的深度合作使农产品品质不断提高，为区域农业发展树立了良好的典范。

（三）持续推进"幸福乐园"建设，农业现代化功能不断增加

第一，持续推进"三园一总部"工程。在2022年，奉贤区将"三园一总部"工程进行了深入推进。通过打造新型生态商务区，吸引了多家高端总部和研发机构入驻，进一步促进了区域经济的发展。这一举措为乡村振兴注入了新的活力，加速了城乡融合发展进程。

---

① 张世贵、许玉久、秦国伟：《农业农村数字化畅通城乡经济循环：作用机理与政策建议》，《改革》2023年第7期，第116~125页。

第二，持续推进乡村招商引资。为了加大乡村建设力度，奉贤区利用各项重大项目，加速了优质项目的引入。贴息资金的启动通过中长期银行贷款贴息，鼓励社会资本和金融资本投入乡村振兴，增强了农村发展的内生动力，为乡村经济的繁荣注入了新的动力。

（四）高层次城乡蝶化的关键改革新模式得到初步探索

第一，深入推进"三块地"改革。在2022年，奉贤区深入推进了"三块地"改革，促进了土地资源的合理配置，保障了农民的合法权益。这一改革有助于加强农村土地资源的管理和利用，为乡村振兴提供了重要支撑。

第二，坚持"总部经济"发展。通过坚持"总部经济"发展，奉贤区提升了乡村经济的活力。新经济和新产业的发展为乡村振兴带来了新的增长点，吸引了更多人才和资本投入，为乡村振兴提供了强大动力。

第三，培养乡村振兴人才队伍。奉贤区注重培养乡村振兴人才队伍，使其具备文化、技术、经营、管理和担当能力。这些人才将成为乡村振兴的重要力量，推动乡村振兴不断前进。

2022年奉贤区在乡村振兴方面取得显著进展。通过高效的城乡发展布局，乡村振兴与自贸新片区相融合，打造了生态化、美宜居的乡村环境。乡村产业体系不断优化，数字化水平提升，农业绿色生产方式得到推进。同步进行的"三园一总部"工程吸引了高端总部入驻，为乡村经济注入了新活力。重点推进"三块地"改革，优化土地资源配置，保障了农民权益。通过招商引资，加速引入优质项目，激发农村经济内生动力。整体上，奉贤区通过综合性的政策和改革，实现了城乡融合发展，为乡村振兴提供了坚实支持。

五 2022~2023年奉贤农业发展遇到的主要问题

在促进农民农村共同富裕的背景下，奉贤农业在发展上还存在一些不平衡和不充分的问题，具体表现为以下几点。

第一，乡村治理韧度不够。乡村治理面临的首要问题在于治理体系的韧性不足。虽然自治体系相对健全，但法治和德治体系尚待完善。在农业发展过程中，这一不足常在非常时期显露，特别是在疫情期间。这可能对农业生产、物资供应等方面造成不利影响。因此，加强法治和德治建设，提升乡村治理的整体韧性，对于确保农业发展的持续稳定具有重要意义，在任何情况下都能够有效维护社会秩序和居民福祉。

第二，农民增收幅度不大。近年来，奉贤城乡居民收入差距逐渐缩小，但城乡居民的收入水平仍存在显著差异。尽管收入差距逐年缩小，但城乡居民的收入绝对值差距相对较大，尤其是在农村地区。村级集体经济发展受限，导致农村经济后劲不足，农民财产性和经营性收入相对偏低。农村发展不同步、资源流动不均衡，使农民的转移性收入增幅有限，就业不足，持续增收面临困境。为解决这一问题，需采取综合性措施，包括推动村级集体经济的有效发展，推动农村产业升级，提升农村居民的财产性和经营性收入水平，促使农民获得更为稳定和可持续的增收机会。

第三，乡村人才广度不够。农村发展仍受限于基础设施和公共服务的薄弱，难以吸引高素质人才。农业仍以劳动密集型低端产业为主，未能吸引科班出身的专业人才。目前，农村劳动力整体年龄偏大、学历偏低、技能偏弱。农村对优秀人才的吸引力不足，专业人才不愿投身农业发展。实用人才数量有限，无法满足乡村振兴需求。经济、建设、规划等领域缺乏高素质人才，成为制约农村振兴的重要因素。加强基础设施建设，提升公共服务水平，激发农业创新，以及制定有针对性的人才政策是解决这一问题的关键。

六 "十四五"期间奉贤农业的发展思路与政策建议

在"十四五"期间，奉贤农业的发展至关重要。为实现农业现代化和乡村振兴，提出以下发展思路和政策建议。

（一）持续推进农村产业结构优化

在"十四五"期间，奉贤农业正面临关键的现代化转型和发展时刻。在此阶段，奉贤应以数字化和低碳绿色为导向，深化农业产业结构优化，推动农业一、二、三产融合发展，提升农业生产效率，切实增加农民收入。[①]第一，加快农业产业结构调整。在"十四五"期间，应进一步优化农业产业结构，发展特色农业和优势产业。加大对农业龙头企业的培育和支持力度，推动形成一批区域特色农产品品牌。鼓励农业企业进行兼并重组，打造大型企业集团，推动农产品品牌产销一体化，构建绿色农业产业链。第二，推动传统农业与现代都市农业深度融合。发展现代都市农业，以农业为基础，拓展休闲农业、乡村旅游等新产业新业态。通过政策引导，推动乡村农民参与都市农业，提高农产品附加值。注重农产品品质和安全，构建现代化的农产品供应链。利用农村空间新价值，推动乡村由单纯卖产品向卖景观、卖文化、卖体验转变。第三，促进农民增收。实施更有力度的农业支持政策，加强农村金融服务，提高农业保险覆盖率。推动农村集体资产管理模式创新，强化总部经济建设，发展村级集体经济。[②] 通过深入推进人居环境整治，提升农村基本公共服务水平，使农民享受到更多的社会福利。

（二）数字化和智能化引领农业发展

随着科技的飞速发展，奉贤农业应加强数字化和智能化技术的应用。推动农业信息化平台建设，整合现代信息技术，提高农业生产、管理和决策水平。[③] 发展智能农机械，提升生产效率。建设农村物联网，实现农业全产业链的信息互通共享。第一，加强农村基础设施建设。提升农村基础设施水

① 曹祎遐、耿昊裔：《上海都市农业与二三产业融合结构实证研究——基于投入产出表的比较分析》，《复旦学报》（社会科学版）2018年第4期，第149~157页。
② 李江一、仇童伟：《农地确权与农业生产结构调整：来自中国家庭金融调查的证据》，《财贸研究》2021年第9期，第57~69页。
③ 曾亿武、宋逸香、林夏珍、傅昌銮：《中国数字乡村建设若干问题刍议》，《中国农村经济》2021年第4期，第21~35页。

平，加强农村公共服务，特别是养老、教育、医疗等方面。优化资源配置，加快农村交通、水利、电力等基础设施建设，提高农民生活便利度和舒适度。注重环境保护，推动农村人居环境整治，使农村更加美丽宜居。第二，提升农业生态可持续性。关注生态环境保护，推动绿色农业发展。采用绿色农业技术，减少农药和化肥的使用，提高土壤质量。鼓励农业循环经济，推动农业废弃物资源化利用，实现农业的可持续发展。

（三）强化党建引领，加强村级党群服务阵地建设

在"十四五"期间，奉贤农业的发展应充分发挥党建引领的核心作用。通过强化村级党群服务阵地，拓展服务功能，引导农民积极参与农村治理和发展。建立多部门协调机制，形成推动乡村振兴的强大合力。同时，加强农民意识的培育，通过培训和座谈等方式，增强农民的政治觉悟和参与意识。建立农村居民议事会等机制，促使农民更直接参与决策。在推动乡村振兴的过程中，形成党组织、政府、企业、居民等多方参与的联动机制，建立绩效考核制度激励各方发挥积极作用。制订详细的振兴计划和出台相关政策，明确发展目标和支持政策，确保各项工作有针对性开展。通过这些措施，奉贤农业将在"十四五"期间实现更为全面、可持续的发展，成为上海全球城市建设的重要支撑。

总体来说，奉贤农业在"十四五"期间应以创新为动力，以数字化和低碳绿色为方向，综合利用各种资源，全面推动乡村振兴，使奉贤农业成为上海全球城市建设的重要组成部分。通过科技创新、产业升级、基础设施建设等多方面努力，奉贤农业将在未来实现更高水平的发展，为乡村振兴贡献力量。

B.3

2023~2024年奉贤工业形势分析与研判

王永水　任　静　倪润德*

摘　要： 2023年上半年，面对复杂严峻的国际环境和艰巨繁重的改革发展任务，上海全市上下认真贯彻落实党中央、国务院决策部署和市委、市政府工作要求，牢牢把握高质量发展首要任务，全力以赴提信心、扩需求、稳增长、促发展。奉贤全区上下凝心聚力、抓住机遇、攻坚克难。全区工业稳步上升、稳中提质。2023年1~9月，全区共有1252家规模以上工业企业，规模以上工业总产值达到2062.3亿元。工业经济发展新动能持续发挥其支撑作用，其中战略性新兴产业工业（规模以上）总产值达到923.3亿元，占全区规模以上工业总产值的比重达到44.8%；美丽健康产业的规模以上工业总产值达到351.9亿元，占全区规模以上工业总产值的比重达到17.1%。

关键词： 工业经济　美丽健康产业　战略性新兴产业

　　2022年上海经济克服内外部多重压力挑战，呈现回稳向好态势。同时，外部经济环境依然复杂严峻，全市经济恢复基础仍不牢固。据2022年上海市统计局、国家统计局上海调查总队统计数据，2022年上海市生产总值达4.47万亿元，比上年同期下降0.2%。实际利用外资达到239.56亿美元，比上年同期增长0.4%。1~12月上海实现进出口总额4.19万亿元，比上年

---

* 王永水，经济学博士、法学博士后，华东政法大学商学院副教授、上海市软科学研究基地——科技统计与分析研究中心兼职研究员，主要研究方向为人力资本、科技进步与经济增长、科技政策分析与评价；任静，华东政法大学商学院产业经济学硕士研究生；倪润德，华东政法大学商学院产业经济学硕士研究生。

同期增长 3.2%。规模以上工业总产值达 4.05 万亿元，同比下降 1.1%。2022 年，上海市工业生产经历了"平稳开局、深度下跌、快速恢复、加力巩固"四个阶段，工业总产值同比增速走出"V"形恢复态势，上海市政府全力以赴提信心、扩需求、稳增长、促发展，市场需求逐步恢复，生产供给持续增加，就业和物价总体平稳，经济运行整体回升向好。2023 年前三季度上海市生产总值为 3.30 万亿元，同比增长 6%。1~9 月，上海市规模以上工业企业完成工业总产值 2.87 万亿元，比去年同期增长 1.4%。①

2022 年奉贤区经受住了各种超预期因素的考验，实现了地区生产总值的正增长。完成区级财政收入 222.5 亿元，比上年增长 0.8%，总量排名提升至全市第七。实现全社会固定资产投资 541.9 亿元。其中，第二产业投资 137.0 亿元，工业投资占绝大多数，为 136.89 亿元，同比增长 0.2%。规模以上工业总产值达到 2703.1 亿元，同比增长 9.1%。2023 年 1~9 月，奉贤全区上下凝心聚力、攻坚克难，相关经济指标已经展现出逐步恢复的趋势，经济增长的亮点显现。2023 年上半年，奉贤区实现地区生产总值 636.9 亿元，同比增长 13.2%。规模以上工业产值达到 1353.6 亿元，同比增长 25%，增速排名郊区第二。战略性新兴产业产值达到 621.6 亿元，同比增长 39.3%，增速排名郊区第二，占全区规模以上工业产值的比重提高至 45.9%。② 根据《奉贤统计月报》，2023 年 1~9 月，财政总收入为 560.36 亿元，其中税收收入为 519.60 亿元，增长 13.8%。商品销售额为 995.2 亿元，社会消费品零售总额达 436.7 亿元，增长 12.5%。

一 奉贤工业经济总体运行态势

根据《奉贤统计月报》，2023 年 1~9 月，奉贤全区规模以上工业总产值达 2062.3 亿元，增长 9.8%，全区规模以上工业企业总数达到 1252 家

---

① 上海市统计局，https://tjj.sh.gov.cn/index.html。
② 《2023 年上海市奉贤区人民政府工作报告》，https://xxgk.fengxian.gov.cn/art/info/5250/i20230703-zgjrjzqkukm26vujo5，最后访问日期：2023 年 12 月 28 日。

（其中400家单位出现亏损），总计资产达到3483.62亿元，负债为1573.68亿元，营业收入达到1973.71亿元，利润总额为134.83亿元。全区经济发展新动能不断释放，其中美丽健康产业规模以上工业总产值达到351.9亿元，占规模以上工业总产值的比重为17.1%，战略性新兴产业工业（规模以上）总产值为923.3亿元，占规模以上工业总产值的比重达44.8%。2023年1~9月，全区规模以上工业能源消耗总量为82.49万吨标准煤，增长7.0%；用电总量为23.07亿千瓦时，增长8.0%。截至2023年6月，奉贤工业用水总量为1072万立方米，增长4.3%。

将奉贤区与上海市各区工业经济横向对比发现（见图1、图2），2023年1~8月，奉贤区规模以上工业产值达1821.9亿元，在嘉定区、松江区、闵行区之后排名第四，同比增长13.8%。对比各区规模以上工业产值同比增长率可以发现，除闵行区、松江区和宝山区增长率为负之外，其他各区均呈现正增长态势，其中崇明区工业产值增长率为22.0%；奉贤区依托其临港新片区巨大的发展动能，规模以上工业产值增长率仅次于崇明区，位列第二。

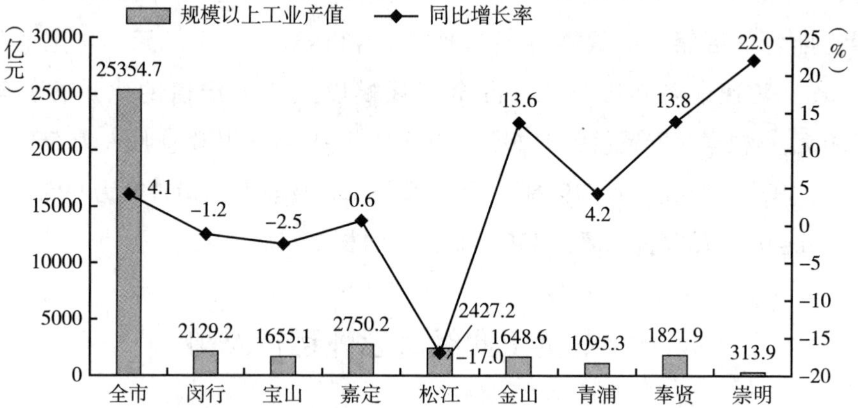

图1　上海市及各区2023年1~8月规模以上工业产值及同比增长率

资料来源：《奉贤统计月报》。

根据图2，比较分析奉贤区与上海市各区规模以上工业利润额和同比增长率可以发现，2023年1~7月，奉贤区规模以上工业利润额达118.3亿元，在各区利润总额中次于闵行区和嘉定区，排名第三，利润额同比增长率为25.5%。根据《奉贤统计月报》，2023年1~9月，奉贤区全区固定资产投资总额为415.1亿元，其中工业投资额为124.6亿元，比重达到30.02%。2023年1~9月，奉贤区规模以上工业累计销售产值增长9.8%，达2062.3亿元，累计产销率100.0%；累计出口交货值下降5.5%，为275.61亿元。

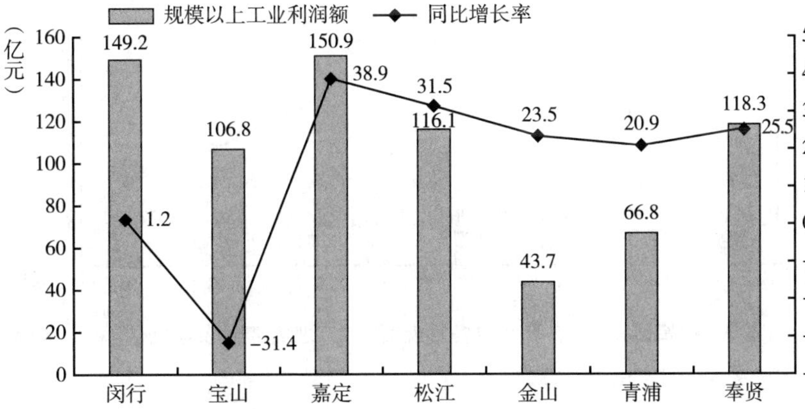

图2　上海市各区2023年1~7月规模以上工业利润额及同比增长率

资料来源：《奉贤统计月报》。

图3显示了奉贤区2023年2~9月规模以上工业总产值和增长率情况。2月，规模以上工业总产值为216.33亿元，增长率为1.5%。除上海市政府加力落实稳经济各项政策举措外，奉贤区砥砺奋进，经受住了各种超预期因素的严峻考验。3~5月，工业总产值增长率呈现快速上升态势，分别为13.2%、37.3%和37.2%，工业总产值分别为257.95亿元、232.51亿元和240.06亿元。其中4月和5月的高增长率可能是由上年同期工业产值较低、基数较小所导致的。7~8月经济持续稳定向好运行。7月工业总产值为232.65亿元，增长率为18.7%；8月总产值为236.43亿元，增长率为13.8%；9月工业总产值为235.39亿元，增长率为9.8%。从图3中可以看出，在2023年初疫情高效防控成果显现之后，经济出现了明显的复苏向好态势。2023年3~9月各月规模以上工业总产值增长率均高于上年同期水平，

各月的工业总产值也稳定上升。这主要归功于疫情结束后政府的有效措施和奉贤区经济强劲的韧性。然而，从外部环境来看，国际大环境并不友好，全球需求市场疲软仍会对我国工业产值的增长产生不利影响。

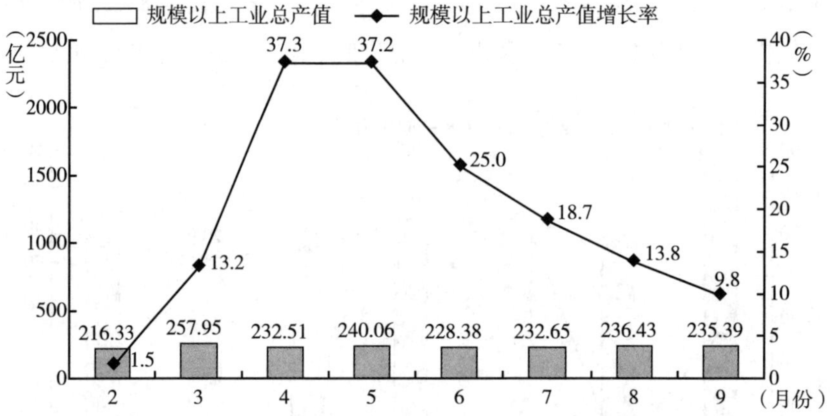

图3 奉贤区2023年2~9月各月规模以上工业总产值及其增长率

资料来源：《奉贤统计月报》。

根据图4中的数据，2023年1~9月，奉贤区规模以上工业税收累计达到183.7亿元，工业税收增长率为12.1%。对比各月的规模以上工业税收可以发现，1~2月奉贤区规模以上工业税收明显高于其他月份，其他月份规模以上工业税收的波动不大且在合理范围之内。从数值上看，1~2月的规模以上工业税收处于相对较高的水平，仅两个月的收入就突破了70亿元，其中1月规模以上工业税收为32.47亿元，2月规模以上工业税收为37.91亿元。3~9月规模以上工业税收分别为13.36亿元、23.76亿元、16.77亿元、11.11亿元、21.87亿元、11.52亿元和14.96亿元。关于同期税收增长率，1~2月受当期税收值较大且上年同期税收较少的影响，增长率较高，分别为22.2%和55.4%，3~9月规模以上工业税收回归正常，增长率回落，分别为30.8%、19.2%、15.3%、12.6%、9.4%、10.2%和12.1%。总体而言，与2022年同期相比，2023年1~9月工业税收增长率均为正，且平均增长率较高，经济势头向好。

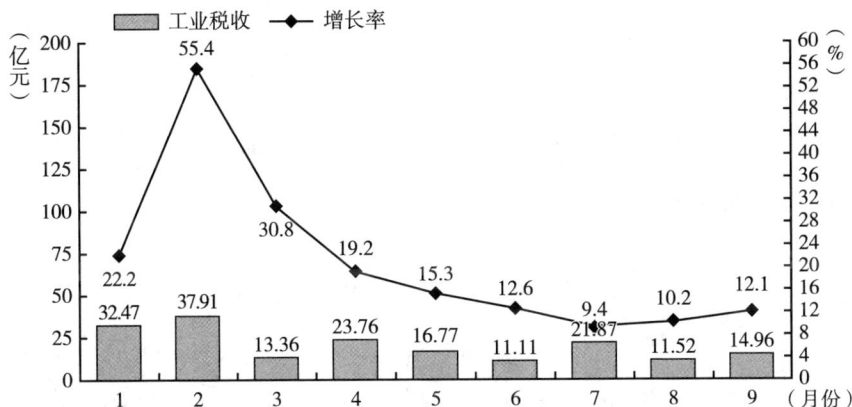

图4 奉贤区2023年1~9月规模以上工业税收情况及其增长率

资料来源:《奉贤统计月报》。

根据《奉贤统计月报》数据,深入分析全区规模以上工业企业的效益指标可以发现,2023年1~9月,奉贤全区规模以上工业企业单位总数为1252家,总资产达到3483.62亿元,总负债为1573.68亿元,营业收入为1973.71亿元,利润总额为134.83亿元,营业收入占利润总额的比重为14.6%。其中,亏损的单位数为400家,亏损额为23.43亿元。这与疫情过后国内消费市场低迷、国际市场局势复杂多变、全球制造业需求下行有一定关系,但是,政府实行了多项刺激经济增长的措施。全区的产业结构也在不断优化,新经济、新业态不断涌现,为奉贤区的向好发展注入了新动力,经济发展前景光明。

月度数据中,工业销售产值和出口交货值方面,在疫情得到有效控制后,工业销售产值总体保持平稳。9月的工业销售产值为247.05亿元;出口交货值也保持相对稳定的态势,大部分月份超过30亿元,只有7月、8月、9月略低,分别为29.13亿元、27.86亿元和25.11亿元,波动幅度不大。在增长率方面,销售产值累计增长率和出口交货值累计增长率在4月和5月显示出较高数值,其他月份相对稳定。这可能是由上年同期的基数较小所导致的。9月的销售产值累计增长率为10.10%,而出口交货值累计增长率为-5.5%（见图5）。出口交货值累计增长率较低的原因可能是俄乌冲突持续，并且在疫情恢复不久的情况下国际环境没有明显改善。国外需求疲软可能是未来一段时间需要关注的问题。

此外，根据各月累计产销率数据，各月的产销率稳定在100%左右，9月的累计产销率达到100%。

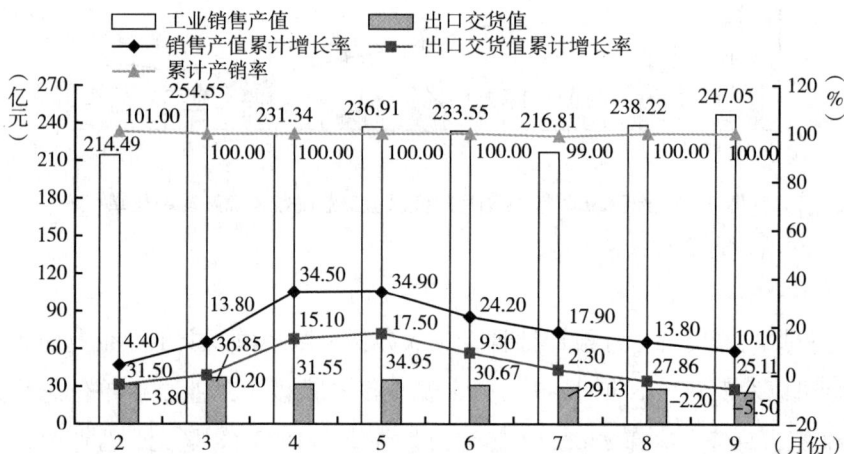

图5　奉贤区2023年2~9月工业销售产值、出口交货值及其累计增长率、累计产销率

资料来源：《奉贤统计月报》。

二　按街镇分规模以上工业企业发展情况

接下来对按街镇分规模以上工业企业发展情况做更详细的分析。

首先，回顾2022年，面对严峻复杂的国内外环境和疫情防控形势，奉贤区以更大力度、更实举措推进稳增长、扩投资、促消费，成效显著。表1给出了奉贤区2022年各街镇规模以上工业企业的主要经济指标。各街镇规模以上工业总产值达到1122.12亿元，增长率为-6.8%。其中奉城、四团和青村工业总产值均在150亿元以上，分别为167.33亿元、187.08亿元和168.25亿元，占比分别为14.91%、16.67%和14.99%。各街镇中海湾的工业总产值最低，仅占总产值的 2.57%，为 28.81 亿元，增长率为 −13.3%。在规模以上工业企业数方面，奉城、庄行、金汇、青村和柘林均超过百家，分别为 147 家、112 家、119 家、152 家和 132 家，占各街镇规模以上工业企业总数的比重分别达 16.59%、12.64%、13.43%、17.16% 和 14.90%。同样的，各街镇中海湾企业数最少，为 9 家，占比为 1.02%（见表 1）。

表 1　奉贤区 2022 年按街镇分规模以上工业企业主要经济指标

	单位数（个）	单位数占比（%）	工业总产值（亿元）	工业总产值占比（%）	工业总产值增长率（%）
合计	886	100.00	1122.12	100.00	−6.8
南桥镇	84	9.48	86.05	7.67	−7.5
奉城镇	147	16.59	167.33	14.91	−10.4
庄行镇	112	12.64	131.94	11.76	−14.6
金汇镇	119	13.43	138.56	12.35	−4.2
四团镇	69	7.79	187.08	16.67	20.4
青村镇	152	17.16	168.25	14.99	−15.6
柘林镇	132	14.90	106.09	9.45	−3.3
海湾镇	9	1.02	28.81	2.57	−13.3
西渡街道	62	7.00	108.01	9.63	−15.2

资料来源：2023 年《上海市奉贤区统计年鉴》。

进一步分析全区 2022 年各街镇规模以上工业企业营业利润相关指标可以发现，2022 年全年各街镇总共实现营业收入 1251.36 亿元，实现营业利润 71.63 亿元，营业利润率为 5.72%。比较亮眼的地区，青村的营业利润突破 10 亿元，营业利润占比为 18.57%，营业利润率为 6.41%（见表 2）。营业利润率最低的城镇是柘林，仅为 4.07%，营业利润占比为 6.72%。另外，海湾镇虽然营业利润最低，为 3.75 亿元，但其营业利润率为 12.05%，这说明海湾镇的工业企业盈利能力强，利润增长潜力大。

表 2　奉贤区 2022 年按街镇分规模以上工业企业营收情况

单位：亿元，%

	营业收入	营业利润	营业利润占比	营业利润率
合计	1251.36	71.63	100.00	5.72
南桥镇	91.35	5.64	7.87	6.17
奉城镇	176.72	9.91	13.83	5.61
庄行镇	142.74	7.70	10.75	5.39
金汇镇	149.74	8.61	12.02	5.75
四团镇	219.80	9.16	12.79	4.17
青村镇	207.35	13.30	18.57	6.41
柘林镇	118.02	4.81	6.72	4.07
海湾镇	31.16	3.75	5.24	12.05
西渡街道	114.48	8.75	12.22	7.64

资料来源：2023 年《上海市奉贤区统计年鉴》。

此外，图 6 显示了奉贤区 2023 年 1~9 月各街镇规模以上工业总产值及增长率。仅海湾和奉城的规模以上工业产值出现了负增长，分别为-12.1%和-2.8%。2023 年 1~9 月，四团的规模以上工业产值累计达到 577.21 亿元，比上年同期增长了约 4.2 倍，增长率为 44.8%。除四团外，奉城、海湾、青村和金汇的规模以上工业产值同样都超过了百亿元，分别为 120.37亿元、120.81 亿元、128.24 亿元和 102.81 亿元。其他城镇的规模以上工业产值都超过了 50 亿元，南桥、庄行、西渡和柘林的规模以上工业产值分别为 63.88 亿元、97.45 亿元、82.80 亿元和 87.28 亿元。另外，《奉贤统计月报》数据还显示，包括海湾旅游区、工业综合开发区、杭州湾开发区、东方美谷集团、临港（奉贤）、头桥集团、上海奉贤经济发展有限公司（以下简称"经发"）在内的开发区，在 2023 年 1~9 月的规模以上工业总产值累计值分别为 1.78 亿元、374.97 亿元、212.22 亿元、70.18 亿元、530.93 亿元、17.97 亿元和 4.36 亿元，合计占全区规模以上工业总产值的 58.79%。

综上所述，奉贤区各街镇的规模以上工业产值虽表现出一定的差异性，但总体上呈现积极的增长态势，其中开发区的贡献较为突出。

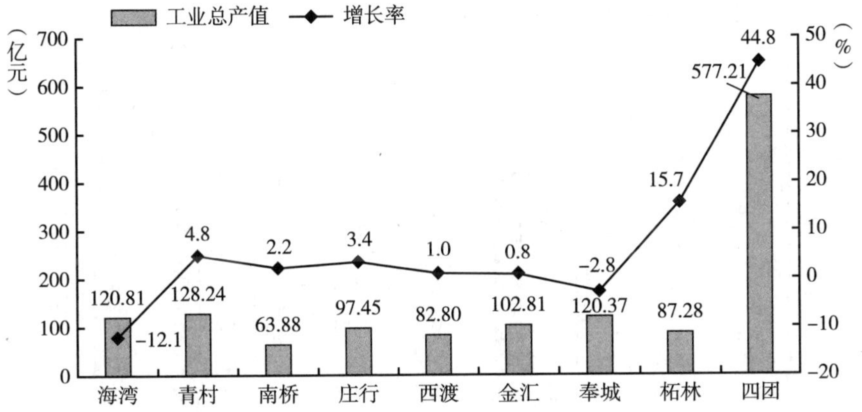

图6　奉贤区2023年1～9月各街镇规模以上工业总产值及增长率

资料来源：《奉贤统计月报》。

图7给出了奉贤区2023年1～8月各街镇规模以上工业主营业务收入及累计增长率。除奉城累计增长率为负之外（－1.4%），其他城镇的规模以上工业企业主营业务收入累计增长率均为正。其中，柘林和四团累计增长率在10%以上，分别为18.1%和13.3%，其余城镇的累计增长率均在1.0%～10.0%。从规模上看，青村、奉城和四团规模以上工业主营业务收入均为百亿元以上，分别为133.21亿元、104.73亿元和152.89亿元；规模超过50亿元的街镇还有南桥、庄行、西渡、金汇、柘林，主营业务收入分别为58.30亿元、92.96亿元、73.51亿元、93.83亿元和81.22亿元。与2022年同期相比，青村和四团仍是主营业务收入规模较高的城镇，但和青村相比，四团每年仍保持较快的增长，发展势头正盛。海湾仍是发展规模最小的地区。《奉贤统计月报》同时公布了2023年1～8月奉贤区内开发区规模以上工业主营营业收入，达到1162.24亿元，占全区规模以上工业主营业务收入的58.89%，其中工业综合开发区、杭州湾开发区、临港（奉贤）营业收入达数百亿元，分别为345.66亿元、218.40亿元和514.54亿元。

图8给出了2023年1～8月奉贤区各街镇规模以上工业利润总额及累计增长率。从利润总额来看，青村、西渡、奉城的工业利润总额位居前三，分别

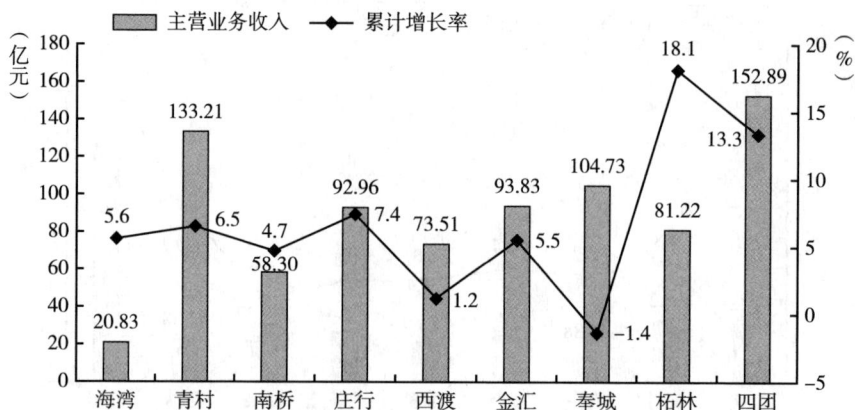

图7 奉贤区2023年1~8月各街镇规模以上工业主营业务收入及累计增长率

资料来源:《奉贤统计月报》。

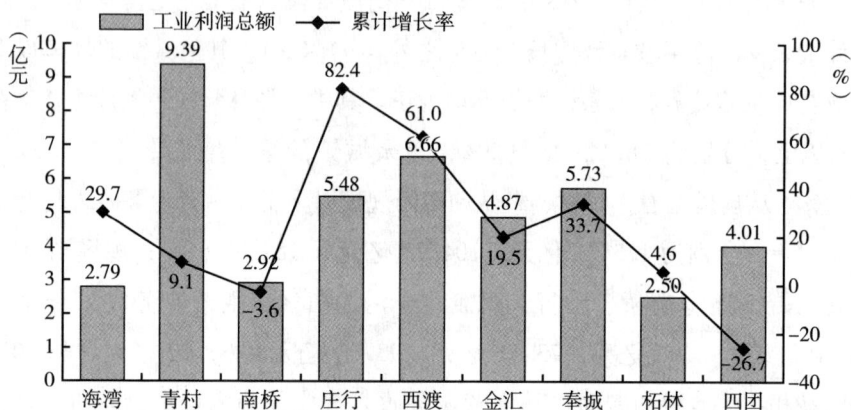

图8 奉贤区2023年1~8月各街镇规模以上工业利润总额及累计增长率

资料来源:《奉贤统计月报》。

为9.39亿元、6.66亿元和5.73亿元。柘林、海湾、南桥的工业利润总额相对较低,分别为2.50亿元、2.79亿元和2.92亿元。在利润总额累计增长率方面,除四团和南桥出现负增长外,其他街镇的利润总额均呈现不同程度的增长态势。其中,庄行利润总额增长最快,累计增长率为82.4%。四团与2022

年同期增长率260%相比，其规模以上工业利润总额累计增长率经历了急速下降，降至-26.7%。承压上年高基数，预期增速将持续回落。另外，与上年同期相比，青村仍是工业利润总额最高的镇。综上分析，在一定程度上可以看出，奉贤区乃至上海市经济大规模地呈稳步向好趋势。另外，《奉贤统计月报》表明，奉贤区内开发区规模以上工业利润总额为90.48亿元，占全区规模以上工业利润总额的67.11%，其中，利润额相对较高的为工业综合开发区和临港（奉贤）开发区，利润额分别为35.26亿元和27.03亿元。

根据图9的数据，结合各街镇的规模以上工业利润额和主营业务收入指标，通过计算"利润/主营业务收入×100%"来测算各街镇的工业销售利润率。结果显示，海湾、青村、庄行、西渡、金汇和奉城的工业利润率超过了5%，相对较高。具体来说，海湾的工业利润率为13.39%，青村为7.05%，庄行为5.89%，西渡为9.07%，金汇为5.19%，奉城为5.47%。而柘林和四团的工业利润率较低，分别为3.08%和2.62%。与2022年同期相比，在受到疫情短期冲击情况下，各街镇积极采取了应对措施，并取得了显著效果。截至2023年8月，除柘林和四团外，各街镇的利润率在升幅各不相同的情况下呈现良好发展势头。

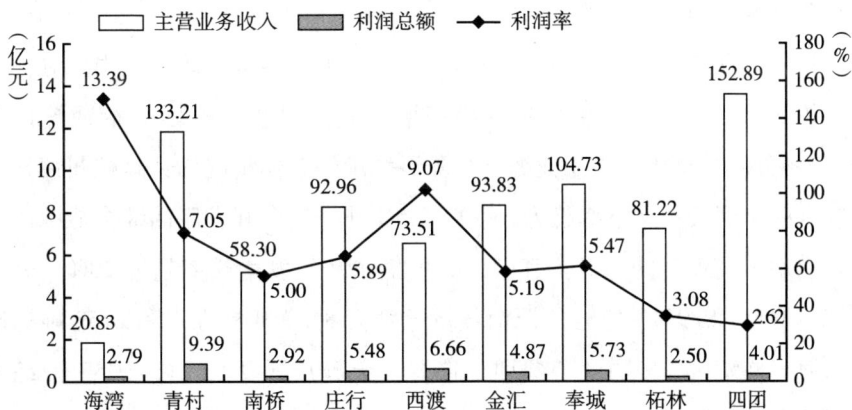

图9　奉贤区2023年1~8月各街镇规模以上工业主营业务收入、利润总额和利润率

资料来源：《奉贤统计月报》。

此外，值得注意的是，统计资料还提供了 2023 年 1~9 月临港新片区产城融合区（奉贤）相关的经济效益指标。其中，规模以上工业总产值为674.92 亿元，增长了 31%；资产总额为 627.81 亿元，增长了 17.8%；实现营业收入 667.81 亿元，增长了 47.3%。在强大政策扶持、合理战略规划的指引下，临港新片区产城融合区（奉贤）发展一片向好，未来将成为奉贤工业发展的重要引擎。

分析各街镇规模以上工业综合能源消费量可以发现，2023 年 1~9 月，全区除西渡街道规模以上工业综合能源消费量呈负增长，增长率为-2.4%之外，各街镇与上年同期相比规模以上工业综合能源消费量增长率均呈现上升趋势。一方面，可能由于随着疫情防控效果显著，各街镇工业持续向好发展；另一方面，我国的大宗商品保供稳价政策的不断发力同样是综合能源消费量呈现向好态势的可能原因。其中，四团综合能源消费量增幅较大，增长率为 20.8%。综合能源消费量居前的城镇是青村和四团，能源消费量分别为 75886 吨标准煤、75463 吨标准煤；海湾综合能源消费量则较低，为14566 吨标准煤（见图 10）。结合图 6 及相关数据我们可以发现，四团工业总产值远高于青村但能源消费量相近，说明四团的能源利用效率较高，产业在绿色环保方面成效显著。

另外，据调查资料，2022 年和 2023 年上半年奉贤区政府全力以赴提信心、扩需求、稳增长、促发展，经济增长亮点显现。根据《奉贤统计月报》，各开发区规模以上工业综合能源消费量的总体情况为：除杭州湾开发区综合能源消费量呈下降趋势，下降 5.5%外，其余开发区的综合能源消费量均出现不同程度的上升。其中，头桥集团和经发增长率超过 20%，分别为 27.4%和 28.9%，综合能源消耗量分别为 8427 吨标准煤和 2159 吨标准煤。海湾旅游区、东方美谷集团、临港（奉贤）开发区规模以上工业综合能源消费量分别为 605 吨标准煤、55484 吨标准煤和 61566 吨标准煤，增长率分别为 18.2%、5.2%和 2.7%。其中工业综合开发区、杭州湾开发区消耗量较大，分别为 156048 吨标准煤和 135773 吨标准煤。

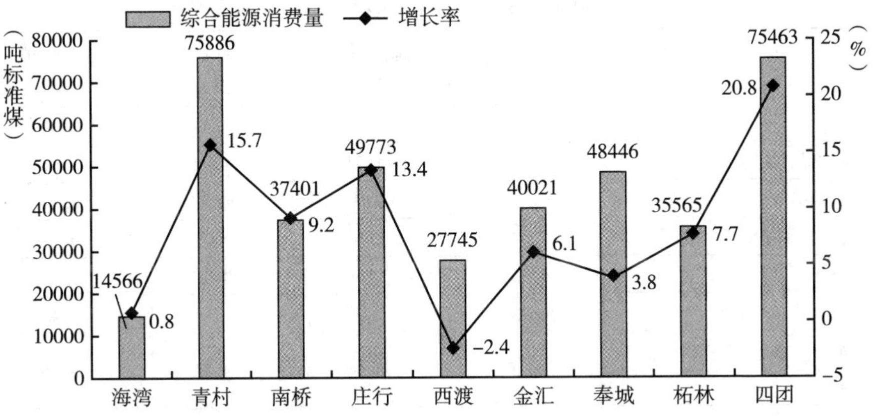

图10 奉贤区2023年1~9月各街镇规模以上工业综合能源消费量及增长率

资料来源:《奉贤统计月报》。

三 按行业分规模以上工业企业发展情况

下面按行业分规模以上工业企业发展情况来进一步分析奉贤区工业形势。

回顾2022年,表3给出了奉贤全区2022年各行业规模以上工业企业数、工业总产值及相关指标。从企业数来看,各行业规模以上企业数合计为1239家,其中化学原料和化学制品制造业、金属制品业、通用设备制造业、专用设备制造业、电气机械和器材制造业的企业数为百家以上,分别为117家、116家、178家、116家、127家;规模以上工业总产值为百亿以上的行业包括:化学原料和化学制品制造业、医药制造业、橡胶和塑料制品业、有色金属冶炼和压延加工业、通用设备制造业、专用设备制造业、汽车制造业及电气机械和器材制造业,产值分别为271.37亿元、232.15亿元、111.39亿元、105.84亿元、179.60亿元、235.92亿元、394.67亿元和554.70亿元。

表 3 奉贤区 2022 年按行业分规模以上工业企业主要指标

	企业数（家）	企业数占比（%）	工业总产值（亿元）	工业总产值占比
合计	1239	100.00	2703.10	100.00
农副食品加工业	15	1.21	37.26	1.38
食品制造业	36	2.91	66.37	2.46
酒、饮料和精制茶制造业	5	0.40	5.05	0.19
纺织业	23	1.86	51.29	1.90
纺织服装、服饰业	16	1.29	12.16	0.45
皮革、毛皮、羽毛及其制品和制鞋业	5	0.40	4.31	0.16
木材加工和木、竹、藤、棕、草制品业	8	0.65	9.04	0.33
家具制造业	42	3.39	41.54	1.54
造纸和纸制品业	34	2.74	31.79	1.18
印刷和记录媒介复制业	20	1.61	8.02	0.30
文教、工美、体育和娱乐用品制造业	24	1.94	47.20	1.75
石油加工、炼焦和核燃料加工业	3	0.24	5.75	0.21
化学原料和化学制品制造业	117	9.44	271.37	10.04
医药制造业	35	2.82	232.15	8.59
化学纤维制造业	2	0.16	0.88	0.03
橡胶和塑料制品业	96	7.75	111.39	4.12
非金属矿物制品业	39	3.15	88.15	3.26
黑色金属冶炼和压延加工业	13	1.05	11.71	0.43
有色金属冶炼和压延加工业	14	1.13	105.84	3.92
金属制品业	116	9.36	80.03	2.96
通用设备制造业	178	14.37	179.60	6.64
专用设备制造业	116	9.36	235.92	8.73
汽车制造业	80	6.46	394.67	14.60
铁路、船舶、航空航天和其他运输设备制造业	10	0.81	15.29	0.57
电气机械和器材制造业	127	10.25	554.70	20.52
计算机、通信和其他电子设备制造业	25	2.02	32.74	1.21

	企业数(家)	企业数占比(%)	工业总产值(亿元)	工业总产值占比
仪器仪表制造业	21	1.69	15.35	0.57
其他制造业	10	0.81	6.72	0.25
废弃资源综合利用业	1	0.08	0.30	0.01
电力、热力生产和供应业	3	0.24	32.67	1.21
燃气生产和供应业	1	0.08	8.82	0.33
水的生产和供应业	4	0.32	5.02	0.19

资料来源：2023 年《上海市奉贤区统计年鉴》。

表4 给出了奉贤区 2022 年各行业规模以上工业企业利润数据。其中，化学原料和化学制品制造业、医药制造业的营业利润相对较高，分别为 33.94 亿元和 60.02 亿元，占比分别为 17.33%、30.64%，利润率分别为 9.99%、27.56%。值得关注的是，2022 年电气机械和器材制造业规模以上工业企业的营业收入是全部行业中最高的，达 574.32 亿元。此外，营业收入为百亿元以上规模的行业还有化学原料和化学制品制造业、医药制造业、橡胶和塑料制品业、有色金属冶炼和压延加工业、通用设备制造业、专用设备制造业、汽车制造业、电气机械和器材制造业。

表 4 奉贤区 2022 年按行业分规模以上工业企业营业利润

单位：亿元，%

	营业收入	营业利润	营业利润占比	营业利润率
合计	2902.04	195.87	100.00	6.75
农副食品加工业	40.65	4.04	2.06	9.94
食品制造业	68.90	4.94	2.52	7.17
酒、饮料和精制茶制造业	5.04	0.13	0.07	2.58
纺织业	52.33	4.19	2.14	8.01
纺织服装、服饰业	14.01	-0.02	-0.01	-0.14
皮革、毛皮、羽毛及其制品和制鞋业	4.41	0.16	0.08	3.63

续表

	营业收入	营业利润	营业利润占比	营业利润率
木材加工和木、竹、藤、棕、草制品业	9.45	0.58	0.27	5.61
家具制造业	42.52	0.69	0.35	1.62
造纸和纸制品业	32.18	1.10	0.56	3.42
印刷和记录媒介复制业	8.42	−0.12	−0.06	−1.43
文教、工美、体育和娱乐用品制造业	56.57	9.77	4.99	17.27
石油加工、炼焦和核燃料加工业	8.48	0.72	0.37	8.49
化学原料和化学制品制造业	339.84	33.94	17.33	9.99
医药制造业	217.80	60.02	30.64	27.56
化学纤维制造业	1.13	−0.02	−0.01	−1.77
橡胶和塑料制品业	120.65	6.69	3.42	5.54
非金属矿物制品业	94.38	4.45	2.27	4.71
黑色金属冶炼和压延加工业	13.05	0.18	0.09	1.38
有色金属冶炼和压延加工业	128.28	6.90	3.52	5.38
金属制品业	84.72	3.55	1.81	4.19
通用设备制造业	188.29	10.38	5.30	5.51
专用设备制造业	261.54	9.62	4.91	3.68
汽车制造业	407.99	15.05	7.68	3.69
铁路、船舶、航空航天和其他运输设备制造业	16.05	1.15	0.59	7.17
电气机械和器材制造业	574.32	12.33	6.29	2.15
计算机、通信和其他电子设备制造业	38.09	1.13	0.58	2.97
仪器仪表制造业	16.40	0.56	0.29	3.41
其他制造业	6.88	0.40	0.20	5.81
废弃资源综合利用业	0.29	0.00	0.00	0.00
电力、热力生产和供应业	32.67	3.74	1.91	11.45
燃气生产和供应业	9.89	0.16	0.08	1.62
水的生产和供应业	6.82	−0.49	−0.25	−7.18

资料来源：2023年《上海市奉贤区统计年鉴》。

表5显示的是奉贤区2023年1~9月分行业规模以上工业总产值情况，农副食品加工业，食品制造业，酒、饮料和精制茶制造业，纺织服装、服饰业，皮革、毛皮、羽毛及其制品和制鞋业，石油加工、炼焦和核燃料加工业，化学原料和化学制品制造业，非金属矿物制品业，黑色金属冶炼和压延加工业，金属制品业，通用设备制造业，汽车制造业，铁路、船舶、航空航天和其他运输设备制造业，电气机械和器材制造业，仪器仪表制造业，电力、热力生产和供应业，燃气生产和供应业，水的生产和供应业的工业总产值取得正增长，其余各行业均出现不同程度的负增长。各行业累计规模以上工业总产值占比超过10%的分别为汽车制造业、电气机械和器材制造业，累计工业总产值分别为331.89亿元、527.18亿元，占全区规模以上工业总产值比重分别为16.09%、25.56%，增长率分别为23.10%、47.20%。此外，工业总产值超过百亿元的还有化学原料和化学制品制造业（203.10亿元）、医药制造业（131.40亿元）、通用设备制造业（126.93亿元）、专用设备制造业（142.93亿元），增长率分别为4.50%、-22.00%、1.90%、-14.60%，产值占比分别为9.85%、6.37%、6.15%、6.93%；总产值在50亿元以上的还有橡胶和塑料制品业、非金属矿物制品业、有色金属冶炼和压延加工业及金属制品业，工业总产值分别为76.10亿元、67.64亿元、75.86亿元和56.30亿元，增长率分别为-5.90%、17.30%、-4.70%和1.90%，产值占比分别为3.69%、3.28%、3.68%和2.73%。值得注意的是，化学纤维制造业的规模以上工业产值跌幅最大，增长率为-76.2%。

表5　奉贤区2023年1~9月分行业规模以上工业总产值

单位：亿元，%

行业	累计工业总产值	产值占比	增长率
合计	2062.36	100.00	9.80
农副食品加工业	30.56	1.48	11.50
食品制造业	48.18	2.34	1.20
酒、饮料和精制茶制造业	3.87	0.19	8.20
纺织业	35.24	1.71	-9.00

续表

行业	累计工业总产值	产值占比	增长率
纺织服装、服饰业	10.83	0.53	24.70
皮革、毛皮、羽毛及其制品和制鞋业	3.50	0.17	21.70
木材加工和木、竹、藤、棕、草制品业	5.26	0.26	-21.00
家具制造业	22.84	1.11	-15.10
造纸和纸制品业	23.58	1.14	-2.20
印刷和记录媒介复制业	5.76	0.28	-7.00
文教、工美、体育和娱乐用品制造业	28.72	1.39	-17.80
石油加工、炼焦和核燃料加工业	5.25	0.25	32.10
化学原料和化学制品制造业	203.10	9.85	4.50
医药制造业	131.40	6.37	-22.00
化学纤维制造业	0.18	0.01	-76.20
橡胶和塑料制品业	76.10	3.69	-5.90
非金属矿物制品业	67.64	3.28	17.30
黑色金属冶炼和压延加工业	9.30	0.45	13.30
有色金属冶炼和压延加工业	75.86	3.68	-4.70
金属制品业	56.30	2.73	1.90
通用设备制造业	126.93	6.15	1.90
专用设备制造业	142.93	6.93	-14.60
汽车制造业	331.89	16.09	23.10
铁路、船舶、航空航天和其他运输设备制造业	10.59	0.51	2.10
电气机械和器材制造业	527.18	25.56	47.20
计算机、通信和其他电子设备制造业	20.79	1.01	-15.70
仪器仪表制造业	13.02	0.63	27.50
其他制造业	4.15	0.20	-13.10
废弃资源综合利用业	0.20	0.01	-20.90
电力、热力生产和供应业	30.17	1.46	38.90
燃气生产和供应业	7.29	0.35	14.70
水的生产和供应业	3.75	0.18	2.30

资料来源:《奉贤统计月报》。

进一步分析，分别选择 2023 年 1~9 月规模以上工业产值占比相对较高的行业和累计增长率相对较高的行业以做更详细的探讨。其中电气机械和器材制造业是规模以上工业产值中占比最高（25.56%），同时也是总产值累计增长率最高的行业（47.2%）；汽车制造业是规模以上工业产值占比排名第二的行业（16.09%），下文选择这两个领域深入分析其规模以上工业总产值及累计增长率情况。

根据图 11，从累计增长率和当月总产值两个方面来观察电气机械和器材制造业的情况。从累计增长率来看，受上年因 4~6 月疫情停工停产基数较小的影响，4 月和 5 月的累计增长率较高，6 月稍低。具体而言，4 月的累计增长率为 147.9%，5 月为 138.0%，6 月为 102.6%。出现这一现象，一方面是因为上年同期的产量基数较小，另一方面是因为疫情的有效管控和政府支持政策的提振，2023 年同期的增长率较高。从当月总产值方面来看，2~9 月的规模以上工业总产值相对均衡，其中 3 月的产值最高，达到 69.55 亿元；而 6 月的产值较低，仅为 55.23 亿元。9 月的工业总产值为 57.15 亿元，累计产值达到 529.35 亿元。

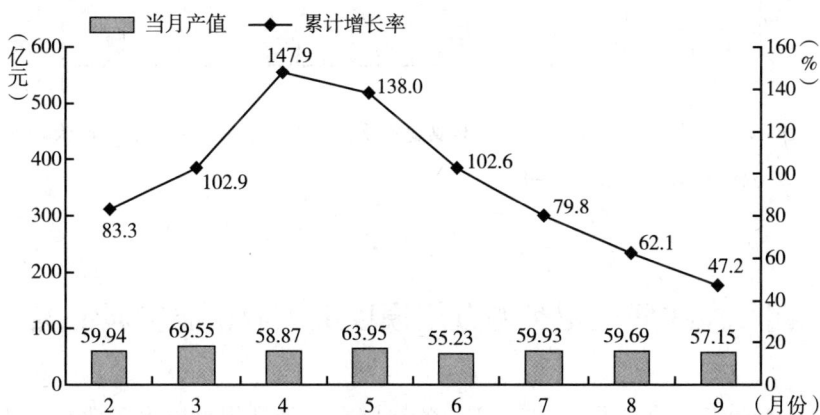

图 11 奉贤区 2023 年 2~9 月电气机械和器材制造业规模以上工业总产值及累计增长率

资料来源：《奉贤统计月报》。

图 12 给出了汽车制造业规模以上工业总产值及累计增长率情况。与电气机械和器材制造业的情况类似,汽车制造业 2~9 月规模以上工业总产值也比较稳定,9 月产值最高,为 39.60 亿元;2 月产值最低,为 33.19 亿元,月度之间差距不大。从累计增长率上看,4 月之后累计增长率较高,这一现象与上年基数较低有关。其中,5 月累计增长率最高,达 50.1%;2 月累计增长率最低,为 0.5%。2 月累计增长率低一方面是由于年初为疫情刚恢复,消费者购车需求较低,另一方面是疫情的不断反复致使线下消费需求略显疲弱,消费总量、消费结构以及消费习惯的改变,对原有的市场造成持续性的影响。

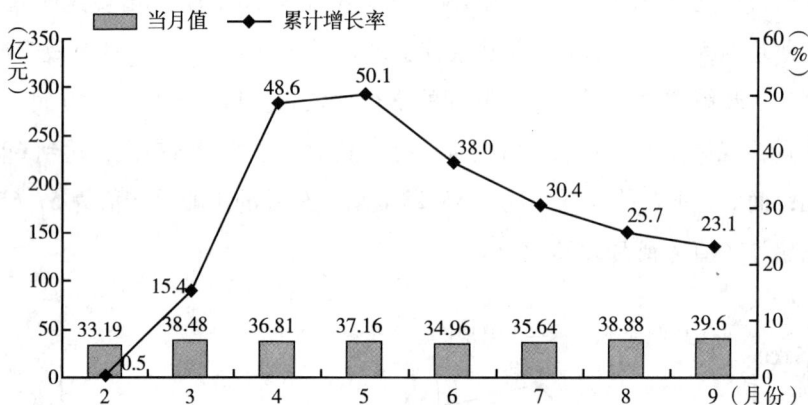

图 12　奉贤区 2023 年 2~9 月汽车制造业规模以上工业总产值及累计增长率

资料来源:《奉贤统计月报》。

四　按注册登记类型分规模以上工业企业发展情况

表 6 和表 7 给出了全区 2022 年各注册登记类型规模以上工业企业主要指标以及营业利润指标。其中,私营有限责任公司和外资企业的规模以上工业企业数量最多,占比最高,分别为 782 家和 134 家,占全部注册登记类型的比重分别为 63.12% 和 10.82%,其工业总产值分别为 846.43 亿元和

423.46亿元，占全部注册登记类型工业总产值的比重分别为31.23%和15.67%。营业利润相关指标方面，私营有限责任公司和外资企业的规模以上工业企业的营业收入、营业利润仍然是各登记注册类型中排名靠前的，营业收入分别达到了886.80亿元和478.39亿元，营业利润分别为33.55亿元和43.56亿元。另外，营业利润率较高的注册登记类型为私营股份有限公司和港澳台商投资股份有限公司，分别达到了18.90%和16.32%，说明这两类公司的成本控制较好，"降本增效"效果较好。

表6 奉贤区2022年按注册登记类型分规模以上工业企业主要指标

	企业数（家）	企业数占比（%）	工业总产值（亿元）	工业总产值占比（%）
合计	1239	100.00	2703.11	100.00
集体	3	0.24	2.27	0.08
国有独资公司	7	0.56	53.04	1.96
其他有限责任公司	96	7.75	585.03	21.62
股份有限公司	20	1.61	209.41	7.74
私营独资	18	1.45	9.43	0.35
私营合伙	4	0.32	6.14	0.23
私营有限责任公司	782	63.12	846.43	31.23
私营股份有限公司	48	3.87	170.30	6.28
与港澳台商合资经营	23	1.86	151.30	5.58
与港澳台商合作经营	3	0.24	2.34	0.09
港澳台商独资	48	3.87	86.06	3.17
港澳台商投资股份有限公司	2	0.16	7.26	0.27
其他港澳台投资	2	0.16	0.69	0.03
中外合资经营	43	3.47	134.60	4.95
中外合作经营	1	0.08	1.41	0.05
外资企业	134	10.82	423.46	15.67
外商投资股份有限公司	2	0.16	4.11	0.15
其他外商投资	3	0.24	9.83	0.36

资料来源：2023年《上海市奉贤区统计年鉴》。

表7 奉贤区2022年按注册登记类型分规模以上工业企业营业利润

单位：亿元，%

	营业收入	营业利润	营业利润占比	营业利润率
合计	2902.05	195.87	100.00	6.75
集体	2.92	0.04	0.02	1.26
国有独资公司	61.41	0.41	0.21	0.67
其他有限责任公司	576.73	16.52	8.43	2.86
股份有限公司	252.35	18.91	9.65	7.49
私营独资	10.18	0.54	0.28	5.30
私营合伙	5.60	0.62	0.32	11.07
私营有限责任公司	886.80	33.55	17.13	3.78
私营股份有限公司	180.45	34.10	17.41	18.90
与港澳台商合资经营	176.33	28.78	14.69	16.32
与港澳台商合作经营	2.34	0.01	0.01	0.43
港澳台商独资	90.19	4.35	2.22	4.82
港澳台商投资股份有限公司	6.45	0.90	0.46	13.95
其他港澳台投资	0.74	0.02	0.01	2.70
中外合资经营	145.00	12.49	6.38	8.61
中外合作经营	1.47	0.11	0.06	7.48
外资企业	478.39	43.56	22.24	9.11
外商投资股份有限公司	14.78	0.14	0.07	0.95
其他外商投资	9.92	0.82	0.42	8.27

资料来源：2023年《上海市奉贤区统计年鉴》。

进一步地对按注册登记类型分规模以上工业企业发展情况进行探讨，根据表8和表9的数据，在奉贤区2023年1~9月分登记注册类型的规模以上工业总产值及增长率以及工业总产值结构比重方面，可以得出以下结论。在登记注册类型规模以上工业总产值方面，私人控股企业的工业总产值最多，达1337.82亿元，占比为64.87%，2023年1~9月总产值增长11.20%。外商控股工业总产值为419.54亿元，占比为20.34%，仅次于私人控股企业，其增长率为5.10%。港澳台控股企业的工业总产值为85.89亿元，占比为4.16%，增长率为-0.5%。国有控股企业的工业总产值为197.81亿元，占比为9.59%，增长率为16.40%。集体控股企业的工业总产值为2.74亿元，占比为0.13%，增长率为16.30%。其他登记注册类型企业的工业总产值为18.55亿元，占比为0.90%，增长率为6.70%。从各登记注册类型企业的规模以上工业总产值增长率来看，所有登记注册类型企业的规模以上工业总产值的增长率均为正。这说明奉贤区的工业生产整体呈现积极增长的态势。从工业总产值结构比重的角度来看，港澳台控股企业、外商控股企业和其他登记注册类型企业的工业总产值占比有一定程度的下降。这可能是受国际市场需求低迷的影响。综上所述，奉贤区2023年2~9月的工业总产值在不同登记注册类型企业之间呈现不同的特点，总体上各登记注册类型企业的工业总产值都实现了正增长，私人控股企业仍然是主要的贡献者。工业总产值结构比重变化不大。

表8　奉贤区2023年2~9月分登记注册类型规模以上工业总产值及增长率

单位：亿元，%

	产值									增长率
	2月	3月	4月	5月	6月	7月	8月	9月	合计	
合计	216.32	257.95	232.52	240.06	228.38	232.66	236.43	235.38	2062.35	9.80
国有控股	20.63	24.11	23.79	22.23	22.70	26.30	22.81	18.72	197.81	16.40
集体控股	0.51	0.31	0.29	0.29	0.31	0.32	0.40	0.30	2.74	16.30
私人控股	142.15	172.22	149.80	157.41	146.95	147.19	151.50	153.93	1337.82	11.20
港澳台控股	9.35	9.73	9.91	9.62	10.23	11.03	10.07	10.13	85.89	-0.50
外商控股	42.77	49.43	47.26	49.36	46.14	44.62	49.00	50.10	419.54	5.10
其他	0.91	2.15	1.47	1.15	2.05	3.20	2.65	2.20	18.55	6.70

资料来源：《奉贤统计月报》。

表9 奉贤区2023年2~9月分登记注册类型规模以上工业总产值结构比重及增长百分比

单位：%

| | 产值 | | | | | | | | | 增长率 |
	2月	3月	4月	5月	6月	7月	8月	9月	合计	
国有控股	9.5	9.3	10.2	9.3	9.9	11.3	9.6	8.0	9.6	0.5
集体控股	0.2	0.1	0.1	0.1	0.1	0.1	0.2	0.1	0.1	0.0
私人控股	65.7	66.8	64.5	65.6	64.3	63.3	64.1	65.4	64.9	0.8
港澳台控股	4.3	3.8	4.3	4.0	4.5	4.7	4.3	4.3	4.2	-0.4
外商控股	19.8	19.2	20.3	20.5	20.2	19.2	20.7	21.3	20.3	-0.9
其他	0.4	0.8	0.6	0.5	1.0	1.4	1.1	0.9	0.9	0.0

资料来源：《奉贤统计月报》。

五 美丽健康产业及战略性新兴产业工业企业发展情况

从奉贤经济发展的新动能来看，这里以近期重点发展的战略性新兴产业和美丽健康产业为例进行分析（见图13、图14、图15、图16）。

图13为全区2022年美丽健康产业规模以上工业总产值及增长率，其中生物保健、日用化学和绿色食品规模以上工业总产值均超百亿元，分别为229.07亿元、105.05亿元和104.38亿元，增长率分别为20.2%、-19.7%和-2.8%。受疫情影响，2022年美丽健康产业中除生物保健与医疗器械行业增长率保持稳步上升外，其他各行业的工业总产值增长率与2021年同期相比均出现不同程度的下降。

根据2023年《上海市奉贤区统计年鉴》数据，截至2023年9月，美丽健康产业的规模以上工业总产值达到351.94亿元，整体发展不太理想，累

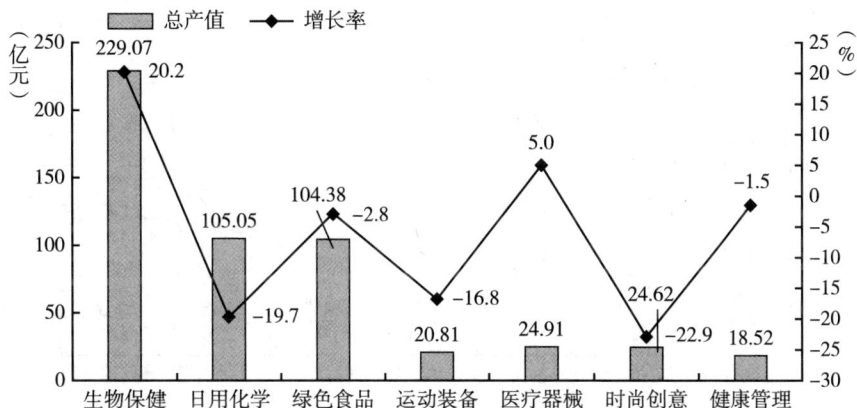

图 13 奉贤区 2022 年美丽健康产业规模以上工业总产值及增长率

资料来源：2023 年《上海市奉贤区统计年鉴》。

计增长率为-7.7%。同时，规模以上工业企业数增长到了 234 家，累计增长了 16.4%。资产总额达到 1075.21 亿元，增长了 2.3%；负债总额为 341.05 亿元，降低 5.2%；营业收入为 339.29 亿元，降低 5.7%；利润额为 46.11 亿元，累计增长率为-27.2%；税收收入达到 31.33 亿元，增长率为-5%。固定资产计划投资达到 537.43 亿元，自开始建设以来，累计完成投资额为 252.07 亿元，本年完成投资额为 67.96 亿元。美丽健康产业主要涵盖了生物保健、日用化学、绿色食品、运动装备、医疗器械、时尚创意和健康管理等领域。图 14 的统计数据显示，"后疫情时代"的影响已经开始显现。在众多主打产业中，仅日用化学和绿色食品行业的规模以上工业总产值实现了正增长，增长率分别为 14.2%和 4.2%。生物保健产业的产值规模超过百亿元，达到了 130.67 亿元。此外，日用化学和绿色食品行业的产值规模为 50 亿元以上，分别为 84.35 亿元和 76.35 亿元。与 2022 年同期相比，生物保健、日用化学和绿色食品仍然是产值规模较大的行业，而其他产业的产值规模相对较小。综上，奉贤区的美丽健康产业仍有较大的发展潜力。

下文进一步分析战略性新兴产业规模以上工业发展情况。首先回顾 2022 年，图 15 给出了奉贤全区 2022 年战略性新兴产业规模以上工业总产

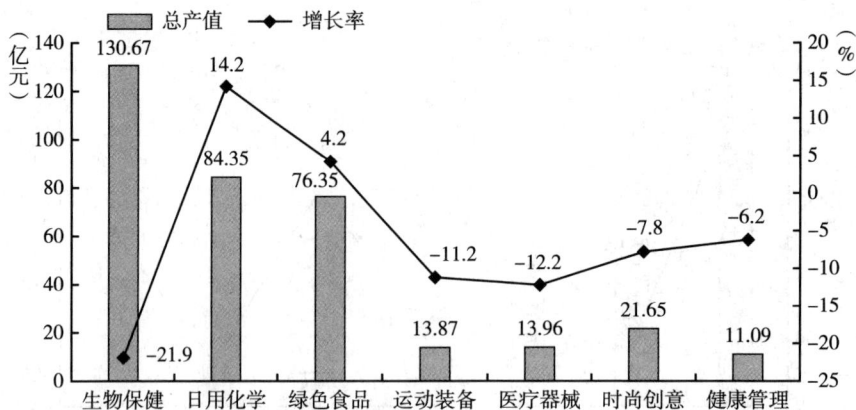

图 14　奉贤区 2023 年 1~9 月美丽健康产业规模以上工业总产值及增长率

资料来源：《奉贤统计月报》。

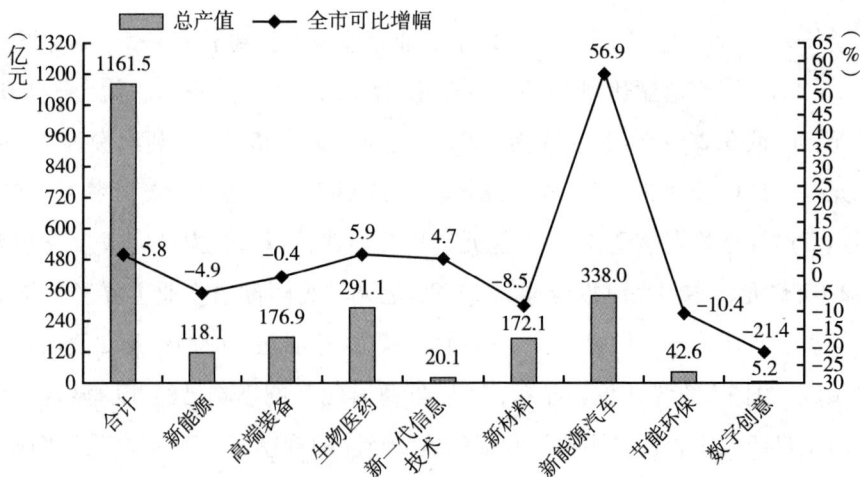

图 15　奉贤区 2022 年战略性新兴产业规模以上工业总产值及增长率

资料来源：2023 年《上海市奉贤区统计年鉴》。

值及增长率情况。值得注意的是，根据 2023 年《上海市奉贤区统计年鉴》数据，2022 年全区战略性新兴产业中增加新能源汽车领域，且迅速发展成为总产值最高的行业，总产值达 338.0 亿元，全市可比增幅为 56.9%。新能源、高端装备、生物医药、新材料企业的规模以上工业总产值均超过了百亿元，分别为 118.1 亿元、176.9 亿元、291.1 亿元、172.1 亿元，企业数分别达到了 17 家、43 家、77 家和 57 家。新能源和生物医药的增长率分别达到了 20.20% 和 16.60%，均超过全市可比增幅 -4.9% 和 5.0%。此外，新能源汽车企业数虽然只有 5 家，但总产值最高，其可比增幅达到了 68.0%，远超过全市可比增幅 56.9%。由此可见，新能源汽车显现了强劲的发展动力和巨大的发展潜力。

图 16 给出了 2023 年奉贤战略性新兴产业规模以上工业总产值及增长率情况。根据《奉贤统计月报》数据，1~9 月，奉贤战略性新兴产业规模以上工业总产值累计额为 923.3 亿元，企业数为 234 家，总产值增长 17.1%，远超上海市同时期的增长率 0.8%。这在一定程度上说明奉贤区的战略性新兴产业整体处于发展期，增长速度快，增长潜力大。从企业数量上看，奉贤区主要以生物医药、新材料、高端装备为主，企业数分别达到了 79 家、58 家和 47 家。其工业总产值分别达到 170.4 亿元、122.4 亿元和 106.4 亿元。增长率分别为 -19.5%、16.6% 和 -14.5%。其中，仅新材料增长速度为正，从增长率看，新能源汽车、新能源、新材料、节能环保领域都保持了较高的

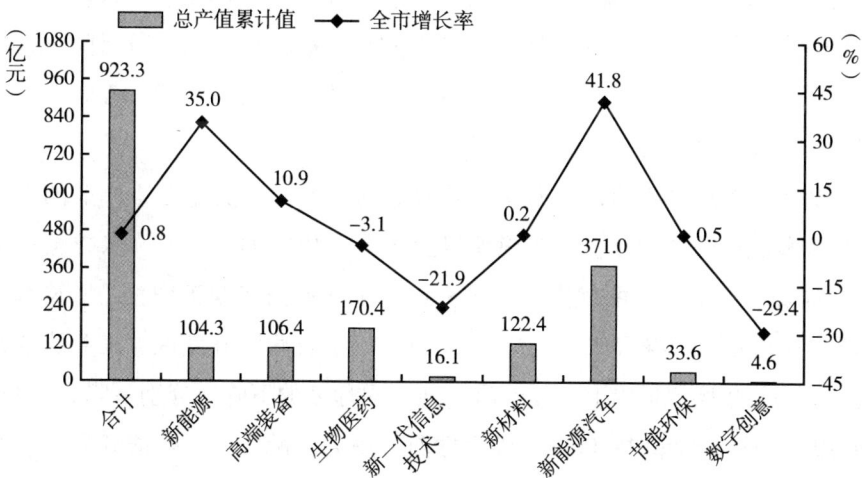

图 16　奉贤区 2023 年 1~9 月战略性新兴产业规模以上工业总产值累计值及全市增长率

资料来源：《奉贤统计月报》。

增长率，也贴合碳达峰、碳中和的目标。从图16我们还可以看出，新能源汽车这一领域工业总产值累计值和增长率都位居榜首，其规模以上工业总产值累计值达371.0亿元，企业数为9家，增长率为72.9%，同领域全市增长率为41.8%。由这组数据我们可以发现，新能源汽车领域虽企业少，但产值高，企业的实力强。既是奉贤战略性新兴产业发展的引擎，又是全市的重点发展对象，相信未来会有更好的发展前景。

此外，我们分街镇对美丽健康产业和战略性新兴产业的相关数据进行了进一步分析（见图17、图18、图19）。首先是各街镇美丽健康产业规模以上工业的发展情况（见图17）。2023年1~9月，美丽健康产业规模以上工业总产值累计值较高的三个镇分别是海湾、庄行、金汇，总产值累计值分别为23.22亿元、21.99亿元、18.20亿元。总产值累计值最低的是四团，为2.24亿元，其次是西渡，为9.82亿元。青村和奉城总产值累计值则基本持平，分别为11.22亿元和11.63亿元。与上年同期相比，各街镇美丽健康产业总产值增长率均有不同程度的上升，说明各街镇正逐步走出疫情的阴影。从税收累计值及其增长率数据来看（见图18），2023年1~9月，税收累计排名前三的镇仍旧是海湾、庄行和金汇，分别是1.70亿元、1.32亿元和1.15亿元。同时，西渡和柘林税收增长率实现快速增长，分别达到140.6%和102.5%；奉城和四团税收累计额则相对较低，分别为0.38亿元和0.18亿元，增长率分别为-1.0%和43.5%。

另外，根据《奉贤统计月报》数据，对各开发区美丽健康产业的工业产值和税收层面进行分析。在规模以上工业产值方面，经发、东方美谷集团、临港（奉贤）美丽健康产业规模以上工业产值实现正增长，增长率分别为31.20%、0.9%和22.10%；海湾旅游区、杭州湾开发区、工业综合开发区、头桥集团规模以上工业产值出现不同程度的下降，分别下降3.10%、19.90%、19.30%和19.00%。税收方面，海湾旅游区、杭州湾开发区、经发、头桥集团的美丽健康产业规模以上工业税收增长率均为正，增长率分别为60.3%、35.8%、70.8%和27.0%。

最后是各街镇战略性新兴产业规模以上工业总产值情况（见图19）。

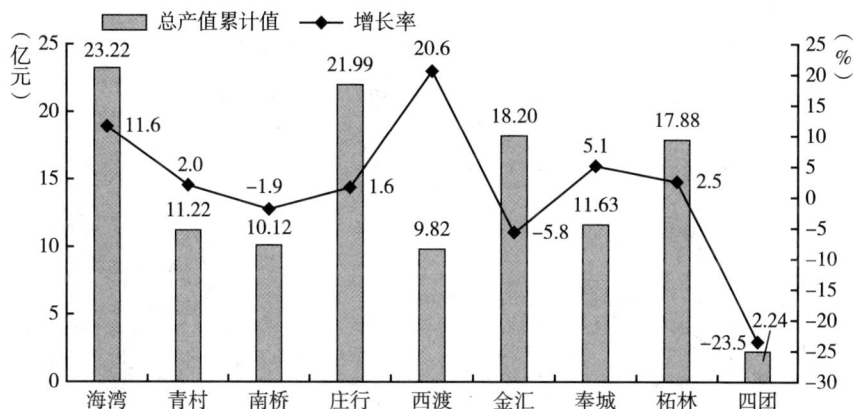

图17 奉贤区2023年1~9月各街镇美丽健康产业规模以上工业总产值累计值及增长率

资料来源:《奉贤统计月报》。

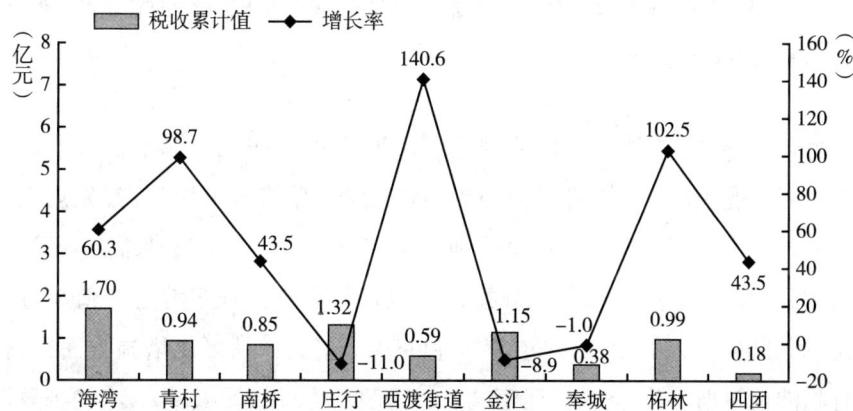

图18 奉贤区2023年1~9月各街镇美丽健康产业规模以上工业税收累计值及增长率

资料来源:《奉贤统计月报》。

2023年1~9月,战略性新兴产业总产值累计值最高的三个街镇依次是四团、金汇和西渡,总产值累计值分别是67.4亿元、27.6亿元、22.6亿元;在各街镇中柘林可比增幅最高,为39.7%,总产值累计值为22.1亿元。从可比增幅来看,除南桥之外,其他各街镇均实现正向增长,其中青村、庄行、柘林可比增幅均超过 20%，分别为 24.8%、24.1% 和 39.7%。奉贤区超过半数的街镇战略性新兴产业的增长率在 15% 以上，增长速度快，增长潜力大，发展情况较美丽健康产业更好，是全区推动发展的重点方向。

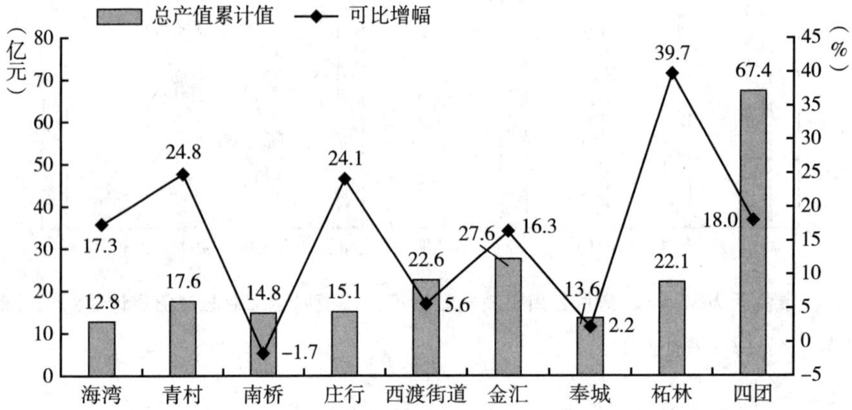

图 19　奉贤区 2023 年 1~9 月各街镇战略性新兴产业规模以上工业总产值及增长情况

资料来源：《奉贤统计月报》。

另外，《奉贤统计月报》数据显示，2023 年 1~9 月，奉贤区开发区战略性新兴产业规模以上工业总产值整体情况为：临港（奉贤）、经发规模以上工业产值实现正增长，增长率分别为 43.6% 和 29.9%，工业综合开发区、杭州湾开发区、临港（奉贤）规模以上战略性新兴产业工业总产值超过百亿元，分别为 152 亿元、107.6 亿元和 401.2 亿元。从可比增幅方面来看，仅有临港（奉贤）和经发实现正增长，分别为 43.6% 和 29.9%。经济发展新动能还有较大潜力，需进一步发挥其重要支撑地位的作用。

六　研究总结

2023 年对于奉贤区来说是全面贯彻落实党的二十大精神的开局之年，也是实施"十四五"规划承上启下的关键一年。在 2022 年遭受了疫情和俄乌冲突等国内外双重不利因素的冲击下，全区上下凝心聚力、攻坚克难，取得了来之不易的成绩，全区经济发展稳步向前，不仅保持了稳定增长的势头，还在质量和效益上取得了显著提升。同时，优势产业迎来了蓬勃发展的机遇，不断壮大，为全区经济发展注入了强劲动力。2023年1~9月，奉贤全区规模以上工业总产值达2062.36亿元，增长9.86%；全区规模以上工业企业总数达到1252家，总计资产达到3483.62亿元；营业收入达到1973.71亿元，利润总额为134.83亿元。工业销售利润率为6.83%，出现400家单位亏损，规模以上工业税收累计达183.72亿元，工业销售产值累计2065.12亿元、累计增长10.10%，出口交货值累计275.61亿元。

需要特别关注的是，2023年1~9月，按分行业分析规模以上工业发展情况来看，电气机械和器材制造业及汽车制造业分别以25.56%和16.09%的产值占比位列前二。从城镇角度来看，四团、青村和海湾是产值较高的地区，开发区的规模以上工业总产值达到1212.42亿元，占全区的58.79%。此外，奉贤区在发展新动能方面取得了积极进展。美丽健康产业的单位总数达到234家，累计增长16.4%，规模以上工业总产值为351.94亿元，尽管增长放缓，规模效益也有所下降，但仍占规模以上工业总产值的17.06%。与此同时，战略性新兴产业的规模以上工业总产值达到923.3亿元，占总产值的比重为44.77%。值得一提的是，新能源汽车行业的规模以上工业总产值增长率达到72.9%，这一数据反映出该产业链在该地区的相对完善程度，促使其迅速发展，将有利于加速形成产业集群。

综上，奉贤区在复杂多变的国内外经济环境下应对挑战，全区上下团结一心，紧抓机遇，克服各种困难，取得了显著的发展成果。市场活力不断增强，经济增长势头持续向上，新动能的支撑作用日益显著，并呈现稳健有力的高质量发展态势。全区工业企业回升向稳，稳中提质，正奋力开创中国式现代化建设的"奉贤样式"。

B.4

2023~2024年奉贤服务业
形势分析与研判

纪园园[*]

摘 要： 根据2023年《上海市奉贤区统计年鉴》，2022年，奉贤区服务业增加值为480.05亿元，同比下降2.0%，占全区增加值的比重为35.0%，表明奉贤区经济结构逐渐优化，逐步形成服务业和工业双轮驱动的新发展格局，经济进入蓬勃发展阶段。从税收结构来看，服务业税收收入恢复增长，增速由负转正，在三产中持续占据主导地位，贡献率最高。2023年1~9月，奉贤区服务业实现税收收入307.70亿元，同比增长14.4%，占全区税收收入的比重为59.06%，比上年增加约2个百分点。从固定资产投资来看，奉贤区服务业固定资产投资占全区的比重相比上年有所下降，但仍居主导地位。从产业投向看，2023年1~9月，奉贤区服务业固定资产投资为290.43亿元，增速由负转正，同比增长12.4%，在全区固定资产投资中占比为69.97%。从服务业分行业来看，批发和零售业持续回落，消费品市场受到冲击，房地产业呈现收缩，金融业增速回落。预计2024年，奉贤区消费品市场企稳回升，网络零售拉动消费复苏，房地产市场持续收缩，在经历一段周期调整之后，将恢复增长趋势。

关键词： 服务业 增加值 固定资产投资 税收结构

---

[*] 纪园园，经济学博士，上海社会科学院经济研究所、数量经济研究中心副研究员，主要研究方向为计量经济学与大数据分析、计量经济理论。

一 奉贤区服务业总体概况

（一）服务业占比稳中趋缓，形成双轮驱动新发展格局

2022 年，奉贤区服务业增加值为 480.05 亿元（见图 1），同比下降 2.0%，下拉地区生产总值 0.7 个百分点。[1] 从服务业占全区增加值来看，服务业比重比上年下降了 0.4 个百分点，占全区增加值的比重为 35.0%；同期，工业增加值占比上升了 0.4 个百分点，占全区增加值的比重为 64.3%；农业增加值比重与上年持平，占比为 0.7%。三次产业结构比重为 0.7：64.3：35.0。从长期趋势来看，2010~2022 年，奉贤区服务业增加值比重处于上升趋势，从 2010 年的 26.8% 上升至 2022 年的 35.0%，同期工业增加值比重呈现下降趋势，从 70.4% 下降至 64.3%，表明奉贤区经济结构逐渐优化，逐步形成服务业和工业双轮驱动的新发展格局，经济进入蓬勃发展阶段。

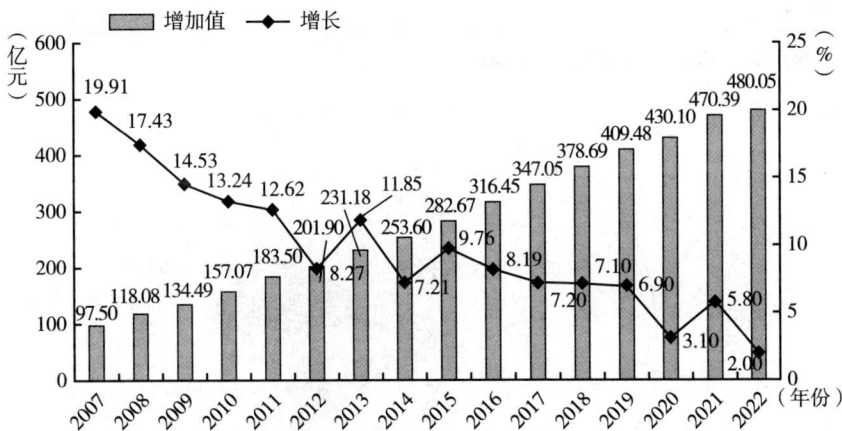

图 1　2007~2022 年奉贤区服务业增加情况

资料来源：历年《上海市奉贤区统计年鉴》。

---

[1] 若无特殊说明，本报告数据来源于《上海市奉贤区统计年鉴》《奉贤统计月报》。

（二）服务业部分行业恢复增长态势

2022 年，奉贤区服务业各细分行业呈现不同的增长态势，批发和零售业及房地产业呈下降趋势，其他行业处于增长态势（见表 1）。从服务业内部行业来看（见图 2），居前三位的行业与上年相同，其中批发和零售业占比仍旧最高，增加值为 85.0 亿元，占比为 17.71%，在服务业内部行业中排名第一；房地产业增加值为 75.9 亿元，占比为 15.81%，在服务业内部行业中排名第二；金融业增加值为 52.2 亿元，占比为 10.87%，在服务业内部行业中排名第三。

表 1　2022 年奉贤区服务业发展总体状况

单位：亿元，%

行业	增加值	增长率	占服务业增加值比重
服务业	480.05	-2.0	100
批发和零售业	85.0	-10.5	17.71
交通运输、仓储和邮政业	19.5	3.8	4.06
住宿和餐饮业	8.7	0.7	1.81
金融业	52.2	6.4	10.87
房地产业	75.9	-5.3	15.81

资料来源：2023 年《上海市奉贤区统计年鉴》。

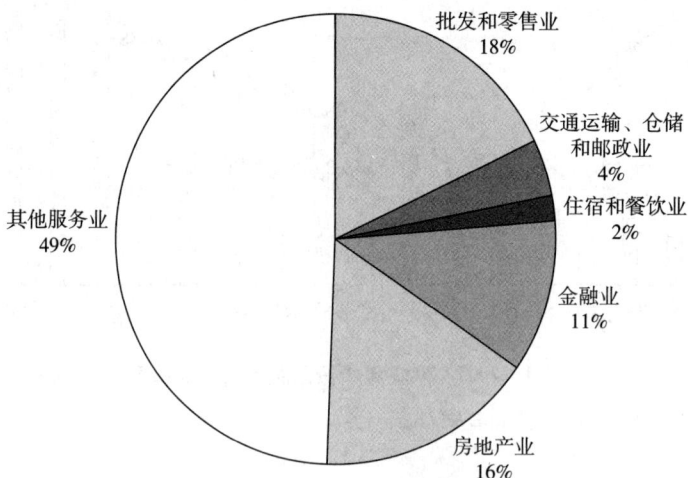

图 2　2022 年奉贤区服务业增加值各门类分布

资料来源：2023 年《上海市奉贤区统计年鉴》。

（三）服务业固定资产投资增速加快

2023年1~9月，奉贤区服务业固定资产投资占全区的比重相比上年有所下降，但仍居主导地位。从产业投向看，2023年1~9月，奉贤区服务业固定资产投资为290.43亿元，增速由负转正，同比增长12.4%，在全区固定资产投资中占比为69.97%。同期，工业固定资产投资为124.58亿元，同比增长52.9%，在全区固定资产投资中占比为30.02%。农业固定资产投资持续呈下降趋势，为0.073亿元，同比降低72.8%，在全区固定资产投资中占比仅为0.018%。从服务业内部行业来看，2023年1~9月，房地产开发投资仍占主导地位，投资额为184.01亿元，占服务业投资额的比重为63.36%，增速由负转正，同比增长7.9%。

2022年，奉贤区服务业固定资产投资为380.64亿元，增速由正转负，同比下降8.9%，占全区固定资产投资的比重继续下降，比上年下降1.71个百分点，占比为73.49%。服务业内部投资行业，房地产业固定资产投资259.77亿元，在服务业中的占比高达68.25%，同比下降15.2个百分点。同期，第二产业投资136.99亿元，工业投资占绝大多数，同比增速比上年放缓，增长0.2%，占全区固定资产投资的比重为26.45%；第一产业投资3302万元，同比下降68.2%。

（四）服务业税收收入贡献率最高

服务业税收收入恢复增长，增速由负转正，在三产中持续占据主导地位，贡献率最高。2023年1~9月，奉贤区服务业、工业、农业均恢复增长态势，其中，服务业实现税收收入307.70亿元，同比增长14.4%；占全区税收收入的比重为59.06%，比上年增加约2个百分点。同期，奉贤区工业实现税收收入183.72亿元，比上年增长12.1%，占全区税收收入的比重为35.27%。农业实现税收收入0.28亿元，比上年增长25.9%，在全区税收收入中占比仅为0.05%。

从服务业内部行业来看，税收收入排前三位的依然是批发和零售业、租赁和商务服务业及房地产业。2023 年 1~9 月，奉贤区批发和零售业实现税收收入 106.57 亿元，同比增长 21.4%；占服务业的比重比上年提高 2 个百分点，为 34.63%。同期，租赁和商务服务业排名第二，实现税收收入 77.88 亿元，同比增长 9.3%，占服务业的比重为 25.31%。房地产业排名第三，实现税收收入 41.52 亿元，同比增长 7.8%，占服务业的比重为 13.49%。三者合计占比 73.43%，与上年基本持平。从服务业内部细分行业增速来看，除金融业之外，其他行业均恢复增长，其中交通运输、仓储和邮政业增速最快，高达 128.7%（见表 2）。

表 2　2023 年 1~9 月奉贤区服务业分行业税收状况

单位：亿元，%

行业	税收	增长率	占服务业税收收入比重
批发和零售业	106.57	21.4	34.63
交通运输、仓储和邮政业	9.06	128.7	2.94
住宿和餐饮业	0.83	27.5	0.27
信息传输软件和信息技术服务业	13.97	20.1	4.54
金融业	14.72	-21.6	4.78
房地产业	41.52	7.8	13.49
租赁和商务服务业	77.88	9.3	25.31
科学研究和技术服务业	29.06	15.3	9.44
居民服务、修理和其他服务业	5.79	11.9	1.88

资料来源：《奉贤统计月报》。

二　服务业主要行业发展特点

（一）批发和零售业持续回落，消费品市场受到冲击

2022 年，奉贤区批发和零售业增速持续回落，商品销售呈两位数下滑。

2022 年，全区实现增加值 85 亿元，同比降低 10.5%。

消费品市场受到较大冲击。2022 年，奉贤区社会消费品零售总额 521.7 亿元，比上年下降 7.5%。其中，限额以上社会消费品零售额 201.3 亿元，同比下降 3.7%，占全部社会消费品零售总额的比重为 38.6%，较上年同期提高了 2.5 个百分点。限额以上社会消费品按主要商品类别分为 11 类，主要商品零售额"五升六降"。其中，实现正增长的五类商品类别为化妆品类、服装鞋帽针纺织品类、粮油食品类、中西药品类、烟酒类，实现商品零售额分别为 47.2 亿元、26.3 亿元、10.7 亿元、1.2 亿元和 1.1 亿元，对应增速分别为 7.7%、2.4%、66.1%、6.8% 和 10.5%。六类商品零售额均有不同程度下降，降幅较大的是日用品类、文化办公用品类、汽车类、金银珠宝类，零售额分别为 7.5 亿元、2.1 亿元、31.0 亿元和 2.5 亿元，同比分别下降 27.6%、25.0%、17.1% 和 13.0%。

从总体趋势来看，2013~2022 年，批发和零售业增加值在经历过快速增长后，逐渐趋于平稳（见图 3）。2022 年，奉贤区商品销售增速回落，批发和零售业增加值处于下降趋势。

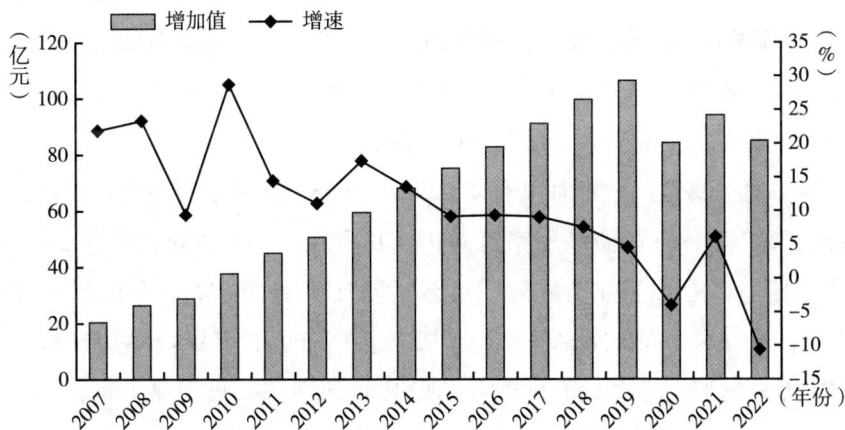

图 3　2007~2022 年奉贤区批发和零售业增加值与增速走势

资料来源：历年《上海市奉贤区统计年鉴》。

（二）房地产业呈现收缩趋势

2023年奉贤区房地产市场呈现收缩的趋势，房屋施工面积和新开工面积同比下降较快，商品房销售面积和销售额均未恢复至疫情前的水平。2022年实现房地产业增加值75.86亿元，同比下降5.3%，占服务业增加值的比重为15.90%。

从奉贤区房地产完成投资额来看，2022年，奉贤区房地产开发投资259.8亿元，比上年下降15.2%。2023年1～9月，奉贤区完成开发投资184.01亿元，同比增长7.9%。从房地产经营情况来看，2022年，奉贤区房屋施工面积1421.4万平方米，同比增长7.2%；房屋竣工面积308.2万平方米，增长174.4%。2023年，房屋施工面积和竣工面积相比上年同期增速均出现回落。具体来看，2023年1～9月，奉贤区房屋施工面积1048.99万平方米，同比下降21.2%，其中新开工面积64.17万平方米，同比下降65.4%。2023年1～9月，奉贤区房屋竣工面积59.26万平方米，同比下降44.8%，其中住宅竣工面积为42.45万平方米，同比下降39.3%。总体来看，2023年奉贤在房地产施工和竣工方面规模有所缩小，究其原因，主要是2022年奉贤全区房屋竣工面积得到供应量的释放，有显著的增长，而竣工面积统计滞后于施工面积。2023年竣工面积下降速度快主要原因是2022年奉贤区施工面积和新开工面积同比下降较多。

从奉贤区房地产销售面积来看，2022～2023年，奉贤区房地产市场销售收缩。2022年，奉贤商品房销售面积130.8万平方米，同比下降20.8%，其中，住宅销售面积121.4万平方米，同比下降19.2%。全区待售面积181.9万平方米，同比下降3.9%。2023年1～9月，奉贤商品房销售面积74.04万平方米，同比下降31.5%。现房销售面积30.46万平方米，同比下降54.3%，其中住宅销售面积22.01万平方米，同比下降65.6%。期房销售面积43.58万平方米，同比增长5.1%，其中住宅销售面积42.17万平方米，同比增长13.9%。可以看到，2022～2023年，奉贤全区商品房销售面积下降速度较快，尚未恢复到疫情前的水平。从奉贤区房地产销售额来看，2022

年，奉贤全区商品房销售额 266.1 亿元，同比下降 34.1%。全区待售面积 181.9 万平方米，同比下降 3.9%。2023 年 1～9 月，奉贤区商品房销售额 191.39 亿元，同比下降 7.1%，其中现房销售额 37.33 亿元，同比下降 48.2%，期房销售额 154.05 亿元，同比增长 15.0%。可以看到，2023 年，奉贤全区商品房销售额逐渐恢复，但是不及 2021 年及之前的水平。

从总体趋势来看，2009～2020 年，奉贤区房地产业增加值在经历过稳中上升的趋势之后，2020～2022 年增速开始逐步出现回落，2022 年增速由正转负，出现下降趋势（见图 4）。这可能主要是由房地产行业周期调整和新冠疫情等叠加因素带来的影响。

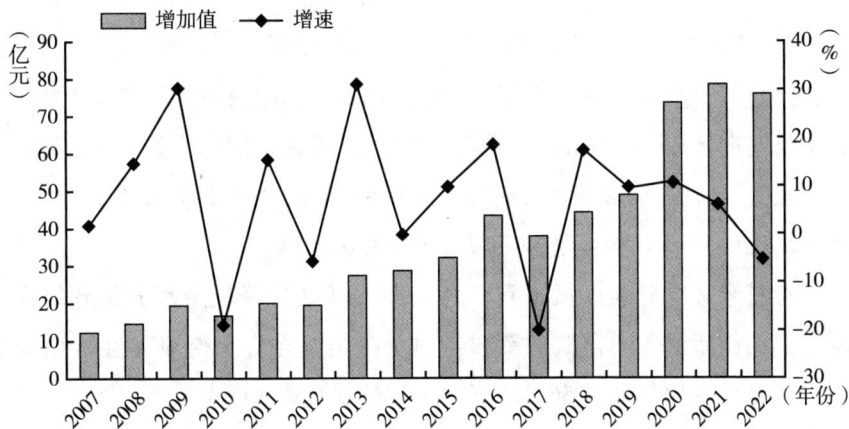

图 4　2007～2022 年奉贤区房地产业增加值和增速走势

资料来源：历年《上海市奉贤区统计年鉴》。

（三）金融业增速回落，证券交易规模缩减

2022 年，奉贤区实现金融业增加值 52.18 亿元，增长 6.4%，占服务业增加值的比重为 10.94%。截至 2022 年底，全区共有银行分支机构 28 家，分布经营网点 144 个；有证券业机构 15 家。2022 年，奉贤区各项存款余额 2825.73 亿元，比年初增长 20.2%；各项贷款余额 1678.53 亿元，比年初增长 4.9%。

从奉贤区各项存款余额来看，截至 2023 年 9 月底，奉贤区各项存款余

额 2940 亿元，比年初增长 3.8%，增速较上年同期回落。其中，企业存款 1211 亿元，比年初减少 5.7%，占全区银行存款余额的比重为 41.19%；居民储蓄存款 1729 亿元，比年初增长 12.1%，占全区银行存款余额的比重为 58.81%。

从奉贤区各项贷款余额来看，截至 2023 年 9 月底，银行贷款余额为 1758 亿元，比年初增长 4.8%。从贷款对象来看，企业贷款余额为 1120 亿元，比年初增长 8.0%，在全区贷款余额中占比为 63.73%。其中，中小企业贷款余额为 670 亿元，比年初增长 6.9%，占企业贷款余额的比重为 59.77%，比上年提高 8 个百分点左右，这表明奉贤区对中小企业的扶持力度较大。个人贷款余额 638 亿元，比年初减少 0.5%，在全区贷款余额中占比为 36.27%，其中，个人住房贷款余额所占份额最大，为 487 亿元，比年初减少 4.1%，占个人贷款余额的比重为 76.33%。从贷款期限来看，短期贷款和中长期贷款均保持增长态势，中长期贷款占比超过五成。截至 2023 年 9 月底，短期贷款 535 亿元，比年初增长 1.3%，占全区贷款余额的比重为 30.42%；中长期贷款为 1223 亿元，比年初增长 6.4%，占全区贷款余额的比重为 69.53%。

从存贷余额的分布区域来看，各个街镇（区）贷款余额分布有较大的波动，其中南桥镇各项存款余额和各项贷款余额在各个街镇（区）中均居于主导地位，占比分别为 56.10% 和 66.38%（见表3）。

表3　2022 年奉贤区各街镇（区）存贷款余额

	网点数（个）	各项存款余额（亿元）	占全区比重（%）	各项贷款余额（亿元）	占全区比重（%）
南桥镇	56	1585.14	56.10	1096.93	66.38
奉城镇	15	208.20	7.37	40.37	2.44
庄行镇	6	68.06	2.41	20.44	1.24
金汇镇	8	120.18	4.25	38.72	2.34
四团镇	6	92.48	3.27	10.47	0.63
青村镇	11	126.91	4.49	31.81	1.92
柘林镇	9	94.70	3.35	28.60	1.73

续表

	网点数 （个）	各项存款 余额（亿元）	占全区比重 （%）	各项贷款余额 （亿元）	占全区比重 （%）
海湾镇	5	28.35	1.00	1.28	0.08
西渡街道	7	104.59	3.70	28.76	1.74
奉浦街道	11	241.17	8.53	155.04	9.38
金海街道	5	98.75	3.49	178.33	10.79
海湾旅游区	2	13.68	0.48	1.86	0.11
杭州湾开发区	1	14.17	0.50	16.96	1.00
东方美谷集团	0	0.00	0.00	0.00	0.00
头桥集团	2	29.36	1.04	3.45	0.21
全区总计	144	2825.74	100.00	1652.56	100.00

资料来源：2023年《上海市奉贤区统计年鉴》。

（四）信息传输、计算机服务和软件业活力释放

2022年，奉贤区科技创新活力不断释放。年内新增市级院士专家工作站8家，累计获批市级院士工作站9家，市级专家工作站61家，专家服务中心3家，累计引进两院院士25位，入驻工作站团队的专家达到455位，综合排名位居全市前列。2022年，受理高新技术企业申报1049家，认定765家（其中新认定488家，复审277家），位列全市第五，年末累计达到1795家；1378家科技型中小企业获得入库编号，同比增长23%，位列全市第五；新增市级小巨人6家，累计达到138家，位列全市第七。受理技术合同认定登记1227件，成交金额63.1亿元，总受理件数和成交金额分别同比增长16.9%和23.8%，其中上海兰宝传感科技入围高转"十强"企业，另有7个项目入围高转"百佳"项目。

2022年，奉贤区信息化水平稳步提升。持续推进"5G"双千兆宽带和城域物联专网等新型信息基础设施建设。至2022年末，全区有2G基站1882个、3G/LTE基站843个、4G基站4707个、5G基站4469个、室分微站与新型小区站等776个。推进宏基站共建共享工作，有1704座移动通信

宏基站向区内 3 家运营商开放，其中 1079 座宏基站由 2 家以上运营商共享。区域内现有光缆 379.1315 万芯千米，千兆宽带覆盖小区 1818 个、商务楼宇 405 幢；光纤到户累计覆盖 166.6 万户，覆盖率 100%。窄带物联网（NB-IOT）容量 3054.9 万个。发展高清交互式网络电视，高清 IPTV 用户累计 23.28 万户。提升信息基础设施服务能级，移动通信用户累计 179.6 万户。拓展 5G 创新应用，新增应用项目 17 个，累计 50 个。

（五）交通运输、仓储和邮政业小幅增长

疫情缓解之后，奉贤区交通运输、仓储和邮政业出现小幅增长。2022 年，奉贤区实现交通运输、仓储和邮政业增加值 19.46 亿元，增长 3.8%，占服务业增加值的比重为 4.09%。

2022 年，奉贤区公交客流总计 2531.5 万人次，其中常规公交 2185.35 万人次，奉浦快线 346.15 万人次，全区日均客流 6.94 万人次，日均执行班次 4565 班次，日均营运里程 9.84 万公里。轨交 5 号线南延伸奉贤段客流由于疫情原因呈现大幅度下滑，全年总客流 1301.4 万人次，同比下降 44.17%；全年进站客流 699.9 万人次，同比下降 40.77%；全年出站客流 601.5 万人次，同比下降 47.74%。2022 年，奉贤区邮政行业寄递业务量完成 1.44 亿件，同比下降 23.5%；业务收入完成 8.6 亿元，同比减少 12.5%。全年共计完成邮政业务总量 2.9 亿元，比上年下降 8.8%。全年投送各类邮件 4108.13 万件，同比下降 7.6%；投送各类报刊 1080.35 万件，同比下降 49.4%。

（六）住宿和餐饮业逐步恢复

2022 年，奉贤区住宿和餐饮业增加值 8.7 亿元，同比上升 0.7%，占服务业增加值的比重为 1.81%。奉贤区住宿和餐饮业离不开文化旅游产业的支撑。2022 年，全区共接待国内外游客 441.66 万人，营业收入 7.46 亿元。暑期周末区内 8 个综合性品牌酒店入住率超 90%，上海旅游节期间青村分会场接待游客近 50 万人次，国庆期间海湾旅游风筝会获央视报道，青溪老街

单日最高游客数突破 3 万人次。庄行镇潘垫村入选文旅部第四批"全国乡村旅游重点村"，乡村马龙等 3 家民宿获评市级五星级乡村民宿、陌上心宿等 2 家获评四星级民宿。

2022 年，奉贤区限额以上住宿和餐饮企业的经营额为 133184 万元，其中餐费收入最多，为 94224 万元，占营业额的比重为 70.75%；客房收入 32139 万元，占营业额的比重为 24.13%；商品销售额 932 万元，占营业额的比重为 0.7%；其他收入 5889 万元，占营业额的比重为 4.42%。全区限额以上住宿和餐饮企业通过公共网络实现的客房收入为 2340.1 万元，同比增长 55.8%，通过公共网络实现的餐费收入为 1565.2 万元，同比增长 17.7 倍。

三 2024年奉贤区服务业发展趋势判断

（一）消费品市场企稳回升，网络零售拉动消费

2023 年 1~9 月，奉贤区商品销售额累计为 995.19 亿元，增速由负转正，同比增长 3.3%。社会消费品零售总额为 436.70 亿元，同比增长 12.5%。限额以上社会消费品零售额为 161.16 亿元，同比上升 9.6%，其中通过公共网络实现的商品零售额为 71.62 亿元，同比增长 0.6%。大数据时代，电子商务平台提供了方便、快捷、多样化的购物体验，促进了商品的销售和交易，消费者通过互联网可以轻松购买商品和服务。并且，随着数字货币和在线支付系统的发展，消费者越来越倾向于使用电子支付方式，而不是传统的纸币和硬币。这种支付方式的便捷性推动了网络消费的增长。

奉贤区网络零售好于整体消费。2022 年，奉贤区通过公共网络实现的商品零售额累计为 97.2 亿元，同比增长 5.9%。其中，限额以上批发和零售业网上零售占全区限额以上批发和零售企业商品零售额的比重为 48.3%，比上年提高 5.3 个百分点，拉动限额以上社会消费品零售额增长 2.6 个百分点。全区限额以上住宿和餐饮企业通过公共网络实现的客房收入为 2340.1 万元，同比增长 55.8%，通过公共网络实现的餐费收入为 1565.2 万元，同

比增长 17.7 倍。虽然受疫情等因素影响，2022 年全区社会消费品零售总额为 521.72 亿元，未达"十四五"年均增速 4%的规划目标，但当前企稳回升趋势明显。并且，奉贤区已经制定消费城市建设九大专项行动方案，全面迈上打造"南上海消费之城"新征程。推进龙湖金汇天街、龙湖奉贤天街等一批新兴综合体建设，加快打造消费新地标，全面提升奉贤城市知名度、消费繁荣度、商业活跃度。推出上海"五五购物节"奉贤区系列活动，打造奉贤特色夜生活集聚区，创新多种形式的消费体验，营造首发、首创、首秀、首店等丰富场景，促进消费回振。预计 2024 年奉贤区通过持续发力提振消费，消费品市场处于稳中上升的趋势。

（二）房地产市场处于深度调整期，呈现收缩趋势

2021 年以来，在房地产行业去杠杆化的大背景下，房地产企业遭遇资金流动性不足和偿债高峰期来临的双重压力，整个行业进入深度调整期。从经营情况来看，2023 年 1~6 月，奉贤区房屋施工面积为 959.36 万平方米，同比下降 19.5%，其中新开工面积为 38.36 万平方米，同比下降 16.6%；2023 年 1~9 月，与上年同期相比的下降速度加快，房屋施工面积和新开工面积同比分别下降 21.2%和 65.4%。从销售情况来看，2023 年 1~6 月，奉贤商品房销售面积 51.13 万平方米，同比下降 39.4%，其中现房销售面积 18.75 万平方米，下降速度较快，同比下降 70.7%。2023 年 1~9 月，奉贤商品房销售面积下降速度有所放缓，同比下降 31.5%，现房销售面积同比下降 54.3%。总体来看，奉贤房地产市场呈现收缩的趋势，房屋施工面积和新开工面积同比下降较快，商品房销售面积和销售额均未恢复至疫情前的水平。过去一段时间内，为了规范房地产市场，上海推出限购、限贷、限价、限售的"四限"政策，坚持"房住不炒"的原则，稳定房地产市场。当前，房地产市场供求关系发生变化，为更好地满足刚性和改善性住房需求，上海积极探索一条适合上海的房地产高质量发展道路。初步判断，奉贤区房地产市场在 2024 年仍处于深度调整期，呈现收缩趋势，但是降幅收窄。

（三）金融市场规模缩小

2023 年 1~6 月，奉贤区证券交易总额增速出现回落，交易总额 9158 亿元，同比下降 1.8%。其中，股票交易额 5537 亿元，同比下降 8.3%；A 股成交 5516 亿元，同比下降 7.9%。2023 年 1~9 月，奉贤区证券交易总额仍处于下降趋势，降幅收窄，交易总额 13647 亿元，同比下降 0.4%。其中，股票成交额 8074 亿元，同比下降 10.4%，降幅比上年同期增加 2 个百分点。2022 年，奉贤区证券交易总额 17614.47 亿元，比上年下降 5.8%，其中 A 股成交 11465.5 亿元，比上年下降 17.0%。2019 年之后，奉贤区证券市场开始复苏，证券交易额实现正增长，2020 年奉贤区证券交易总额同比增长 51.6%，金融市场进入蓬勃发展阶段，但是在 2021 年，奉贤区证券交易额增速有所回落。2022 年开始，奉贤区证券交易市场增速继续回落，增速由正转负，出现负增长。但是在 2023 年前三季度，降幅有所收窄，预期在 2024 年，证券市场在经历一段周期调整之后，将恢复增长趋势。

四 2024年奉贤区加快服务业发展的对策建议

（一）加快人才引进和培养，促进服务业转型升级

加快人才引进和培养是促进服务业转型升级的关键一环。服务业的升级需要具备先进知识和技能的人才，以适应日益复杂和创新的市场需求。一方面，开展服务业人才技能提升计划，加强服务业相关学科专业建设，支持高等院校、职业学校和科研院所与有条件的企业合作建设人才培养及实训基地。鼓励采用"订单式"教育、"定制式"培养等方式，为服务业发展输送更多适用性、高技能人才。在国家职业资格和职称制度体系下，加大培训项目开放力度，根据行业特点开展多元评价，推动人才国际合作。另一方面，建立"互联网+服务业"发展所需人才的培育体系，通过开展校企合作，搭建人才输送平台，以产学研相结合的模式，为服务业转型升级提供智力支持。

（二）加强对现代服务业的监测评估

一是加强服务业"三个认定"项目的跟踪评估，持续推进区级服务业品牌培育和打造工程。2021~2022年，奉贤区新增2家"上海市贸易型总部"，4家公司获评"上海市民营企业总部"，7家公司获"上海市服务型制造示范企业"称号，服务业品牌培育不断取得新成效。二是优化完善现代服务业相关重点领域的统计方法和统计指标体系，进一步健全现代服务业相关重点领域的行业分类标准，提高统计的全面性、精确性和及时性。三是建立信息共享机制，完善统计信息发布制度，加强对现代服务业相关重点领域发展态势的监测、预测和分析。

（三）建立共享交换平台，改进公共服务质量

建立共享交换平台是改进公共服务质量的一种有效途径，可以促使信息共享、资源整合、服务协同，提高公共服务的效率和质量。一是推动政府部门协同工作，确保信息和资源能够在不同部门之间流通，从而提高公共服务的一体化和协同性。推进政务服务"一网通办"、现场办理"最多跑一次"，提高政府服务群众、服务企业的水平和能力。加快政务信息系统整合，建立统一、互联的数据共享交换平台体系。二是紧密围绕城乡居民优质便利生活需求，统筹规划基础设施建设，合理布局便民服务设施，提升各类公共文化、体育场馆免费或低收费开放服务水平。制定完善社区建设标准，明确社区各类服务设施配置标准和建设要求。

B.5

2023~2024年奉贤固定资产投资
形势分析与研判

何雄就　伏开宝*

摘　要： 本报告以奉贤区固定资产投资为主要研究对象，从增速、结构和与上海郊区的对比等方面着手分析，分析了该区2012~2022年固定资产投资的发展历程。进一步，通过与上海郊区横向比较，以及对投资结构进行的分析发现，奉贤区工业投资占比不断提升，区域产业结构近年来正持续不断优化。通过与临沪部分县级市（区）固定资产投资总额的比较分析发现，得益于区位优势的提升，进入"十三五"后奉贤区固定资产投资总额进入加速增长的状态。本报告认为，由于2022年下半年的高基数、外部环境不确定和经济下行压力等影响，2023年下半年奉贤区固定资产投资增速相对有所放缓，但总体仍保持稳健，为奉贤区经济发展稳中提质提供了有力支撑。从长期的视角来看，建设"产城融合、功能完备、职住平衡、生态宜居、交通便利、治理高效"的独立综合性节点城市的目标、区域产业优化升级等都要求奉贤继续保持较高的固定资产投资水平，进而为本区域实现经济高质量发展、打造"人民城市"新典范、加快长三角一体化进程做出更多贡献。

关键词： 固定资产投资　工业投资　产业结构

---

* 何雄就，经济学博士，研究方向为区域经济与经济增长；伏开宝，嘉兴南湖学院讲师，经济学博士，研究方向为经济增长与产业经济。

2022 年新冠疫情冲击等给上海经济发展带来了重大挑战。在此背景下，奉贤区把握"疫情要防住、经济要稳住、发展要安全"的要求，率先推动经济社会发展回归正常轨道，同时把发展作为第一要务，全力以赴稳经济、保增长，固定资产投资为全区经济平稳恢复发挥了重要的作用。2023 年是"十四五"规划承上启下的关键年，奉贤区固定资产项目建设有序开展，60个重大工程项目加快推进，固定资产投资增速与上年全年数据相比由降转增，工业投资增速大幅上升，有效支撑地区产业高地形成和经济高质量发展转型。

一 2012～2022年奉贤区固定资产投资分析

本节主要从投资总量、产业结构、增长速度等多个方面呈现 2012～2022年奉贤区固定资产投资的发展情况，简要地分析奉贤区固定资产投资变化趋势。自 2017 年 11 月起，上海市属固定资产投资额纳入奉贤区固定资产投资完成总额。为了保证分析的严谨性，下文将展示剔除市属项目投资额前后奉贤区固定资产投资额增速数据以供对照。

（一）2012～2022年奉贤区固定资产投资完成额和增速

从总量上看，2012～2022 年，奉贤区固定资产投资完成额总体上稳中有升。2012～2016 年固定资产投资规模保持相对稳健。自 2017 年开始固定资产投资完成额明显增加，2017～2021 年固定资产投资完成额持续稳定增加。受新冠疫情、经济下行等因素影响，2022 年固定资产投资完成额有所下降，但仍大于 2020 年。"十三五"开始，奉贤区固定资产投资快速增长，2017年增速高达 21.6%（含市属项目，见图 1），2018 年增速仍保持在 20% 以上。2019 年固定资产投资增速有所放缓，但是 2020 年重新突破 10%，达到13.7%。在宏观形势与外部不确定性的冲击下，2021 年总体增速有所放缓，为 10.2%，体现了区域内部固定资产投资的韧性。

通过对奉贤区固定资产投资和上海市全社会固定资产投资增长速度进行

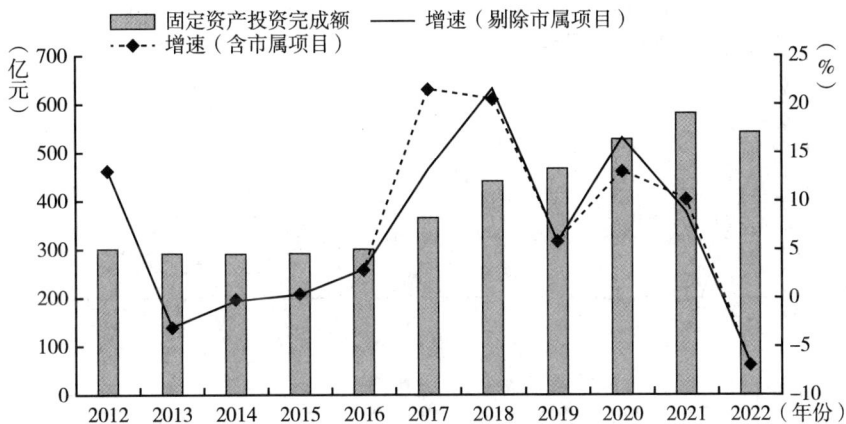

图1 2012~2022年奉贤区固定资产投资完成额与增速

资料来源：2023年《上海市奉贤区统计年鉴》。

比较（见图2），可以看到奉贤区固定资产投资增速在2014~2016年低于上海市总体水平。不过，2017年起奉贤区增速基本领先于上海总体，并一直持续到2021年。其中，2018年增速甚至比上海整体高出近16.4个百分点。从增速数据来看，近年来奉贤区是上海市投资较为活跃的地区，主要原因是奉贤新城发展规划的带动，以及奉贤区政府加大高质量转型发展力度。同时也可以发现，在投资波动的影响下，奉贤固定资产投资增速的弹性较大，与上海市整体比较周期性特征更加明显。2022年，受宏观经济下行压力的影响，奉贤区固定资产投资增速下降了6.8个百分点，而同期上海区域下降了1.0个百分点。

（二）2012~2022年奉贤区固定资产投资产业结构

对固定资产投资进行结构性分析，可以研究地区未来经济发展的质量以及产业结构的演变趋势。在地区产业升级的过程中，资金必然更多地流向战略性新兴产业和城市基础设施的建设，进一步吸引更多投资源源不断地流向该地区。由于不同产业固定资产投资统计数据不包括市属项目，因此本部分固定资产投资完成总额口径为剔除市属项目后的固定

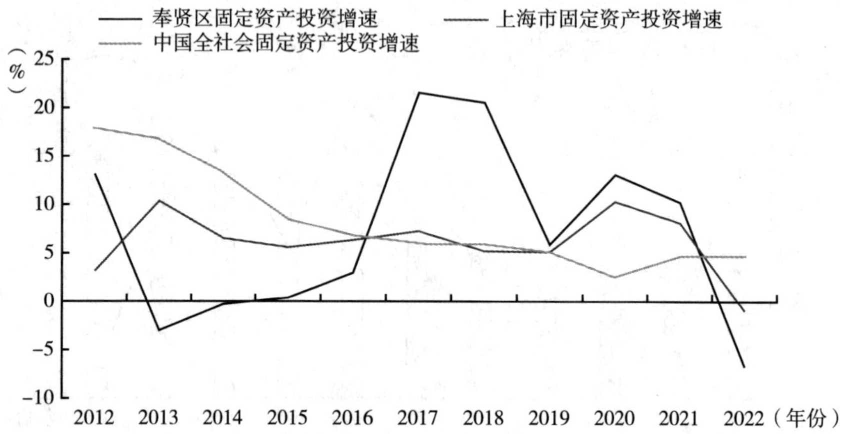

图2 2012~2022年奉贤区与上海市固定资产投资增速对比

资料来源：国家统计局网站、上海市统计局网站、2023年《上海市奉贤区统计年鉴》。

资产。

从固定资产投资的产业结构来看，2012~2022年奉贤区经历了一段城市化建设快速推进的过程。该时期房地产开发投资是固定资产投资完成额快速提升的主要因素。受房地产投资热潮影响，奉贤区第三产业占固定资产投资完成额的比重总体处于上升趋势。不过，房地产开发投资大幅增加是一把"双刃剑"，随着开发热度下降，房地产投资增速放缓，甚至出现负增长，这将在短期内影响奉贤区固定资产投资完成额的进一步提高。不过，从近几年的投资数据可以发现，奉贤区的工业投资增加一定程度上抵消了房地产开发投资放缓的影响。此消彼长下，本区域固定资产投资结构趋向合理，这也表明奉贤区促进经济转型升级和高质量发展的政策和举措逐步展现成效，可以从图3中发现这一趋势。

2012~2018年，奉贤区第三产业投资占比持续上升，第二产业投资占比则不断下降，第三产业投资占比增长主要来自房地产行业。房地产开发投资增加一方面得益于全国性的房地产投资热潮，另一方面来源于奉贤区位优势不断提升，潜在的住房需求持续增加。2018年是奉贤区第三产业占固定资产投资完成额比例的阶段性高峰时期，占比高达79.6%。第二产业所占比重则被压缩至 20.4%。第二、三产业投资此消彼长的形势自 2019 年前后有所改变。在"房住不炒"相关政策影响下，2020 年房地产开发投资占比开始逐年下降。尽管如此，2022 年房地产投资占比仍高达 50.2%，与 2012 年 43.6% 的占比相比仍高出 6.6 个百分点。同时，2022 年第二产业投资占比已提升至 26.4%，但与房地产投资相比仍有较大差距，因此，尽管工业投资快速增加能让奉贤区固定资产投资总量保持相对稳定，但区域内部固定资产投资完成额增速仍将在一段时间内受到房地产开发投资下行波动的较大影响。

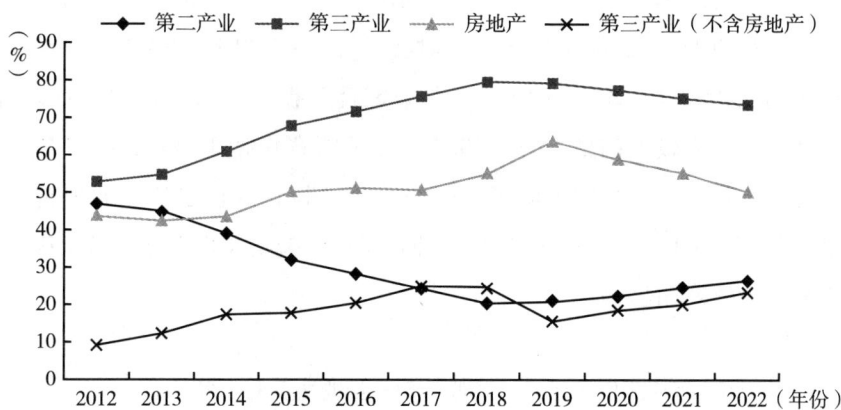

图 3　2012~2022 年奉贤区固定资产投资占比（分产业）

资料来源：2023 年《上海市奉贤区统计年鉴》。

除了房地产开发，城市能级的提升还有赖于其他基础设施的建设。排除房地产开发投资的影响后，可以看到奉贤区的城市基础设施建设也处于一个较快推进的过程。根据《上海市奉贤区统计年鉴》相关数据，2012~2018 年奉贤区第三产业固定资产投资（不含房地产）占比保持上升，从 2012 年的约 9.2% 迅速上升至 2018 年的 24.7%，但在 2019 年大幅下降至 15.6%。原因在于前期阶段性基建项目完成，在建项目数量大幅减少。不过 2020~2022 年非房地产类第三产业投资占比稳步回升，其中既有房地产占比下降的原因，也有近年来该类投资完成额不断增加的原因，总额从 2019 年的

68.1 亿元增加至 2022 年的 120.9 亿元。

从固定资产投资分产业的增长速度来看，奉贤区曾经历一段工业（第二产业主要为工业）投资"低谷"时期，因而第二产业固定资产投资增速在 2012~2015 年表现出逐年下降的趋势，2013 开始出现负增长，2015 年投资增速更是一度下降到了-17.7%（见图 4）。得益于第三产业固定资产投资的较快增长，本时期奉贤区固定资产投资完成额增速才能逐步提升。第二、三产业固定资产投资增速差异是造成两类产业投资占比此消彼长的直接原因。工业投资热度较低的现象在 2019 年开始发生改变，当年工业投资增速由负转正并达到 7.9%（由于 2017 年固定资产统计方式调整，若剔除调整影响，测算 2018 年工业投资增速，则已经转正）。2020 年第二产业投资增速更是高达 25.3%，2021 年第二产业固定资产投资仍保持近 20%的增速。在经济下行压力较大的情形下，2022 年工业投资保持正增长，投资规模基本不变，同年房地产投资下降了 15.2%，工业投资的稳定从侧面展现了社会对奉贤未来发展的信心，近年来工业投资的稳健增长也印证了奉贤区经济的高质量发展转向趋势。

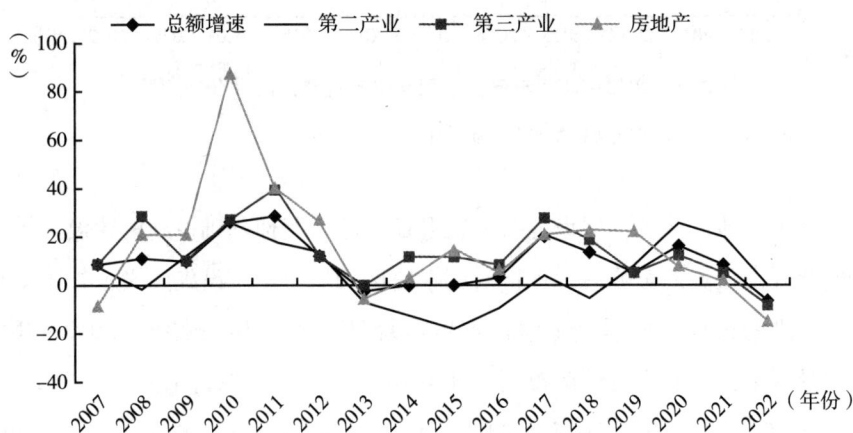

图 4　2007~2022 年奉贤区固定资产投资增速（分产业）

资料来源：2023 年《上海市奉贤区统计年鉴》。

不含房地产投资的第三产业固定资产投资一般由基建项目投资构成。该类投资增速波动较大（见图5），主要受不同时期基建项目开工、储备数量的影响。2016~2018年该项增速保持两位数以上，分别为2016年的18.5%、2017年的48.7%和2018年的12.0%，均高于房地产开发投资增速。2019年该部分投资总额大幅下降，2020年增速重新回归两位数以上，达到38.4%。原因在于2019年大型基建项目数量较少，城市基础设施投资同比下降50.4%，下降60.4个百分点。2020年不含房地产投资的第三产业投资高增长主要是由2019年的低基数所致。总体上，近年来奉贤城市建设开发正在加速，2021年不含房地产投资的第三产业固定资产投资增速将近18%。在该类投资的影响下奉贤城市功能正不断完善，品质持续提高，成为奉贤进一步吸引人才、资金的重要名片。与此同时，基建类投资在2020~2023年高于区总体固定资产投资增速，也充分体现了基建投资的逆周期调控作用。

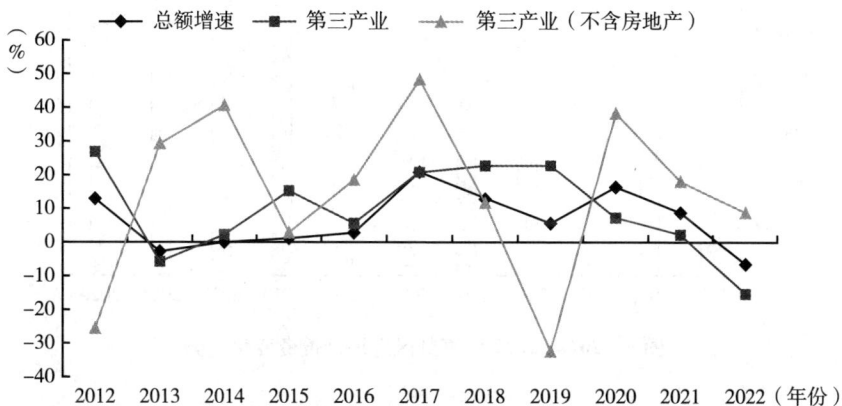

图5　2012~2022年奉贤区固定资产投资增速（分产业）

资料来源：2023年《上海市奉贤区统计年鉴》。

房地产开发方面，在经历一段投资较快增长的时期后，2013~2014年奉贤区房地产开发投资相对较为温和，2015年起重新呈现较快增长的态势。从图6可以看到，除了2016年房地产开发投资增速低于10%，2015~2019

年房地产开发投资增速保持在 15% 以上，2017~2019 年该增速进一步加快，这三年间增速数值在 20% 以上。该项投资增速拐点出现在 2020 年，当年增速回落至 7.7%，2021 年下降至 2.1%，2022 年投资由增转跌，下降到了 -15.2%。尽管如此，2022 年房地产开发投资额仍接近 2012 年的 2 倍，2012 年奉贤区房地产开发投资额为 131.3 亿元，而 2022 年该数值为 259.8 亿元。2012~2022 年奉贤区房地产投资与全国房地产开发热潮时间基本一致，但不可忽视的是奉贤区房地产开发增加很大程度上也是因为奉贤的区位优势。随着交通基础设施不断完善，奉贤区人民群众对住房面积和质量的需求不断增加。交通、民生等相关基础设施的完善既让奉贤更好地加入核心城区的"一小时通勤圈"，也使奉贤生活品质持续上升，在奉贤安居乐业成为人民群众的自然选择。

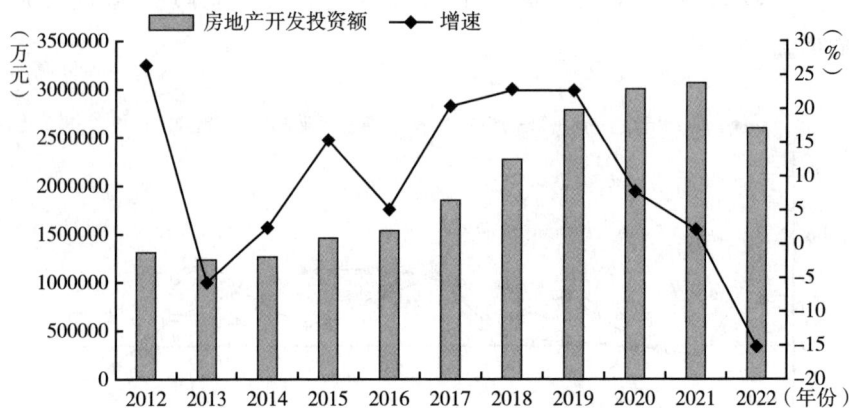

图 6 2012~2022 年奉贤区房地产投资变化趋势

资料来源：2023 年《上海市奉贤区统计年鉴》。

（三）2012~2022 年上海郊区固定资产投资比较

上海各郊区在政策背景、经济水平和社会文化等方面有一定的相似性，以郊区作为样本进行比较，能够更好地观察奉贤区固定资产投资的发展历史、现状和趋势。出于可比性考虑，本部分与临沪城市部分固定资产投资完成额使用包含市属项目的固定资产投资完成额的数据。

从绝对投资总量来看，2022年上海郊区固定资产投资总额分别为：闵行666.8亿元、青浦578.0亿元、宝山563.5亿元、奉贤541.9亿元、松江523.9亿元、嘉定528.8亿元、金山309.4亿元、崇明232.9亿元，奉贤的总体固定资产投资总额处于郊区中游，这与交通区位、产业、人口等集聚程度密切相关。从增长速度来看，2012~2022年奉贤区固定资产投资快速增长，平均增长速度为7.5%，是上海市郊区（包括闵行、嘉定、宝山、奉贤、松江、金山、青浦、崇明）中平均增长速度较高的区之一，高于同期上海市固定资产投资的平均增速水平，在郊区中仅次于闵行区、金山区（见图7）。

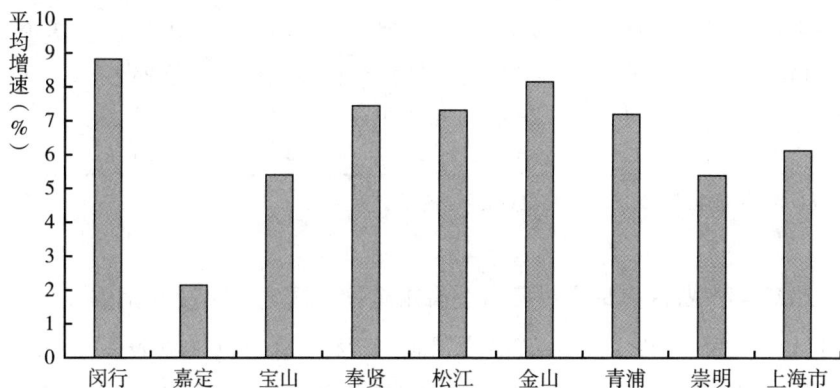

图7 2012~2022年上海市及郊区固定资产投资平均增速

说明：个别年份有些郊区还是县，为叙述简便，不做区分。

资料来源：根据上海市统计局官方网站相关数据及2013~2023年各区统计年鉴数据计算。

从投资结构数据看，8个郊区中，2022年奉贤区工业投资占上海市全社会固定资产投资的比重为25.28%，比2021年上涨1.76个百分点，在郊区中排名第四。2018年开始奉贤区工业投资占比持续上升，五年时间内上涨了6.13个百分点（见表1），工业投资占比的提高既有房地产增速放缓的因素，也离不开奉贤区政府加大工业投资力度，这为区域经济未来高质量发展打下了坚实的基础。与其他郊区比较也可以发现，奉贤的工业投资占比与松江、金山等工业发展较强的区域相比仍有一定差距，总体水平与嘉定较为接近。但是与嘉定相比，奉贤的工业投资占比呈稳定提升态势，近年来区域内部产业结构正在持续不断优化。

表 1 2017~2022 年上海市郊区工业投资占比情况

单位：%

各区	2017 年	2018 年	2019 年	2020 年	2021 年	2022 年
奉贤	24.33	19.15	19.51	21.62	23.52	25.28
宝山	6.63	14.73	14.15	15.35	19.48	25.41
崇明	10.30	2.00	1.59	8.59	9.96	14.24
嘉定	23.14	23.53	29.86	24.69	22.15	24.24
金山	33.88	40.42	35.95	31.66	30.62	32.04
闵行	12.53	13.87	13.97	16.09	15.92	14.10
青浦	8.84	9.02	7.90	11.01	10.64	8.32
松江	20.14	26.65	29.29	33.10	33.96	33.23

资料来源：根据 2018~2023 年各区统计年鉴数据计算。

2022 年奉贤区房地产投资占上海市全社会固定资产投资比重（含市属项目口径）为 47.94%，比 2021 年下降 4.78 个百分点（见表 2），占比自 2017 年以来首次跌破 50%，也是仅有的 2 个房地产投资占比低于一半的上海郊区之一。房地产开发投资增速下行加快是占比下滑的主要原因。2022 年宝山、松江、奉贤、崇明、闵行、青浦、金山和嘉定的房地产开发投资增速分别为 -25.0%、-17.8%、-15.2%、-11.9%、-9.6%、-9.2%、-6.4 和 1.2%。可以看到，就上海郊区而言，2022 年奉贤的房地产开发投资额下降幅度较大。不过值得注意的是，房地产开发投资占比同样下降的松江的工业投资占比和上一年基本持平，说明该地区工业投资短期也有一定幅度的下降。从这个角度来看，奉贤区的工业投资在郊区内部比较时存在一定韧性。

表2 2017~2022 年上海市郊区房地产投资占比情况

单位：%

各区	2017 年	2018 年	2019 年	2020 年	2021 年	2022 年
奉贤	50.67	51.57	59.76	56.93	52.72	47.94
宝山	76.24	72.31	76.30	63.77	60.22	52.67
崇明	45.72	60.35	45.15	36.75	43.97	50.17
嘉定	67.73	63.82	58.27	52.48	55.24	54.35
金山	40.32	59.06	36.13	42.75	41.14	42.42
闵行	57.63	58.23	56.99	57.11	58.05	62.21
青浦	71.94	63.16	64.07	62.40	63.63	62.53
松江	65.27	62.36	59.34	55.44	54.68	52.64

资料来源：根据上海市统计局网站数据和2018~2023 年各区统计年鉴数据计算。

　　固定资产投资的规律在区域经济发展的不同阶段也可能存在一定差异。从可比性的角度来看，按照 2022 年各区 GDP 不同规模进行分类，目前上海郊区年 GDP 处于 2000 亿元以上区间的有闵行区、嘉定区，处于 1500 亿~2000 亿元区间的有宝山区、金山区，奉贤区、青浦区和金山区则处于 1000 亿~1500 亿元区间，崇明区 2022 年 GDP 不到 500 亿元。对奉贤区、青浦区和金山区的数据进一步分析可以看到，三个郊区在 2012~2022 年的固定资产投资平均增速较快，均在 7% 以上；GDP 超 2000 亿元的两个区中，闵行区固定资产投资增速较快，同时也是所有郊区中增速最快的区域，达到 8.9%。嘉定区固定资产投资总量则相对较为稳定，从图 7 可以看到，2012 年奉贤区固定资产投资总额为 300.9 亿元，低于嘉定区的 398.8 亿元。到 2022 年，奉贤区的固定资产投资年度数据大幅增长至 541.9 亿元，高于嘉定区的 528.8 亿元。从上海郊区的比较分析可以看到，2012~2022 年是后发型郊区发展的黄金时期，奉贤区把握住了发展机遇，引导资金进入第二、第三产业，促进了城市能级的持续提升和工业产业的改造升级。

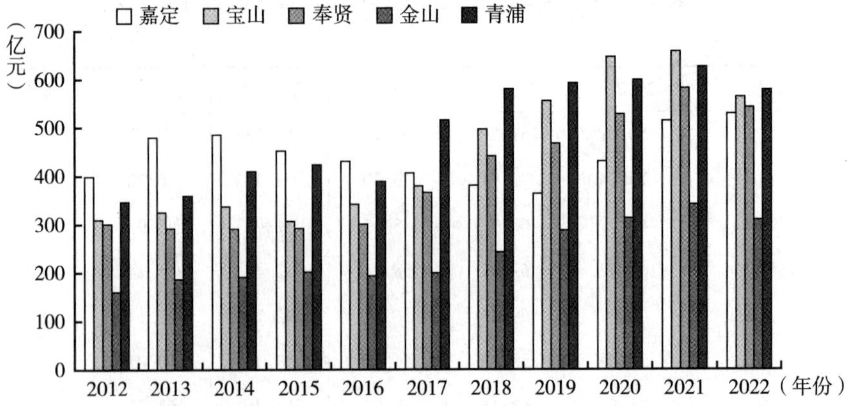

图 8　2012~2022 年上海部分郊区固定资产投资情况

资料来源：2013~2023 年嘉定区、宝山区、奉贤区、金山区和青浦区统计年鉴。

（四）2012~2022年奉贤与部分临沪县级市（区）固定资产投资比较

为了进一步分析奉贤区的固定资产投资情况，本部分进一步将之与部分临沪县级市（区）进行比较，主要对象为嘉善、启东、太仓、海门。这样的比较有一定的意义，因为奉贤区的区位与临沪县级市（区）有一定的相似性，而且在长三角一体化的过程中，这些地区既是相互配合融入一体化的整体，也是作为"竞争对手"努力吸引着从短期而言相对有限的投资资源，因此比较和了解这些地区的固定资产投资发展情况具有一定的必要性和意义。

从表 3 可以看到，2012 年奉贤投资总额是嘉善的 143%、启东的 84%、太仓的 65%、海门的 81%。2017 年，奉贤当年固定资产投资总额是嘉善的 97%、启东的 58%、太仓的 78%、海门的 58%。到了 2022 年，奉贤当年投资完成额是嘉善的 129%、启东的 60%、太仓的 113%、海门的 63%。

表3　奉贤区固定资产投资与临沪城市的比例关系

单位：%

年份	奉贤/嘉善	奉贤/启东	奉贤/太仓	奉贤/海门
2012	143	84	65	81
2017	97	58	78	58
2022	129	60	113	63

资料来源：根据2013~2023年奉贤区、嘉兴市、南通市、苏州市统计年鉴数据计算。

从增长速度来看，观察2012~2022年奉贤与上述临沪县级市（区）固定资产投资平均增长速度（见图9），可以发现该时期嘉善、启东和海门的投资总额增速较快，而太仓投资总额基本波动不大。与这些地区相比，奉贤的增速较为温和，主要是2012~2016年投资总额基本没有变化所致（见图10）。但是进入"十三五"后，奉贤区固定资产投资完成额进入较快增长的阶段，2017~2022年投资完成额增速快于上述临沪城市，表明近年来奉贤的投资热度迅速上升。

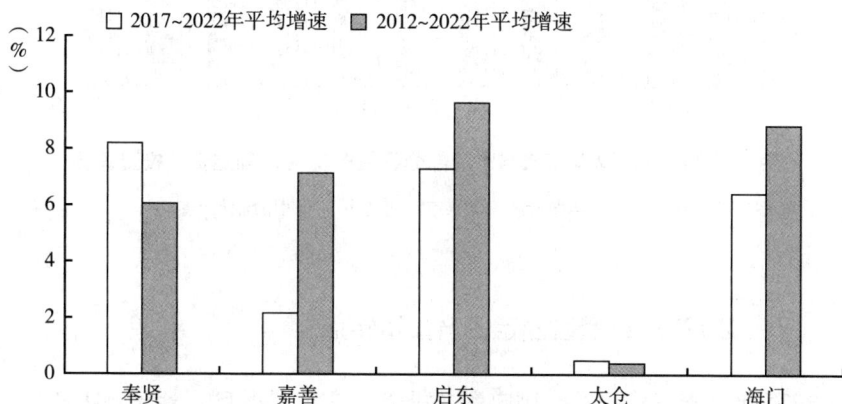

图9　2017~2022年和2012~2022年奉贤与临沪部分县级市（区）固定资产投资平均增速

资料来源：根据2013~2023年奉贤区、嘉兴市、南通市、苏州市统计年鉴数据计算。

但是，从固定资产投资完成额增长的稳定性来说，隶属于长江北翼南通市的海门、启东增长趋势则较为稳定。特别是启东市，在全国经济下行的背景下，固定资产投资仍然保持较快增长。从这些数据可以看到，随着苏通大桥、崇启大桥和沪通长江公铁两用大桥等重大基础设施建设的建成，上海作为长三角龙头城市对江北城市的资本辐射效应不断显现。由此也进一步印证了重大交通基础设施对固定资产投资的正向促进效应。就奉贤区而言，轨交5号线的通车也发挥了类似的作用，使得奉贤的区位得到进一步优化，带动区域内部产业升级、城市界面提升，这些都让奉贤区有了更强劲的高质量发展后劲。

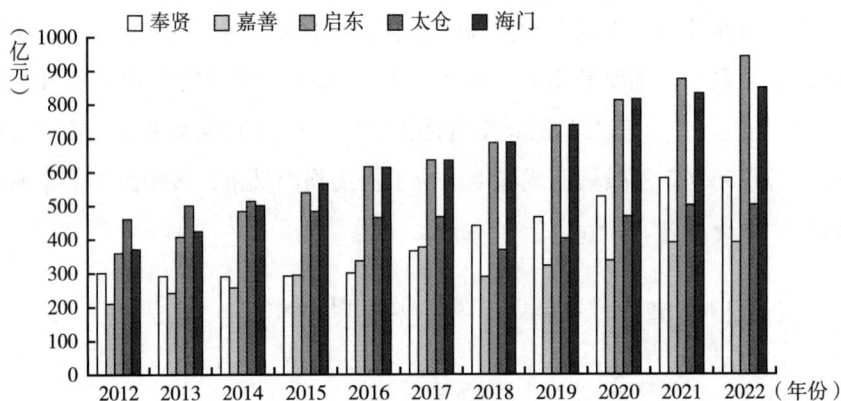

图10　2012~2022年奉贤与临沪部分县级市（区）固定资产投资情况

资料来源：2013~2023年奉贤区、嘉兴市、南通市、苏州市统计年鉴。

（五）2022年奉贤区固定资产投资特点

2022年，奉贤区全社会固定资产投资（含市属项目）达到541.9亿元，同比下降6.8%，增速与2020年相比下降17.0个百分点，也低于上海市整体5.8个百分点。固定资产投资总额下降的主要原因是4月、5月静态管理下多数工程停工，固定资产投资完成额跌至谷底，城市基础设施建设甚至出现负投资完成额的现象。总体上，2022年奉贤区固定资产投资保持稳健态势，主要呈现如下特点。

工业投资韧性充分展现。2022 年，完成工业投资 136.9 亿元，与上年同期基本持平。疫情影响下，4 月工业投资完成额较低，但 5 月开始迅速回升，特别是进入 9 月，工业投资加速推进，展现出较强韧性。全年重点项目有力推进，35 个项目开工，50 个项目有序开展，16 个项目竣工投产，在政府"新城发力百日行动"强力推动下，工业投资为奉贤经济恢复和重振贡献了重大力量，9~12 月投资完成额明显高于上年同期水平，成功消除疫情造成的负面影响。

大型项目积蓄发展后劲。为了发挥关键性投资的作用，奉贤区聚焦生物医药、数字经济、汽车智能网联、新材料等四大战略新兴产业，年内召开了两批次重大产业项目开工仪式，第一批次为总投资 66 亿元的 10 个重大产业项目；第二批次汇聚了 16 个重大产业项目，计划总投资 102 亿元。中国化学"一总部两集团"、新兴际华上海研究院、上海电气新能源总部等项目落地。大项目的加快推进，既为短期经济复苏提供了重要支持，又产生了积极的示范效应，也为奉贤经济转型升级、全面实现高质量发展奠定了坚实的基础。

房地产投资热度下降。在宏观环境的冲击下，全区房地产市场有所收缩。2022 年，全年房地产开发投资 259.8 亿元，同比增长 15.2%。房屋施工面积 1421.4 万平方米，同比增长 2.2%。从需求来看，房地产价格下行预期对销售产生了一定负面影响，全区商品房销售面积 130.8 万平方米，同比下降 20.8%；销售额 266.1 亿元，同比下降 20.8%。不过从新开工面积来看，奉贤区的房地产开发收缩的形势或许有所改变，全年新开工面积 269.9 万平方米，同比增加 30.5%。

城市基建投资遭受冲击。在 4 月、5 月静态管理期间，城市基建投资几乎没有完成额。进入 6 月，在其他领域如工业、房地产等已经恢复的情况下，城市基建投资完成额低迷的状态没有改变，一直到 7 月份才迅速恢复。按照建设规律，第四季度基建投资相对较低，但奉贤区 2022 年第四季度基建投资大幅增加，表明区政府通过加大施工力度弥补年初的空缺。在相对困难的形势下，"海之花"等提升城市能级的设施建成，金海公路（大学城段）等建成通车，G228（奉贤段）等基本贯通，浦星公路（南延伸）等开工，中运量海湾快线启动建设；城市数字基建也在不断深化，数字江海招商展示中心基本建成，"双千兆宽带"网络基础设施实现全覆盖。这些项目的推进均在某种程度上为奉贤区缓解了年初停工的冲击。

二 2023年1～9月奉贤区固定资产投资分析

2023年，是奉贤区"十四五"规划承上启下的关键年，1～9月奉贤区固定资产项目建设有序开展，60个重大工程项目加快推进，与2022年相比固定资产投资由减转增，区属工业投资增速大幅上升，为奉贤实现高质量发展提供了强有力支撑。

（一）奉贤区固定资产投资总体运行状况

2023年，奉贤区固定资产投资充分发挥逆周期调控作用，1～9月完成投资额415.1亿元，同比增加22.0%，相比上年同期下降15.5%。从产业分类来看，第一产业固定资产投资完成733万元；第二产业投资完成124.6亿元，同比大幅上涨52.9%，较上年同期下降23.3%；第三产业投资完成290.4亿元，同比上涨12.4%，其中，房地产投资完成额为184.0亿元，同比上涨7.9%。从房地产构成来看，建筑工程投资额为278.0亿元，同比增加34.7%；安装工程投资额为2.2亿元，同比减少34.7%；设备、工具、器具购置投资完成9.7亿元，同比增加52.2%；其他费用10.0亿元，同比增加2.8%。

（二）各街镇（区）固定资产投资情况

2023年1～9月，临港奉贤分区、海湾镇、四团镇、东方美谷集团、工业综合开发区、杭州湾开发区和金汇镇的固定资产投资总额相对较高，分别为51.3亿元、47.2亿元、20.4亿元、18.3亿元、16.4亿元、12.5亿元和10.6亿元（见图11），海湾镇与临港奉贤分区作为奉贤区固定资产投资完成额较多的区域，投资总额基本保持稳定，也可以看到杭州湾开发区、东方美谷集团、四团镇和南桥镇等的投资总额有较快增长。各街镇（区）的共同努力，为全区完成固定资产投资奠定了稳固的基础。

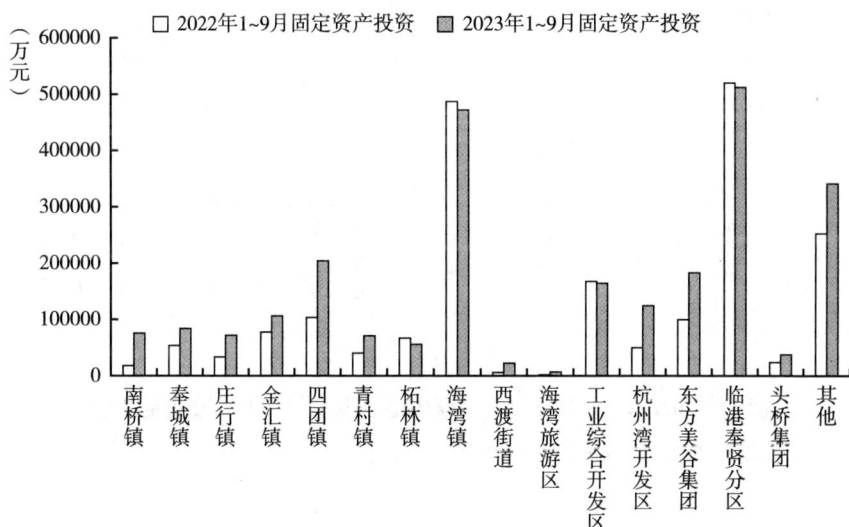

图11　2022年1~9月、2023年1~9月奉贤区分街镇（区）固定资产投资总额

资料来源：2022~2023年9月《奉贤统计月报》。

从工业投资来看，2023年1~9月临港奉贤分区、海湾镇、东方美谷集团、四团镇、杭州湾开发区和工业综合开发区占比较高，工业投资总额分别为23.0亿元、22.3亿元、17.8亿元、15.5亿元、11.2亿元和10.1亿元（见图12）。2022年1~9月一些投资总量较大的镇区，例如临港奉贤分区、海湾镇、四团镇等，在2023年1~9月工业投资均发生了较大幅度的下降，不过以东方美谷集团、杭州湾开发区为代表的众多区域工业投资逆势快速增长。

（三）2023年1~9月奉贤区固定资产投资特点

2023年1~9月，奉贤区固定资产投资形势良好，逆周期稳经济的作用

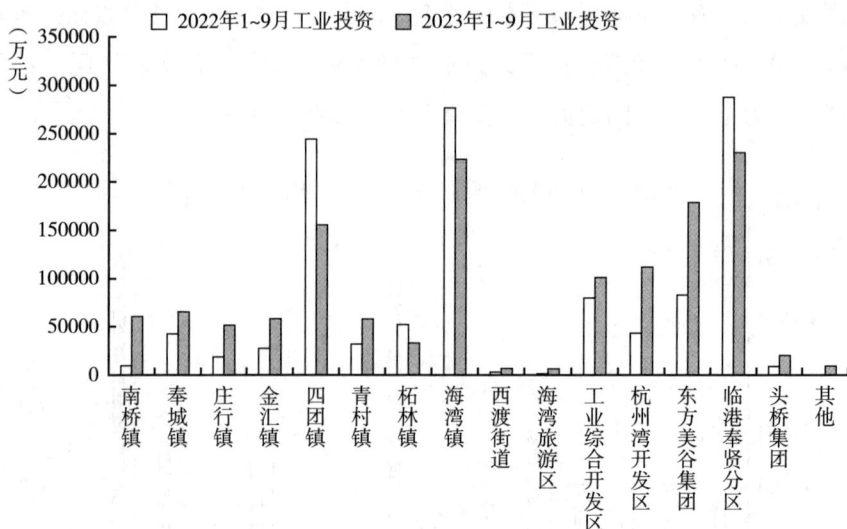

图 12　2022 年、2023 年 1～9 月奉贤区分街镇（区）工业投资总额

资料来源：2020～2023 年 9 月《奉贤统计月报》。

进一步显现，投资完成总额已从 2022 年静态管理的冲击中恢复，并且高于 2021 年同期水平。固定资产投资的有序推进，有助于奉贤区高质量发展，构建新发展格局。总体上，2023 年前三季度，奉贤区固定资产投资呈现如下特点。

固定资产投资平稳恢复。2023 年 1～9 月，全区固定资产投资 415.1 亿元，同比增加 22.0%，上涨了 37.5 个百分点。从图 13 可以看出，2 月后每月固定资产投资完成额保持较高水平稳健推进。总体上，第一季度奉贤区固定资产投资稳健增长，在基数效应影响下第二季度增速快速攀升，但下半年在 2022 年的高基数影响下，增速有所回落。

工业投资进入加速阶段。2023 年 1～9 月，工业投资完成 124.6 亿元，同比增加 52.9%。分月数据显示，除了 4 月投资总额低于 2020 年和 2021 年外，其余月份基本上是近四年最高水平（见图 14）。医药制造业作为本区域工业投资引擎的重要作用日益凸显，进入美丽大健康产业的资金增幅大，在近年不断积累以及区政府持续在该领域大力投资和招商引资的努力下，当前

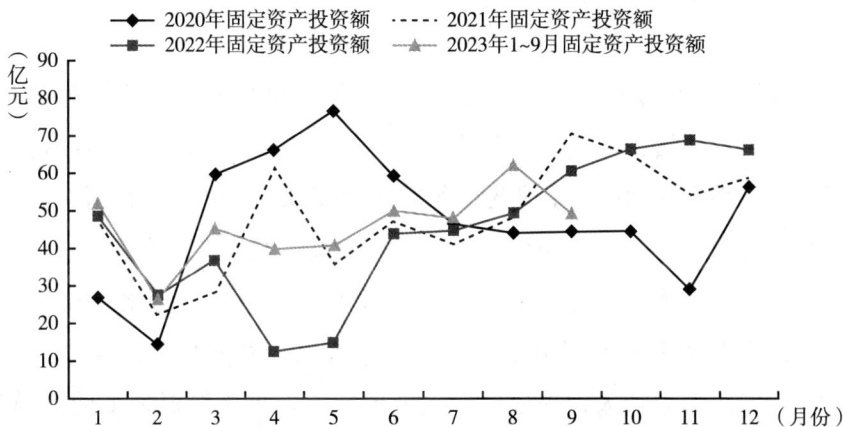

图13 2020~2022年、2023年1~9月奉贤区月度固定资产投资额

资料来源：2020~2022年、2023年1~9月《奉贤统计月报》。

东方美谷已成功打造为地区产业名片，不仅是上海地区规模最大，也是全国范围知名度较高的化妆品集聚地之一。从体量上看，东方美谷集聚了全市1/3以上的化妆品企业，产业规模接近700亿元。

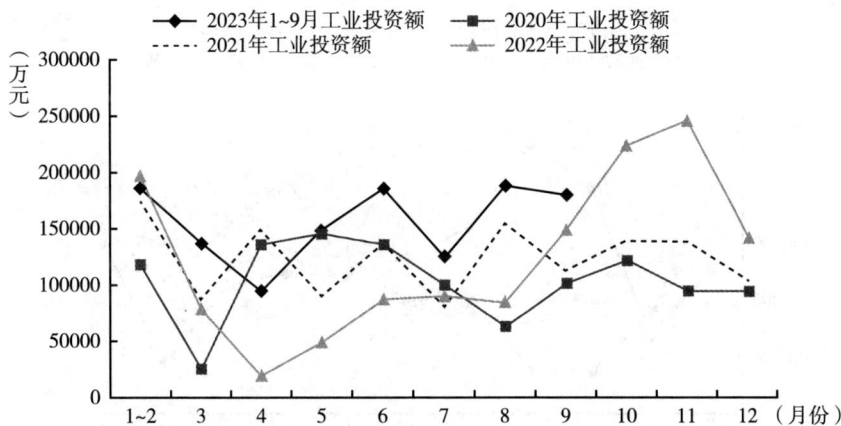

图14 2020~2022年、2023年1~9月奉贤区月度工业投资额

资料来源：2020~2023年9月《奉贤统计月报》。

大型项目引领作用显著。2023 年奉贤区重大工程项目计划总投资651.2 亿元，计划年内完成工作量 143.1 亿元。截至 9 月，开展投资推介会 2235 场，新增落地实业型项目 101 个，同比增长 10%，总投资 199.6亿元。同时，新增在谈重点产业项目 77 个，在"东方美谷·奉贤新城"全球招商季系列活动中，引进先尼科等实业型项目 57 个，投资亿元或千万美元以上项目 14 个。"四个一批"项目加快建设，多个重点项目开工，众多项目竣工。第三季度重大产业项目 21 项集中开工，计划总投资 115亿元。加大力度引入大型项目，有助于奉贤区培育发展新经济新业态，推动优势产业巩固壮大，提振经济发展的信心，也为奉贤未来的高质量发展积蓄后劲。

房地产投资暂时企稳。2023 年 1~9 月，房地产开发投资额为 184.0 亿元，同比增长 7.9%。不过，房地产投资增速由负转正的原因主要在于上年同期的基数较低，4 月、5 月投资完成额不高（见图 15）。目前，奉贤区房地产投资面临增量不足、减量不少的问题。从施工面积来看，较上年同期下降 21.2%。在施工面积下降较大的情况下，保持投资完成额存在一定的压力，下阶段仍需要落实房地产促投工作。

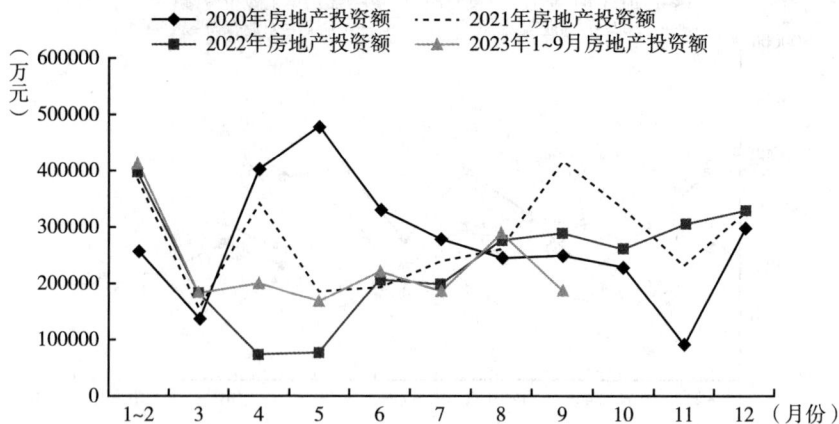

图 15　2020~2022 年、2023 年 1~9 月奉贤区月度房地产投资额

资料来源：2020~2023 年 9 月《奉贤统计月报》。

城市基建稳中提质。2023 年 1~9 月城市基础设施投资额 41.2 亿元，同比增加 9.4%。新华医院（奉贤院区）等基建项目推进提升城市品位。区域内交通能级不断提升，9 月 S3 公路高速主线正式通车，从奉城镇到内环仅需半小时；G228（奉贤段）金汇港大桥贯通，金海公路快速化改造、新林公路（金山区界—浦卫公路）、望园路（滨江段）等项目有序推进，解放东路（定奉路—定康路）等项目完工，大叶公路高架段建成通车。数字化基础设施也在不断完善，数字江海首发区项目加快推进，招商展示中心建成启用。98 栋商务楼宇实现千兆宽带覆盖，区中医医院互联网医院正式上线。

三　奉贤区固定资产投资优化建议

短期内，奉贤区经济社会发展面临一定的困难和挑战，例如经济结构仍不够合理，稳增长压力较大，传统产业亟须转型，新兴产业体量不足。但从长期的视角看，奉贤区发展机遇较多，众多国家级、区域级战略的叠加实施赋予奉贤区无限的发展潜力，关键是本区域如何有效地将短期的压力与长期的机遇引导结合起来。根据奉贤区的特点，方向定位可以是优势产业长板更优、新兴产业体量更大、交通区位优势更强、城市能级品位更高、适度加大项目推进力度。

（一）优势产业长板更优

奉贤作为国内知名度最高的化妆品集聚地，素有"中国化妆品产业之都"的美誉，建议持续打响东方美谷品牌，加快"生命信使"基因药物创新产业园等特色园区建设，打造千亿级美丽大健康产业集群。聚焦生物医药、化妆品、新能源汽配等优势产业，协调解决发展中的问题，强存量企业，加大招商引资力度，引进更多增量企业，加快形成产业生态链，进一步延链、补链、强链。在此过程中，本区域工业投资将持续增加，从而进一步促使经济朝着高质量方向进发。

（二）新兴产业体量更大

建议推动美丽大健康、新能源汽配、数智新经济、化学新材料四大新兴产业发展，进一步提升产业核心竞争力。聚焦新能源汽配产业链，推进自动驾驶全出行链创新示范区建设。探索推动新型储能产业发展，率先落地一批标志性项目、培育一批原创性技术。加快打造数字江海新名片，强化数字技术应用、场景集聚和产业导入，力争建成上海首个城市力全渗透的数字化国际产业城区。加强与上海化工区等园区、企业的合作共建，加快培育世界级高端化学品产业新高地。

（三）交通区位优势更强

建议加快完善网络化综合交通体系，推动轨道交通由单线运营进入网络化建设时代。确保轨交 15 号线向南延伸项目正式开工，开展轨交南枫线项目开工前期准备工作，持续深化奉贤线、沪乍杭铁路（奉贤段）、南上海综合交通枢纽等项目研究。全力推进"两横三纵"高速路网建设，S3 高速（奉贤段）建成通车，S4 奉浦东桥主桥结构贯通。加快完善区域骨干路网，G228（奉贤段）新四平公路以西贯通，实现大叶公路、新林公路（金山区界—浦卫公路）、海思路（东河路—海航路）等项目建成通车，积极推进金钱公路（航南公路—南行港路）等项目建设，确保浦星公路（南行港路—人民塘路）等项目开工。不断优化公共交通体系，启用新城公交枢纽，开通海湾快线，进一步提升区域交通辐射能级。

（四）城市能级品位更高

建议通过重点项目引领，聚焦新城建设，重点提高质量、提高整体品质。以"一城一中心"为抓手，做好新城中央活力区（CAZ）规划研究。推进重大项目树形象、出功能，推进南上海中央公园（先行区）等项目建设，加快"在水一方"、九棵树酒店、小雅·鹿鸣酒店等项目推进。深入开展"15 分钟社区生活圈"行动，提升社区环境品质和公共服务效能，全面提升城市品位，为市民提供更优服务。加大美丽乡村建设力度，建设乡村振兴示范村和美丽乡村示范村，打造宜居宜业和美乡村。擦亮区域生态名片，推进"一村万树"行动，积极创建森林乡村，让生态绿色充满奉贤，打造国家生态园林城市。

（五）适度加大项目推进力度

当前奉贤区经济快速复苏的基础仍不牢固，稳增长压力依然较大，固定资产投资作为逆周期调控的重要工具，一些重点项目可以加速研究，可以适度超前进行投资，在服务经济高质量转型目标的同时，缓解总体短期经济增速下行的压力。做到项目谋划要更准，对已入库项目定期调度、进行动态监测；未入库项目随时关注，主动对接，及时了解投资项目立项、备案、批复、施工许可情况，做实做细项目入库前的各项准备工作。

四　奉贤区固定资产投资形势展望

近年来，奉贤区交通区位优势不断增强，轨道交通 5 号线、S3 高速公路主线的建成拉近了其与上海中心城区的距离，同时奉贤恰逢新城建设、新片区建设、新湾区建设的良好时机，区域发展前景广阔。区位优势和重大战略叠加使得资金持续投入奉贤高质量发展进程。展望未来，奉贤区若能把握住重大历史机遇，推进创新转型，形成产业集群，构建现代化产业体系，提升城市能级品位，将能更好地实现高质量发展目标，更好地为地区、全国经济发展贡献更大的力量。

从国家和地区的总体经济形势来看，面临百年未有之大变局，宏观环境不确定性增加，俄乌冲突未了，以巴冲突又起，美国加息对全球流动性持续虹吸，国内经济仍未完全消除疫情影响，房地产行业进入下行周期，全国各地均面临较大的经济复苏压力。综合上述因素，固定资产投资仍需要持续发力，不断优化投资结构，短期内也要适度加大房地产开发项目推进力度，避免投资过快下降向区域经济其他领域传递负面影响。

中期来看，我国作为发展中国家，为满足人民群众不断增长的物质文化精神需要，经济仍需保持较快增长速度。高质量发展、中等收入陷阱的突破也要求固定资产投入力度更大、质量更优，新兴产业形成更大集群，传统产业实现现代化转型升级，这些因素均构成固定资产持续投入的重要支撑。

从奉贤区发展形势来看，奉贤制定了建设"产城融合、功能完备、职住平衡、生态宜居、交通便利、治理高效"独立综合性节点城市的目标。尽管近几年奉贤朝着这个目标迈出了坚实的步伐，但是整体来看奉贤的产业高峰还没真正形成，产业链竞争力完整性还需强化，与国际一流城市相比，城市能级品位还不够高，城乡发展差异较大，乡村振兴仍需大力推进。一些民生基础设施、资源的质量、结构还不能完全满足人民群众日益增长的美好生活需求。要补短板、拉长板，实现城市建设目标，需要更多更好的固定资产投资、更新，这些因素构成奉贤固定资产投资保持稳健的内生动力。

从具体产业项目来看，奉贤区正在构建美丽大健康、新能源汽配、数智新经济、化学新材料等行业的"特色产业集群"，也在布局数字经济新赛道，传统产业转型升级的需求也持续存在，为此有必要继续加大招商引资力度，引导资金进入奉贤发展新兴产业，吸引亿元以上大项目落地奉贤形成示范效应。更多企业总部、重大项目落地，关键项目研发中心的建设，奉贤的产业优势特征将更为明显，过程中必然伴随着大量的固定资产投资。

从房地产投资来看，尽管房地产开发热度有所下降，但该项投资占比仍接近一半。短期来看，房地产开发投资下降过快不仅会影响整体固定资产投资总额和增速，更重要的是房地产目前仍是经济的支柱性产业，该项投资过快下降可能会增加稳经济压力。因此，管理部门仍有必要通过项目抓落实，确保该项固定资产投资保持稳健。另外，房地产结构性优化的开发需求仍然存在，特别是奉贤作为长三角的重要节点城市，本地居民更好的居住需求、进入奉贤的新人才的住房需求都需要满足。根据奉贤区的人口发展目标，未来多年内将会持续有人才流入本区域。这些住房需求是奉贤区房地产开发投资平稳着陆的保障。此外，与其他郊区比较，奉贤的房地产占比已相对较低，进入较为合理的区间，下行空间也可能相对较小。

综合研判，本报告认为，由于 2022 年下半年的高基数、外部环境不确定性，以及经济下行压力等影响，2023 年下半年奉贤区固定资产投资增速相对有所放缓，但总体仍保持稳健，为经济发展稳中提质提供了有力支撑。在未出现突发冲击的情况下，2023 年奉贤区政府工作报告设定的全社会固定资产投资增长 6% 以上、工业投资增长 5% 左右的目标已经实现。从长期的视角来看，建设"产城融合、功能完备、职住平衡、生态宜居、交通便利、治理高效"独立综合性节点城市的目标、区域产业优化升级的需要等都要求奉贤继续保持较高的固定资产投资水平，进而为本区域实现经济高质量发展、打造"人民城市"新典范、加快长三角一体化进程做出更多贡献。

B.6

2023~2024年奉贤消费品市场形势分析与研判

邸俊鹏　宋敏兰*

摘　要： 商务部将 2023 年定为"消费提振年"，从国家到地方都发布了各具特色的消费提振政策与措施。尽管面临较为严峻的国际经贸形势，但在各级政府的政策指引下，奉贤区消费品市场呈现逐步回升的态势，其中以美丽健康消费品为代表的时尚消费增长迅猛。此外，奉贤区举办的各种消费促进活动引领了消费新风尚，以直播带货为代表的新型消费为奉贤区消费品市场的提振带来新契机。未来奉贤区还需注重老商业综合体的转型升级，积极拥抱新型消费，在动态观测消费趋势变化的基础上，适时改变促销策略。从长期来看，为保证消费品市场的持续增长，奉贤区还需注重产业的导入，吸引青年人生活居住，稳定居民收入预期。

关键词： 消费品市场　消费提振　新型消费

在国民经济循环中，消费是最终需求，是连接生产、流通、分配的关键环节。习近平总书记在党的二十大报告中强调，"着力扩大内需，增强消费对经济发展的基础性作用"。2022 年 12 月，中央经济工作会议也将"着力扩大国内需求"作为 2023 年重点工作之一，提出要把恢复和扩大消费摆在优先位置。这充分展现了中央对消费基础性作用的高度重视，而"恢复"

---

* 邸俊鹏，经济学博士，上海社会科学院经济研究所、数量经济研究中心副研究员，主要研究方向为宏观经济形势分析、计量经济学理论及政策评估；宋敏兰，上海社会科学院研究生，主要研究方向为宏观经济分析。

和"扩大"两个词则为 2023 年促消费工作指明了方向。此外，商务部还将 2023 年定位为"消费提振年"，调动各地、行业协会、企业组织开展系列促消费活动，营造"季季有主题、月月有展会、周周有场景"的浓厚消费氛围。

一 消费品市场的发展环境分析

消费是畅通国内大循环的关键环节，一头连着宏观经济大盘，一头连着千家万户的幸福生活。实际上，自 2014 年起，消费已经连续成为拉动中国经济增长的第一动力。2019 年，我国人均 GDP 首次超过 1 万美元，社会消费品零售总额突破 40 万亿元，这也意味着我国已成为全球第二大消费市场。[①] 2023 年外需走弱，出口对中国经济增长的贡献边际下降，基建投资增速高位回落，房地产投资对经济增长拉动作用不大。在此背景下，消费需求的恢复对经济增长尤为关键。2023 年前三季度，我国社会消费品零售总额 342107 亿元，同比增长 6.8%；最终消费支出对经济增长的贡献率是 83.2%，拉动 GDP 增长 4.4 个百分点。[②] 服务消费和居民消费支出保持回稳向好态势。

（一）国内外经济发展形势

国际经贸形势严峻，出口增长疲软。新冠疫情虽已过去，但世界经贸复苏之路略显蹒跚。生产、消费、投资三大需求都处于低迷状态，全球制造业采购经理指数（PMI）已经连续 9 个月低于荣枯线，主要经济体的通胀也仍然处在高位，商品消费复苏相对缓慢。外需整体不景气，使中国外贸难以独善其身。据世贸组织（WTO）预计，2023 年全球货物贸易量增幅可能只有

① 《人均 GDP 首次突破 1 万美元！2019 年国民经济运行总体平稳》，https：//mp. weixin. qq. com/s/psrn7DNIlquFgOeO4P8FDA，最后访问日期：2024 年 2 月 26 日。
② 《从前三季度七大经济数据看中国经济走向》，https：//baijiahao. baidu. com/s？id = 1780174033942574028&wfr=spider&for=pc，最后访问日期：2024 年 2 月 26 日。

1.7%，不仅低于 2022 年 2.7%的增长率，也低于过去 12 年来 2.6%的平均增长水平。① 美国经济在前期刺激政策效果消散和货币政策收紧作用下增速放缓，欧元区经济增长疲弱，英国、加拿大等发达经济体央行继续加息，美联储在 6 月暂停加息后再次释放年内加息信号，国际金融市场脆弱性增强。

从经济发展规律来看，经济增长由投资拉动为主向消费拉动为主的转变符合经济发展的客观规律。国际经验表明，在一国工业化前期和中期，投资对经济增长的推动作用相对较大，而到了工业化中后期，消费逐渐成为经济增长最重要的动力源。当前我国正处于工业化中后期，2022 年人均 GDP 达到 1.27 万美元，略超世界平均水平。② 随着人均收入水平的提升，消费升级存在很大空间。随着我国经济由高速发展转向高质量发展，在面临复杂的国际国内形势下，实施扩大内需战略，既符合客观经济规律，又是满足人民对美好生活向往的现实需求。

我国扩大内需战略全面开启。2022 年 12 月 14 日，中共中央、国务院印发了《扩大内需战略规划纲要（2022—2035 年）》，紧接着中央经济工作会议提出了五项重点工作任务，排在首位的是着力扩大国内需求。会议明确，要把恢复和扩大消费摆在优先位置。基于此，商务部围绕"改善消费条件，创新消费场景，营造消费氛围，提振消费信心"进行了统筹谋划，把 2023 年定位为"消费提振年"。2023 年 7 月 24 日，中共中央政治局召开会议强调，要积极扩大国内需求，发挥消费拉动经济增长的基础性作用，通过增加居民收入扩大消费，通过终端需求带动有效供给，把实施扩大内需战略同深化供给侧结构性改革有机结合起来。7 月 28 日，国家发展改革委就发布了《关于恢复和扩大消费的措施》。9 月 27 日，国务院办公厅又印发了《关于释放旅游消费潜力推动旅游业高质量发展的若干措施》。国家政策密

---

① 《世贸组织更新预测：2023 年全球贸易放缓至 1.7%》，https：//baijiahao. baidu. com/s？ id=1762393820330079895&wfr=spider&for=pc，最后访问日期：2023 年 11 月 13 日。

② 《构建优质高效的服务业新体系 | 以优质高效服务供给更好满足人民美好生活需要》，https：//m. thepaper. cn/baijiahao_ 25197324，最后访问日期：2024 年 2 月 26 日。

集出台，扩大内需，从供需两端发力促进消费提升，将成为未来几年消费发展的"主旋律"。

（二）上海积极应对，多措并举

政策举措精细化程度逐渐提高，全方位助力国际消费中心城市建设。2023年3月，上海市建设国际消费中心城市领导小组办公室发布了《2023年上海建设国际消费中心城市工作要点》，提出打造"东西"两片国际级消费集聚区、推出一批消费新地标、推进"15分钟社区生活圈"建设。从优化供给、捕捉需求、以节兴市、政策赋能的角度提出了多项发力点。2023年9月和10月，上海市建设国际消费中心城市领导小组办公室连续发布了《上海市完善支付服务体系优化入境人士消费环境的实施方案》和《上海市加强消费市场创新扩大消费的若干措施》。此外，在"上海市商务高质量发展专项资金"中继续安排专项资金，采用"以奖代补"方式，充分激发企业创新动能和青年消费活力。上海市还建立了一批行业管理制度：制定《上海市优化首发经济营商环境建立"营销活动报批一件事"制度实施方案》，建立一网办理、一窗受理制度，着力优化营商环境；编制《上海市帐篷露营地管理指引》，促进"露营+"新消费场景规范发展。一系列政策的落地，为推动上海对外开放能级提升，推动上海消费市场能级再上新台阶，加快将上海建设成为具有全球影响力的国际消费城市。从更加全面更加细微之处入手，进一步彰显了国际大都市的城市形象，也为进一步扩大上海消费市场吸引集聚辐射能力奠定了基础。

以重要节庆活动为契机，充分发挥活动的溢出带动效应。"五五购物节"是上海市人民政府主办的大规模综合性消费节庆活动，于2020年首次举办，至今已经成功举办了四届，有力地汇聚人气、商气，助力生产流通消费的良性循环，促进消费回补和潜力释放，成为打响"上海购物"品牌、加快建设国际消费中心城市的标志性活动。第四届"五五购物节"期间，上海全市线下消费日均71.3亿元，网络零售额日均47.7亿元，活动举办首月，上海社会零售总额占全国的比重达到4.14%，超过首届的4.04%和第三届的 3.85%，与第二届持平。① 此外，第六届中国国际进口博览会（以下简称"进博会"）11 月 10 日在上海闭幕，6 天展期虽已结束，但 365 天的展销机遇期已然开启。进口与消费是相辅相成、共同促进的关系。进口商品增加了居民对高层次产品的消费选择，拓展了消费偏好的选择空间，增加了消费品种类，可推动国内消费升级。

二 2023年奉贤区消费品市场运行主要特点

（一）消费品市场稳步回升

随着消费刺激政策及产业扶持政策的相继落地，奉贤区消费环境不断向好，消费需求持续释放，消费品市场保持稳步回升态势。从宏观统计数据来看，2023 年 1~9 月奉贤区商品销售额 995.2 亿元，同比上升 3.3%，高于全市 2.8 个百分点；社会消费品零售总额 436.7 亿元，同比增长 12.5%，低于全市 3.6 个百分点。从图 1 和图 2 2019~2023 年（1~9 月）奉贤区社会消费品零售总额年度变化和月度变化情况来看，2023 年前三季度社会消费品零售总额低于 2019 年新冠疫情前同期水平，2023 年 5 月、8 月和 9 月数据表现较好。除 5 月外，社会消费品零售总额表现仍不及 2019 年同期。综上，从宏观数据来看，奉贤区消费品市场的表现从总体上虽仍未恢复至 2019 年同期水平，但相较新冠疫情的三年，已呈现显著的恢复回升态势。

从微观抽样数据来看，随着奉贤区商业综合体的陆续开业，新兴商业综合体的销售增长态势可观。根据奉贤区经委对奉贤区 13 家重点商业企业的抽样数据，2023 年中秋、国庆假期共实现销售额 1.78 亿元，与上年基本持平，较 2019 年增长 24.9%。节日期间，奉贤重点监测的 5 个商业综合体整体销售达 1.48 亿元，同比上年增长 2.3%，较 2019 年增长 34.0%。合计客流量达到

---

① 《"五五购物节"上海线下消费日均 71.3 亿元》，https://baijiahao.baidu.com/s? id = 1771256406137836726&wfr=spider&for=pc，最后访问日期：2024 年 2 月 26 日。

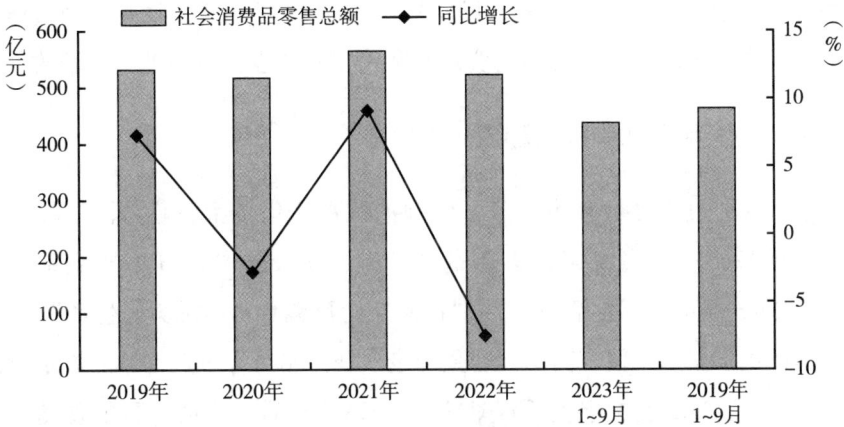

图1　2019~2023年（1~9月）奉贤区社会消费品零售总额及同比增长率

资料来源：《奉贤统计月报》。

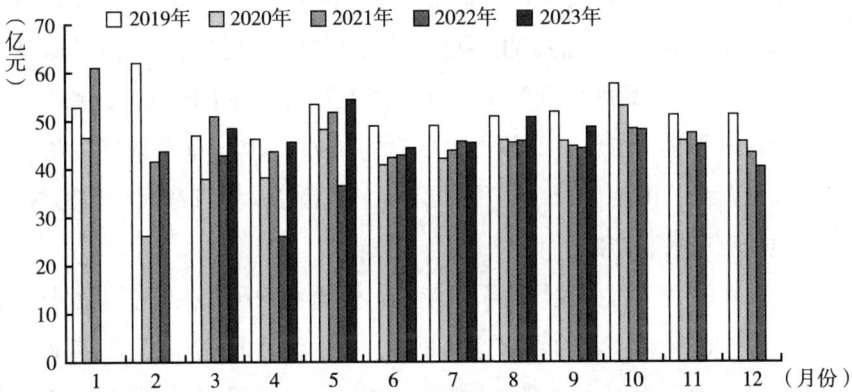

图2　2019~2023年（1~9月）奉贤区限额以上社会消费品零售额

说明：个别月份数据缺失。

资料来源：《奉贤统计月报》。

173.74万人，同比上年增长19%。节日期间龙湖奉贤天街销售额达6900万元，客流达到60.7万人，在上海7个天街项目中销售额位列第一。百联南桥购物中心和宝龙广场节日期间累计客流突破86万人。① 未来奉贤区在新兴商

---

① 《1.78亿元！奉贤中秋国庆假期销售数据出炉，这家商场数据亮眼》，https://mp.weixin. qq.com/s/CgWPzwC_ qxBzwtReUITLdw，最后访问日期：2024年2月26日。

业综合体的带动下，商业氛围将更加浓厚，商业环境将得到优化，消费体验感将得到进一步提升，居民的消费意愿和消费倾向也将得到进一步释放。

（二）消费活动引领新潮流

奉贤区通过举办数字生活节，引领消费数字化转型新趋势。2023 年 5 月 8 日至 12 日，在龙湖奉贤天街举办了为期 5 天的"2023 奉贤数字生活节"。"2023 奉贤数字生活节"以"用数字化赋能奉贤居民美好生活"为主题，通过数字家园、数字商圈、智慧养老、智慧出行等重点领域的展示及体验，全面开启了奉贤数字生活新图景。"2023 奉贤数字生活节"的现场展区和打卡活动等十分火爆，活动现场的老友亭、锻炼屏、智能电子秤等吸引了大批市民参观体验，东方有线展区打卡点人头攒动，打卡活动礼品兑换点大家有序排队等待兑换精美礼品。① 拥抱数字赋能美好生活，优化"互联网+"消费生态体系，以数字赋能、生活领域数字化转型为契机，推出"直播带货""团购体验""品牌优选"等活动，线上互动、线下体验，做到引流宣传，有效促进零售、餐饮、文旅融合联动。举办"2023 奉贤数字生活节"，联动五大运营商，围绕健康、居住、出行、养老等领域打造互动体验场景，推出各类优惠套餐和产品。

通过体育消费节，挖掘体育消费潜能。随着我国居民人均可支配收入的增加，居民对健康和体育的需求越发旺盛，体育消费的潜力也将逐渐得到释放。2023 年 6 月 3 日，由奉贤区体育局主办、奉贤区健身行业联盟承办的"发展体育产业 促进体育消费 放飞青春 活力奉贤"五五购物节动感单车狂欢夜活动在爱企谷顺利举办，该活动是奉贤五五购物节活动的重要组成部分，并入选了 2023 年上海体育消费节典型案例，成为奉贤区激发体育消费潜能的一次成功尝试。作为五大幸福产业之一，体育产业不仅成为拉动经济增长、促进消费升级的新动力，也是直指人心、提升居民"幸福指数"

---

① 《五五购物节持续进行中！2023 奉贤数字生活节你打卡了吗？》，https：//baijiahao. baidu. com/s？id=1765743517510913485&wfr=spider&for=pc，最后访问日期：2023 年 11 月 13 日。

和生活品质的着力点。截至 2022 年，奉贤区有体育企业 3626 家，其中上海市体育产业 500 强企业 35 家，健身企业 49 家，体育培训机构 80 家，体育产业总产值 32 亿元。[①] 为进一步扩大体育产业激发体育消费，奉贤区陆续发布了《关于推动奉贤区体育产业高质量发展的实施意见》《奉贤区促进体育产业健康发展专项资金管理办法》等，力争到 2025 年，实现全区体育产业总规模占全市的比重为 3%以上，年均增长速度快于全市平均水平；市级 500 强体育企业的数量新增 3~5 家；具有国际影响力的高水平体育赛事新增 2~3 项；全区经常参加体育锻炼人数比例和人均体育消费支出高于全市平均递增水平。[②] 以特色活动为牵引，奉贤区的体育消费有望进一步活跃。

（三）时尚消费品销售火热

化妆品作为"时尚八品"的重要一员，其消费也是上海消费的重要组成部分。2023 年 1~9 月，上海市规模以上化妆品企业零售额实现 892 亿元，同比增长 15.9%，占全市社会消费品零售总额的比重约 10%。随着奉贤区的"东方美谷"品牌知名度和影响力持续提升，"东方美谷"品牌价值已达 287 亿元，奉贤区正着力打造国内乃至亚洲规模最大、具有自主知识产权的美丽健康特色产业集群。2023 年 11 月 8~10 日，在奉贤的九棵树（上海）未来艺术中心举办了"东方美谷·美丽世界"2023 东方美谷国际化妆品大会。作为化妆品行业最高规格、最强阵容的国际盛会之一，东方美谷国际化妆品大会已成功举办了五届。目前，全上海 226 家化妆品生产企业中，有 84 家在奉贤，占比超过 37%；化妆品销售额占全市的比重超 40%，"东方美谷"已然成为代表上海乃至中国美丽健康产业走向国际舞台的一张重要名片。[③]

---

① 《工作动态丨区体育局成功举办"发展体育产业 促进体育消费 放飞青春 活力奉贤"五五购物节动感单车狂欢夜活动!》https：//mp. weixin. qq. com/s/CflOjNHiOzm0iMuYic4XbA，最后访问日期：2024 年 2 月 26 日。

② 《奉贤五五购物节·动感单车狂欢夜活动入选 2023 年上海体育消费节典型案例》，https：//mp. weixin. qq. com/s/jAWg49fBXfLHXij_ 5BjmNA，最后访问日期：2023 年 11 月 13 日。

③ 《2023 东方美谷国际化妆品大会将于 11 月 8 日开幕》，https：//baijiahao. baidu. com/s？id=1781429876325126370&wfr=spider&for=pc，最后访问日期：2023 年 11 月 13 日。

图 3 中 2019～2023 年（1～9 月）奉贤区主要商品的社会消费品零售总额数据也进一步验证了奉贤区化妆品消费的重要性。2023 年 1～9 月，奉贤区化妆品类零售总额达到 46.2 亿元，同比增长 40.8%，已成为奉贤区社会消费品零售中占比最高的品类，仅次于汽车类消费。此外服装鞋帽针纺织品类的消费也呈现逐年递增的趋势。以化妆品类、服装鞋帽针纺织品类等为代表的时尚消费品是上海面向"十四五"着力发展的六大重点产业之一，是上海现代化产业体系的重要组成部分。2022 年 9 月，上海发布了《上海市时尚消费品产业高质量发展行动计划（2022—2025 年）》，聚焦服饰尚品、化妆美品、精致食品、运动优品、智能用品、生活佳品、工艺精品、数字潮品"时尚八品"，促进时尚消费品生态紧密集成，将时尚消费品产业作为满足消费新需求、塑造时尚新名片、激发产业新活力的重要发力点，进一步提升上海在全球时尚中的引领地位，建成品牌荟萃、市场活跃、消费集聚、影响广泛的国际时尚之都。

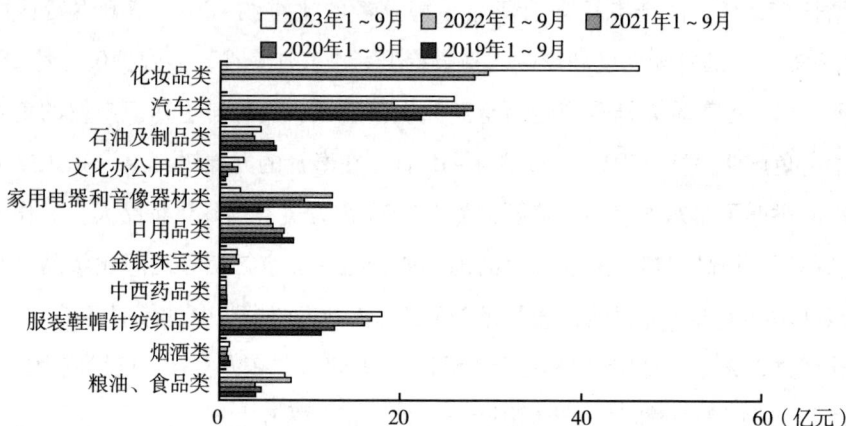

图 3　2019～2023 年前三季度奉贤区按主要商品分类的社会消费品零售额

资料来源：《奉贤统计月报》。

（四）促消费政策叠加利好

2023 年 7 月 28 日，国家发展改革委发布了《关于恢复和扩大消费的措施》，围绕稳定大宗消费、扩大服务消费、促进农村消费、拓展新型消费、完善消费设施、优化消费环境等六个方面，提出 20 条具体政策举措。涵盖了住房、用车、装修、家电、旅游、餐饮等生活中"几乎所有场景"的消费。为全面建设国际消费中心城市，2023 年 9 月和 10 月，上海市建设国际消费中心城市领导小组办公室连续发布了《上海市完善支付服务体系优化入境人士消费环境的实施方案》和《上海市加强消费市场创新扩大消费的若干措施》。此外，在"上海市商务高质量发展专项资金"中继续安排专项资金，采用"以奖代补"方式，充分激发企业创新动能和青年消费活力。国家与上海市的政策与奉贤区 2022 年发布的《奉贤区关于推进消费城市建设九大专项行动方案》相叠加，为奉贤区消费品市场的复苏和提振注入了"强心剂"。此外，2023 年 10 月，《奉贤区关于促进商业发展支持消费城市建设的实施细则》正式发布，明确了政府资金支持的方向和金额，为奉贤区商业的发展指明了方向。该政策有效期至 2026 年 12 月 31 日，对商业综合体的新建和改造、商业绿色节能发展、引进消费新品牌、发展首店经济、举办新品首发活动、品牌连锁化经营等商业活动均有明确的支持标准和金额。国家、上海和奉贤区级的政策叠加，将政策的利好效应落到实处，奉贤区的消费有望迎来全面发展的新阶段。

三　2024年消费品市场研判

通过上述分析可以看出，2023 年在商务部"消费提振年"的定位之下，从国家到地方，从上海到奉贤区，政策层面对消费的促进和引导支持力度空前。以"五五购物节"、进博会为典型的消费促进活动，为上海以及奉贤消费的回升带来了重要契机。在政企共同努力下，2023 年奉贤区消费品市场得到了进一步恢复。社会消费品零售总额加快回升，线下的消费得以恢复，以直播带货为代表的新型消费，已成为拉动消费的新增量。随着消费升级加速，消费心理趋于理性等，在产品供给端仍需加强产品质量的监管，在消费方式上仍需积极拥抱直播带货、地摊经济等新型消费方式。

综合来看，近几年奉贤区的商业设施逐步完善，辐射的居民范围更广，无论是传统商业体的转型，还是新开商业体的潮流活动，都为奉贤区消费环境的优化做出了巨大贡献。多元的活动引领消费新潮流，也逐渐打响了奉贤"南上海消费之城"品牌。从消费结构来看，以奉贤区化妆品消费为代表的升级类消费需求增长迅猛，此外作为郊区汽车的消费增长趋势较为显著。未来还需加强产业引进和人口导入以提升居民收入增长的预期，基于奉贤区未来消费品市场的增长，预计2024年奉贤区的社会消费品零售总额将持续提升，迎来全新的发展阶段。

四　对策建议

（一）老商业综合体转型升级，积极拥抱新型消费

消费升级时代，消费者的选择更加多元，传统购物中心的单一功能已经不能满足消费者的多元需求。因此，传统购物中心开始转型，将重心从纯粹的商品销售转向提供丰富多样的消费体验的综合体验空间。综合体验空间通过优质的空间设计与装饰，打造一个舒适、有趣的购物场所。它不再只是商品的集散地，而是一个与消费者互动、娱乐活动和文化体验相结合的地方。2022年金汇、奉贤两座天街相继开业，对已有老商业综合体带来不少冲击。百联购物中心首先受到影响，2023年一季度零售额降幅居首位，同时宝龙、苏宁也受到一定影响。面对区域商业新变化，老商业综合体面临较大挑战。

转型发展从"商业购物中心"转向"生活方式中心"，积极拥抱新型消费。百联南桥购物中心曾是奉贤的"唯一"，但时过境迁，面对奉贤高速发展的商业变革，新兴商业综合体的相继加入，百联南桥购物中心转型升级之路迫在眉睫。① 用"直播经济"赋能"粉丝经济"。拥抱新型消费的百联南

---

① 《奉贤商场风云录系列二：传统商业综合体如何凤凰涅槃？》，"上海奉贤"微信公众号，https：//baijiahao.baidu.com/s？id=1762222680447644248&wfr=spider&for=pc，最后访问日期：2023年11月13日。

桥购物中心，每周都会有两场直播，在 i 百联 App 的云店里上线，营业员变身"主播"，为消费者进行产品推介。2023 年 11 月 5 日"上海奉贤"官方抖音号也开启首次直播带货，政府官方带头拥抱新型消费方式，为传统商业企业的转型升级做出示范。传统商业综合体也可以借助线上线下生动互动模式，线上的消费引流为线下带来了人气，线下所见即所得让消费者买得放心。未来奉贤区还可以积极引导传统商业企业发展直播电商、即时零售等消费新业态、新模式，支持引进更多全球新品牌，营造消费新热点。

（二）多元活动助力打响"南上海消费之城"品牌

奉贤区在 2023 年"五一"小长假启动了"相约美谷、悠'贤'生活""五五购物节"活动，此为上海第四届"五五购物节"的奉贤活动，以"首发经济""品牌经济""美食经济""数字经济"四大主体，进一步打响了"南上海消费之城"品牌，形成了全城动员、全域参与、惠企惠民的全城消费热潮，升级了"商旅文体"新体验。2023 年，"五五购物节"奉贤活动，聚焦奉贤活力新城，依托"东方美谷"产业优势，发挥"美谷美购"品牌效应，围绕吃、住、行、游、购、娱消费全业态，汇集优质、多元、创新、潮流、文娱等元素，挖掘奉贤特色消费新载体、新场景、新热点、新模式、新业态；通过市区联动、条块联合、政企联手、线上线下双向驱动，不断推出各类促进消费的活动，为不同消费群体带来了丰富多样的购物体验，打造了"1+10+13+X"购物嘉年华，营造了一浪高过一浪的消费热潮。统计数据显示，2023 年 4 月 29 日至 5 月 3 日，小长假期间奉贤 12 家重点商业企业共实现销售额 1.1 亿元，比 2023 年春节初一至初五 5 天的销售额上升48.4%；5 月奉贤区百联、宝龙、苏宁、龙湖奉贤天街、龙湖金汇天街五大主要商业综合体合计销售额达 3.74 亿元，比 2021 年同期上升 61.66%；累计客流量达 458.27 万人次，比 2021 年同期上升 22.68%。[①]

---

① 《上海奉贤奋力打响"南上海消费之城"品牌》，https：//www.sohu.com/a/686042679_100011043，最后访问日期：2024 年 2 月 26 日。

多元化的活动为奉贤打响"南上海消费之城"品牌,带来了人气,使其受到了关注,品牌知名度逐渐打响。未来奉贤区在全力以赴抓好消费促进工作的同时,还需重点巩固消费回升势头。以举办多元的活动为契机,盘活区域文化、艺术、旅游、体育等产业资源,打造主题鲜明、亮点突出的文化艺术活动,吸引不同消费偏好的人群。从不同人群的消费需求出发,办好特色鲜明的促消费活动。比如,化妆品方面,持续扩大"东方美谷"影响力的同时,还应持续洞察消费者的消费偏好的变化趋势,加强数字化消费与实体消费相结合;在汽车方面,持续推动新能源汽车下乡,推动汽车赛事、房车露营等市场发展,全链条促进汽车消费。此外,奉贤区还需要进一步优化消费环境和场景,积极融入上海国际消费中心城市建设进程,扎实推进"15 分钟社区生活圈"。

(三)关注消费趋势变化,适时改变促销策略

2023 年"双十一"期间"理性消费之风"兴起。在走过十五个年头以后,"双 11"正在受到越来越多普通消费者的平视。普华永道发布的《2023年全球消费者洞察调研》显示,51%的中国消费者正在减少非必需品支出,对必需品人们则倾向于选择更低价的购买途径。[①] 来自国家统计局的数据显示,2023 年上半年,全国居民人均消费支出 12739 元,扣除价格因素影响,实际增长 7.6%,消费市场正在缓慢回温。[②] 预期不确定性也让消费者的理念发生变化,消费行为更趋于理性。消费者不再"疯狂买买买",而是在优惠买几样生活必需品。

根据央视新闻报道,2023 年的消费旺季,消费需求更加细分、垂直,消费更趋分散化、个性化,智能化、体验化、高品质产品呈爆发式增长。从产业端看,消费需求的多样性也推动供给端个性化生产、柔性化定制渐

---

① 《普华永道发布〈2023 年全球消费者洞察调研〉中国报告》,https://www.sohu.com/a/722413949_481845,最后访问日期:2024 年 1 月 25 日。
② 《2023 上半年消费观察:消费结构变化 家庭类消费量质齐升》,https://baijiahao.baidu.com/s? id=1772924399296777253&wfr=spider&for=pc,最后访问日期:2024 年 1 月 25 日。

成趋势。[1] 在理性消费的推动下，品质消费也逐渐成为主流。消费者们更加注重商品的质量和性能，不再仅仅追求品牌和高价。消费者对商品的细节和实用性的关注度逐渐提升，也对商品的品质和售后服务提出了更高的要求。这种变化为电商平台和品牌带来了新的挑战和机遇，商家需要提供更好的服务和体验来满足消费者的需求。因此，未来奉贤区还应积极引导商业企业提升产品质量和售后服务水平，以积极应对消费者对理性消费升级的需求。此外，还应重点关注需求端消费心理变化和居民消费行为的变化，创新消费方式、创造新的消费供给的同时，还应针对区分场景、区分消费品种类甚至区分消费人群，创造更加多元化、精细化的消费促进方式。

（四）加强产业导入，稳定收入增长预期

产业增长带来的就业保障和收入的稳定预期，是保持消费品市场健康发展的不竭动力之源。产业导入带来的就业机会，有助于提振居民对收入增长的预期，收入的增长将直接促进消费的扩张和消费品市场的活跃繁荣。根据《奉贤统计月报》，2023 年 1~9 月，奉贤财政总收入 560.4 亿元，同比增长 12.7%；工业固定资产投资 124.6 亿元，同比增长 52.9%；规模以上工业总产值 2062.3 亿元，同比增长 9.8%；战略性新兴产业产值 923.3 亿元，同比增长 17.1%，占比提高至 46%。从这些统计数据也能看出，2023 年奉贤区制造业稳步增长。未来奉贤还需坚定不移把发展经济的着力点放在发展实体经济上，把发展先进制造业作为重中之重，瞄准美丽大健康、新能源、新材料等新兴产业，坚持招大引强、量质并举。

加强青年人口导入，建设青年发展型城市。根据第七次全国人口普查数据中奉贤区的数据，如图 4 所示，奉贤区 25~54 岁的劳动年龄人口数量较多，但 0~14 岁的婴幼儿和青少年人口较少，且年轻人中男性多于女性。年轻人群是城市消费的主力军，吸引青年人在奉贤安居、生活，是保证经济长期稳定

---

[1] 《多端发力迎接年终消费旺季　快递量爆发式增长折射消费市场蓬勃活力》，https://baijiahao.baidu.com/s?id=1782258742882567290&wfr=spider&for=pc，最后访问日期：2023年11月13日。

增长、消费稳步提升的重要基础。2023 年 5 月 28 日，由奉贤区团委联合华东理工大学华东社会发展研究所共同调研完成的"青春奉贤指数"调研报告正式发布。该报告显示，2021~2023 年奉贤的青春幸福指数分别是 83.5、87.3和 91.2，处于国内偏上水平。[①] 根据"青春奉贤指数"调研数据，从年轻人诉求出发，工作性价比是他们最关心的内容，更高的薪资水平和可承受的生活成本（房价、物价）是年轻人选择工作地点的天平两端，平衡的城市更具吸引力和幸福感。[②] 未来奉贤需着重创造多元、丰富、稳定的就业岗位，为青年提供良好的住房保障环境。同时，积极构建面向未来的现代化产业体系，推动市场主体高质量增长，为青年创造更多更高质量就业机会。

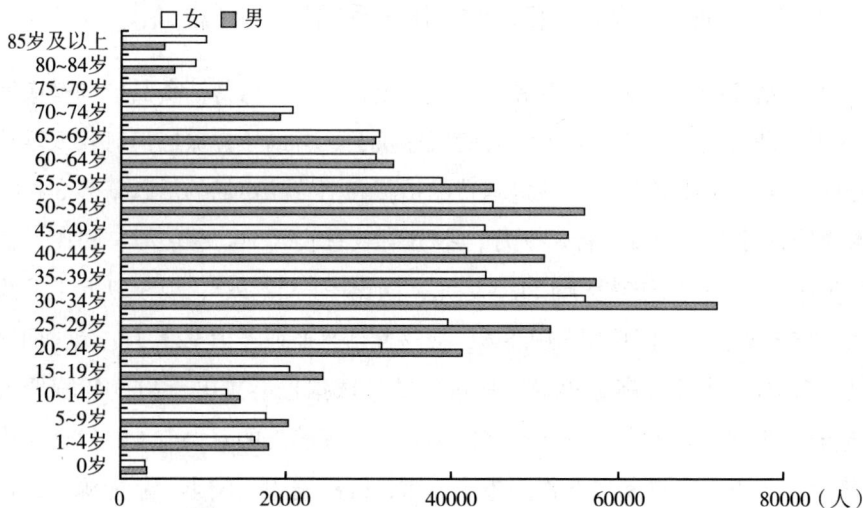

图 4 第七次全国人口普查奉贤区人口年龄分布

资料来源：《奉贤区第七次人口普查年鉴》，https：//www.fengxian.gov.cn/tjj/tjsj/tjnj/20230327/39621.html，最后访问日期：2024 年 1 月 25 日。

---

① 《新增就业岗位、加大房源供应，上海奉贤发力建设青年发展型城市》，https：//export. shobserver. com/baijiahao/html/617084. html，最后访问日期：2023 年 11 月 13 日。
② 《新增就业岗位、加大房源供应，上海奉贤发力建设青年发展型城市》，https：//export. shobserver. com/baijiahao/html/617084. html，最后访问日期：2023 年 11 月 13 日。

B.7

2023~2024年奉贤对外
经济形势分析与研判

李世奇*

摘　要：　面对越发复杂多变的国内外经济形势，2022年奉贤对外贸易规模首次突破1200亿元大关，2023年前八个月奉贤进出口总值为830.9亿元，同比增长1.7%；出口总值为494.2亿元，同比增长11.2%；进口总值为336.7亿元，同比下降9.6%，外贸波动有所加大，出口、进口表现分化，奉贤综合保税区高质量发展稳步推进，跨境电商亮点纷呈。2023年前九个月奉贤外商直接投资合同金额为10.62亿美元，同比增长17.9%，实际到位金额2.65亿美元，同比增长0.2%，吸引外资表现较好，落实外资有待发力，落实外资规模占地区生产总值比重仍需重点关注。展望未来，服务贸易和数字贸易有望成为全球贸易竞争制高点，奉贤要抢抓自贸试验区新片区提升战略机遇，深度对接国际高标准经贸规则，切实推动对外经济向好发展。

关键词：　对外经济　综合保税区　外商直接投资

一　奉贤对外贸易的主要特点

（一）外贸波动持续加大，出口、进口分化明显

由于我国自2022年11月以来进一步优化疫情防控措施，在疫情防控常

---

* 李世奇，经济学博士，上海社会科学院数量经济研究中心副研究员，主要研究方向为宏观经济增长与科技创新政策评估。

态化后，奉贤对外贸易在上年基数效应和外部需求放缓的共同影响下，增速总体呈现前高后低的态势。2023年第一季度，奉贤外贸延续了2022年10月以来的放缓趋势，进出口总值达到341.5亿元（见图1），同比增长4.2%，略高于上海3.5%的增速。奉贤进出口累计同比增速在第二季度重回两位数，在5月达到18.3%，6月降至13.5%，但仍高于上海11.4%的增速。但从第三季度开始，奉贤对外贸易增速快速走低，7月开始低于上海平均增速，为2020年11月以来的首次，8月增速降至1.7%，为2020年10月以来的新低。

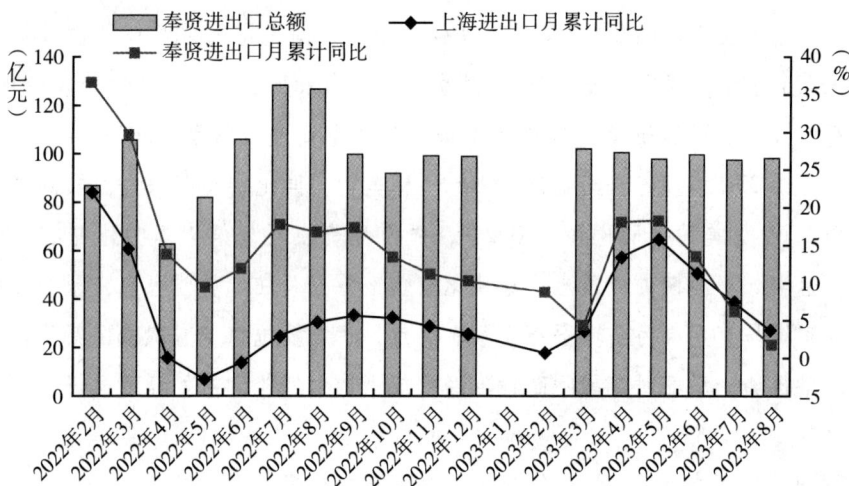

图1 2022年2月至2023年8月奉贤进出口总额及上海与奉贤进出口月累计同比

资料来源：《奉贤统计月报》。

奉贤出口与进口的分化明显加大，在2022年四季度奉贤出口仍然能保持两位数增速，但进口已经降至个位数增速，而在2023年第一季度进口的表现则远好于出口，但从第二季度开始，出口增速又反超进口增速，两者均呈现下降态势。2023年前三个月奉贤出口累计同比增长-1.8%（见图2），低于上海-1.4%的增速，而进入第二季度，奉贤出口增速大幅上升，5月增速达到27.5%，而后一路走低，2023年前八个月奉贤出口总值达到494.2亿元，同比增长11.2%，主要发达经济体的持续加息对国际市场的需求产生持续负面影响，奉贤出口在高基数与高利率环境的影响下，仍然能保持两位数的增速殊为不易。这进一步说明奉贤新能源、光伏等产品具有较强的国际竞争力。相较而言，奉贤进口累计同比增速在 2023 年 2 月达到 29% 后持续下降（见图3），3 月进口增速大幅降低至 11.8%，5 月开始低于上海平均增速，7 月增速转负，2023 年前八个月奉贤进口总值达到 336.7 亿元，同比下降 9.6%，尽管上海的进口增速也在下降，但仍然为正，同比增长 2.8%。奉贤进口增速的快速下降，不仅高于上海全市平均水平，也高于自身的出口增速。一方面，这可能是内需走弱的原因；另一方面，这更有可能是出口企业的预期转弱，减少了关联性的进口。奉贤对外贸易的风险敞口相较上海明显偏高，出口与进口的波动性均更大，对稳外资、稳外贸带来了更大挑战。

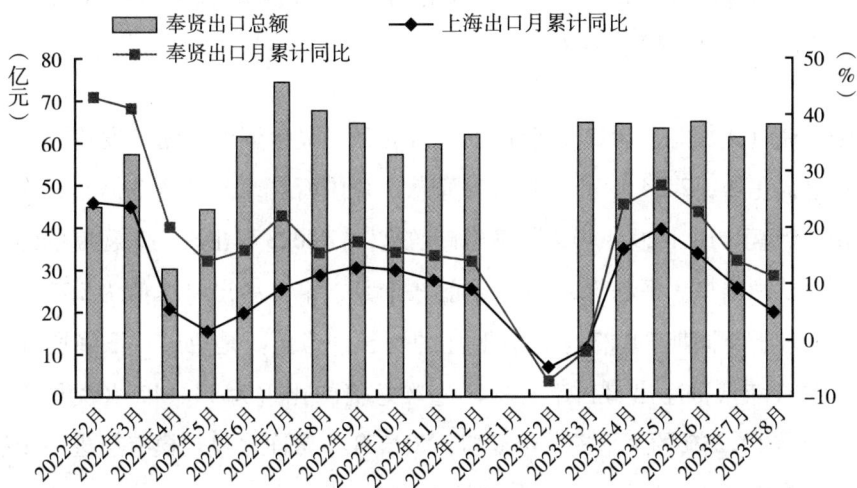

图2　2022 年 2 月至 2023 年 8 月奉贤出口总额及上海与奉贤出口月累计同比

资料来源：《奉贤统计月报》。

从长历史周期来看，2022 年奉贤进出口的增速相较 2021 年已明显放缓，恢复到过去十多年波动性逐步走低的趋势，2021 年的波动性增大是疫情冲击全球供应链叠加海外降息放水带来的一过性快速增长，而随着全球供应链的恢复，特别是发达经济体"去风险化"与"友岸外包"政策的执行，

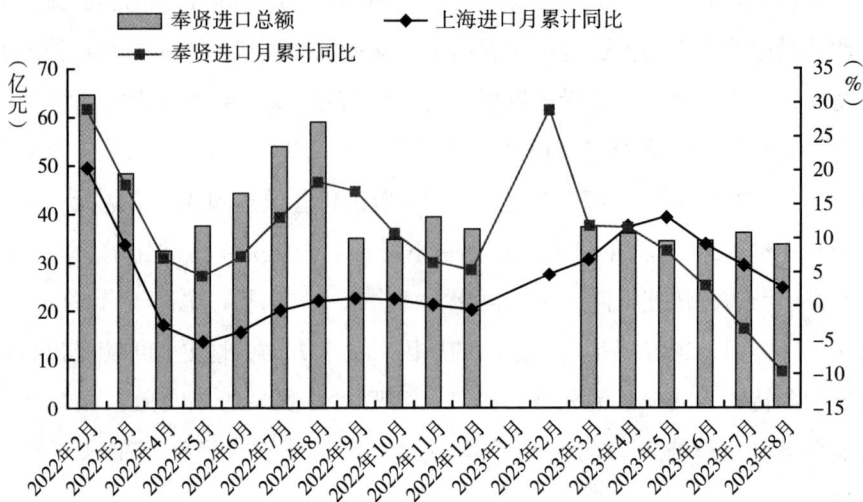

图3 2022年2月至2023年8月奉贤进口总额及上海与奉贤进口月累计同比

资料来源:《奉贤统计月报》。

伴随着激进式加息,2023年奉贤进出口受到了显著影响。随着发达经济体加息进入尾声,2024年可能会出现降息,总体而言,奉贤外需仍然有向好的积极因素。预计2024年奉贤进出口增速将较2023年出现一定程度的温和复苏。从净出口水平来看,2023年前八个月,奉贤净出口总值为157.5亿元,相较上年同期84.83亿元有明显的增长,但主要是由进口下降所导致的。2022年奉贤净出口占奉贤地区生产总值的比重为14.14%(见图5),相比上年10.23%的水平进一步提高,2023年奉贤净出口规模有望进一步扩大,对奉贤经济增长起到一定的支撑作用。

(二)对外依存继续增强,顺差规模保持全市第一

根据上海市各区2022年《统计公报》,通过比较2022年上海各区的对外贸易情况,可以看出奉贤出口增速排在全市第六名,但是进口增速则相对落后,排在全市第九名。在上海郊区中,2022年奉贤1232.30亿元的进出口总额低于松江的3365.00亿元、闵行的2350.00亿元、嘉定的1657.30亿

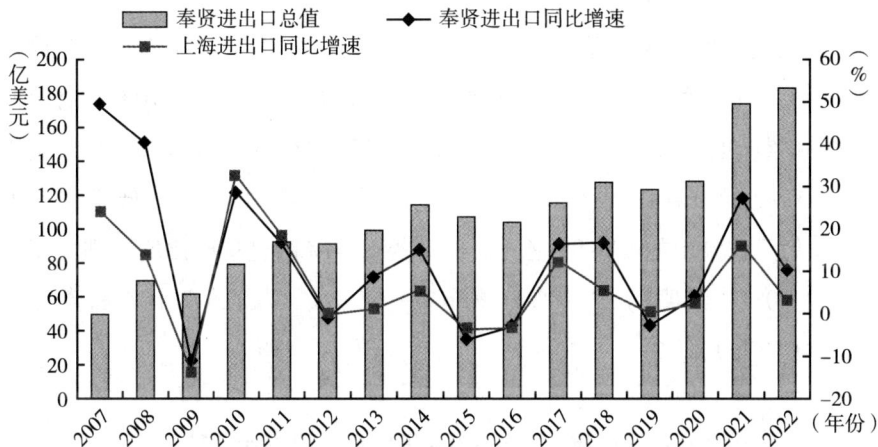

图4 2007~2022年奉贤进出口总值及上海与奉贤进出口同比增速

资料来源：历年《上海市奉贤区统计年鉴》。

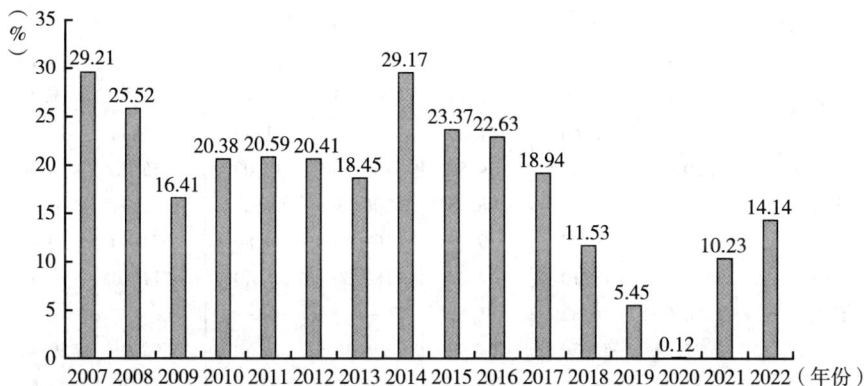

图5 2007~2022年奉贤净出口占奉贤地区生产总值的比重

资料来源：历年《上海市奉贤区统计年鉴》。

元，高于宝山的1097.04亿元、金山的1160.26亿元、青浦的792.27亿元和崇明的145.10亿元，而奉贤10.20%的进出口同比增速则低于金山的20.20%、松江的16.49%，高于崇明的7.50%、闵行的6.82%、嘉定的6.80%、青浦的0.10%和宝山的-20.70%（见表1）。奉贤713.10亿元的出口总额低于嘉定的 805.00 亿元，高于金山的 662.07 亿元、青浦的 458.91 亿元、宝山的 398.13 亿元和崇明的 42.00 亿元，而奉贤 14.10% 的出口同比增速则低于金山的 32.36%，高于嘉定的 6.10%、青浦的 6.10%、宝山的 1.50% 和崇明的 -17.10%（见表 1）。奉贤 519.20 亿元的进口总额高于金山的 498.19 亿元、青浦的 333.36 亿元和崇明的 103.10 亿元，低于嘉定的 852.40 亿元和宝山的 698.91 亿元，而奉贤 5.30% 的进口同比增速则低于宝山的 29.40%、崇明的 22.20%、嘉定的 7.50%、金山的 7.14% 和青浦的 7.10%（见表 1）。

表 1　2022 年上海各区对外货物贸易主要指标分布

单位：亿元，%

地区	进出口总额	进出口同比增速	对外贸易依存度	出口总额	出口同比增速	进口总额	进口同比增速
奉贤区	1232.30	10.20	89.87	713.10	14.10	519.20	5.30
浦东新区	24636.91	3.20	153.85	8921.10	8.80	15715.81	0.20
黄浦区	1310.90	6.80	43.36	329.10	15.70	981.80	4.10
徐汇区	1071.65	5.80	41.90	308.13	-2.10	763.52	9.40
长宁区	670.66	-8.60	34.89	314.20	1.40	356.46	15.90
静安区	520.38	-0.20	19.80	164.66	18.00	355.72	-6.90
普陀区	356.32	2.20	28.55	206.89	19.60	149.44	-14.90
虹口区	503.40	0.70	39.95	109.60	4.80	393.80	0.40
杨浦区	300.70	20.10	14.48	189.30	28.40	111.40	8.26
闵行区	2350.00	6.82	81.59	—	—	—	—
宝山区	1097.04	-20.70	61.94	398.13	1.50	698.91	29.40
嘉定区	1657.30	6.80	59.87	805.00	6.10	852.40	7.50
金山区	1160.26	20.20	103.80	662.07	32.36	498.19	7.14
松江区	3365.00	16.49	192.27	—	—	—	—
青浦区	792.27	0.10	59.37	458.91	6.10	333.36	7.10
崇明区	145.10	7.50	35.90	42.00	-17.10	103.10	22.20

资料来源：上海各区 2022 年统计公报。

从对外贸易依存度来看，2022 年奉贤 89.87% 的依存度相比上年的 84.36% 有所提高，低于松江的 192.27%、浦东新区的 153.85% 和金山的

103.80%，在上海各区中排名第四。2022年奉贤净出口规模继续快速增长，从2021年的136.10亿元大幅增长至193.90亿元，超过金山的163.88亿元和青浦的125.55亿元，顺差规模继续保持上海第一，而宝山、崇明和嘉定则分别净进口300.78亿元、61.10亿元和47.40亿元，奉贤是上海唯一一个顺差规模连续两年超过100亿元的地区，说明奉贤经济对国际市场需求的依赖性相较上海其他郊区而言更大，特别是对欧美等发达经济体具有较大的贸易敞口，随着欧美经济增速的放缓，奉贤出口增速较上海其他郊区而言更易出现较为显著的回落。

根据上海市各区2022年《统计公报》，反观上海中心城区，2022年黄浦的对外贸易依存度为43.36%，徐汇为41.90%，长宁为34.89%，静安为19.80%，普陀为28.55%，虹口为39.95%，杨浦为14.48%，除长宁区较上年有一定程度的下降，其余各区基本保持较为稳定的水平，且均明显低于奉贤对外贸易依存度，而且中心城区绝大部分为逆差状态，黄浦的净进口总值为652.70亿元，徐汇为455.39亿元，长宁为42.26亿元，静安为191.06亿元，虹口为284.20亿元，仅普陀和杨浦为顺差状态。奉贤的对外贸易依存度与净进口将随着贸易结构的升级与居民美好生活水平的提高逐渐向中心城区靠近，但在靠近过程中可能出现曲折往复，2023年对外贸易依存度大概率会进一步提高，净出口规模继续保持在100亿元以上。整体而言，从出超状态向入超状态转变的过程不是一蹴而就的。

（三）奉贤综保区高质量发展稳步推进，跨境电商亮点纷呈

2023年，海关总署印发了《推动综合保税区高质量发展综合改革实施方案》，共包括五方面23条具体措施；上海市商委和发改委共同出台了《加快推进本市综合保税区功能提升的若干措施》，提出了六方面22条具体措施。国家和上海的各项政策措施有力推动了奉贤综合保税区加快产业转型升级，以内外贸一体化为重点，推动各综合保税区与各综合保税区所在区主导产业联动，积极拓展加工制造业新领域，发挥产业地图对投资促进的引导作用，推动综合保税区内重大项目引进、存量资源改造和盘活、重要功能平

台打造，实现货物贸易与服务贸易、数字贸易融合发展。

奉贤综保区在推动高质量发展过程中涌现出一批代表性企业，推动建设一批代表性重大项目。上海晶澳太阳能于2006年入驻奉贤综保区，根据晶澳太阳能公布的数据，17年来，晶澳奉贤基地产能扩大了29倍，从0.2GW提升到6.0GW。2022年销售收入79亿元，出口创汇8.9亿美元。2023年，晶澳全面进行数字化转型升级，正式启动智能运营中心及改扩建项目，引入建筑绿色低碳技术，建设屋顶和局部外立面BIPV光伏电站，并配套储能示范电站和能源数据管理中心，通过光伏、储能、充电桩、碳抵消，力争3~5年内实现奉贤基地产品能耗低碳化、零碳工厂的建设目标，项目投资达6亿元，预计2024年竣工。项目建成后，将实现100亿元年产值和100亿元年进出口额，在落实国家"双碳"目标及推进上海光伏系统建设和可再生能源应用创新等方面具有示范意义。上海泰坦科技作为生物医药科技研发领域的领军企业，在奉贤综保区启动建设泰坦生命科学总部园区项目，依托奉贤综保区"一平台三中心"功能建设，针对产业链薄弱环节，开展生命科学高端试剂、仪器设备的保税研发制造，切实打造科研物资高效进出口平台，筹建科研物资战略储备基地和国家生命科学科研试剂储备中心，打造科学服务业高新精产品出口基地，建设国内首个科学服务研发转化功能型平台。该项目力争填补中国生物医药科技研发领域的部分空白，也将推动开发区创新驱动高质量发展，引领奉贤生物医药大健康产业能级提升。

作为奉贤生物医药产业集群的重要承载地，奉贤综保区着力打通研发、生产、营销等多个环节，汇聚资源、优化政策、形成合力，全力打造链条完整、特色鲜明、具有较强自主研发创新能力的优势产业链。奉贤综保区充分利用上海的区位优势、海关特殊监管区域的功能政策优势，继续向外高桥、洋山等其他区域的综保区看齐，强化区内外企业联动发展，打造开放型经济发展新高地。作为奉贤外资外贸企业发展的重要承载地，奉贤综保区持续优化园区营商环境，释放综保区政策和制度创新红利，围绕企业难点和痛点，提供精准服务，努力发展成为长三角国际服务贸易美丽集聚区和上海自由贸易新片区奉贤主阵地。

2023 年，上海积极创建"丝路电商"合作先行区，探索跨境电商更加便利化的通关监管举措，《上海市推进跨境电商高质量发展行动方案（2023—2025 年）》正式发布，明确了 18 项重点任务。"美谷美购·跨境购"作为奉贤一张亮丽的"名片"，以美丽健康产业为特色，以综合开发区美妆企业资源为基础，以奉贤综保区跨境电商功能为优势，已经吸引凝聚了大批跨境电商企业，发展成为东方美谷国际化建设中的重要组成部分。韩国众多跨境品牌选择"美谷美购·跨境购"作为进入中国市场的"孵化器"，既是对美妆品牌运营的"精准定位"，也是两国美妆产业的强强联合。随着韩国品牌国家馆入驻"美谷美购·跨境购"，奉贤东方美谷与韩国美妆企业链接的纽带将更加紧密，有望携手续写更多更精彩的"开放共享、共创未来"的品牌故事。上海工业综合开发区作为"东方美谷"的产业核心承载区，充分发挥产业资源优势，不断拓展奉贤综保区跨境电商功能，继续做大、做强、做优"美谷美购·跨境购"平台，联合奉贤海关、上海跨境公服、奉贤电信、亚马逊等跨境业务指导机构，与企业共同研讨跨境企业出海业务发展的新趋势、新路径、新政策，将"美谷美购·跨境购"打造成更具国际化、规范化、多元化的综合性平台。

二 奉贤外商直接投资主要特点

（一）合同外资表现较好，落实外资有待发力

根据《奉贤统计月报》，2023 年第一季度，奉贤吸引外资受到内外部因素冲击以及上年同期高基数的影响，奉贤外商直接投资合同金额前三个月同比下降 11.7%。但是到 4 月奉贤吸引外资直接由负转正，同比大幅增长 36.7%；5 月和 6 月增速继续大幅走高，6 月同比增长 50.4%；7 月开始增速显著回落，但仍然保持两位数增长。2023 年前九个月奉贤外商直接投资（FDI）合同金额 10.62 亿美元，同比增长 17.9%（见图 6）。奉贤在落实外资方面有待持续发力。2023 年第一季度奉贤落实外资同比下降 0.3%，显著

低于上海同期 28.1%的增速，在 4 月和 5 月依旧未有明显改观，同比下降
13.8%和 0.4%，上海则继续保持两位数的增速，主要是由上年基数不同而
导致的巨大差异，2022 年 5 月奉贤和上海的增速分别为 10.4%和-3.8%。
2023 年前九个月奉贤外商直接投资到位金额 2.65 亿美元，同比增长 0.2%
（见图 7），上年同期增速为-4.4%，在低基数下仍然未有明显起色，上海同
比增长 0.5%，可见奉贤在落实外资方面需要更加有力的举措。

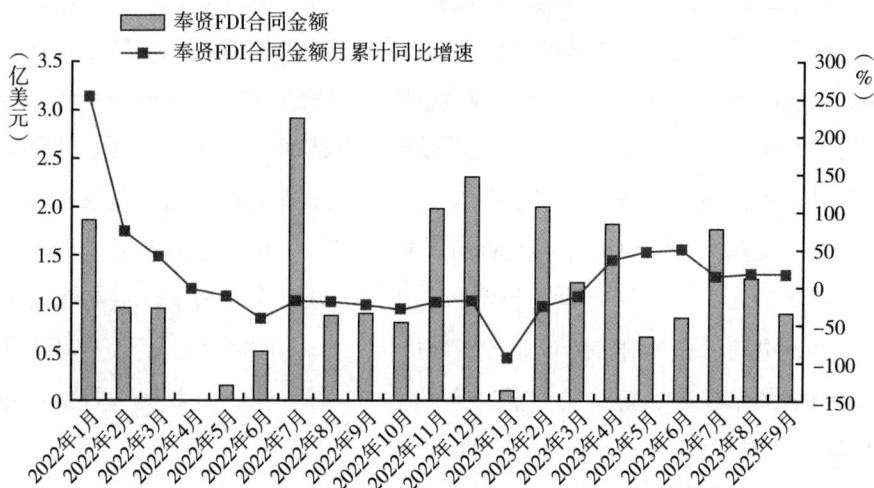

图 6　2022 年 1 月至 2023 年 9 月奉贤 FDI 合同金额及月累计同比

资料来源：《奉贤统计月报》。

相比 2022 年前九个月奉贤落实外资好于吸引外资的表现，2023 年落实
外资面临巨大的挑战，特别是境内外息差加大，进一步加大了落实外资的难
度。而随着发达经济体进入降息周期以及国内经济的复苏，奉贤外商直接投
资合同金额和到位金额在 2024 年均有进一步增长潜力。根据历年《上海市
奉贤区统计年鉴》，长期来看，2022 年奉贤外商直接投资合同金额同比下降
16.9%，为 14.10 亿美元，仍高于"十三五"时期 10.42 亿美元的平均水
平，到位金额同比增长 2.9%，为 3.17 亿美元，略高于"十三五"时期 2.8
亿美元的平均水平（见图 8）。

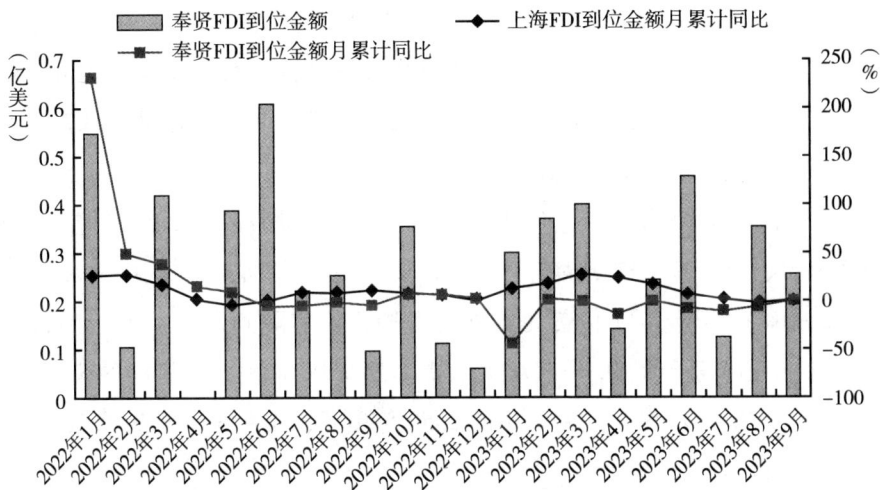

图7 2022年1月至2023年9月奉贤FDI到位金额及上海与奉贤FDI到位金额月累计同比

资料来源:《奉贤统计月报》。

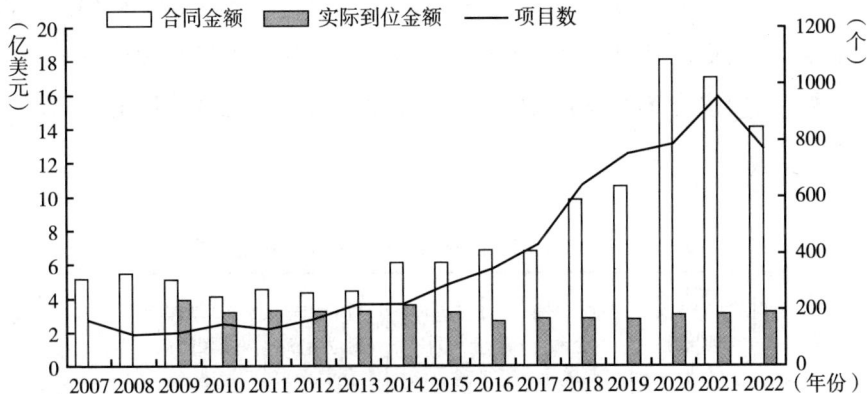

图8 2007~2022年奉贤外商直接投资情况

资料来源:历年《上海市奉贤区统计年鉴》。

（二）合资项目数有所回落，到位占比仍需加力提升

通过比较2022年上海各区吸引外资和落实外资的情况，可以看出奉贤在吸引外资和落实外资规模方面均处在上海各区的中下游水平，分别排在

第 11 位和第 12 位，特别是在落实外资规模上仍需加大力度。在上海郊区中，2022 年奉贤 14.10 亿美元的外商直接投资合同金额低于闵行的 45.60 亿美元、青浦的 20.51 亿美元、松江的 22.62 亿美元和宝山的 15.07 亿美元，高于金山的 4.86 亿美元、崇明的 1.69 亿美元。奉贤 -16.90% 的外资直接投资合同金额同比增速低于金山的 6.40%、松江的 6.20%、宝山的 2.60% 和闵行的 -9.60%，高于青浦的 -26.60%、嘉定的 -62.60% 和崇明的 -72.80%。奉贤 3.17 亿美元的外商直接投资实际到位金额低于闵行的 13.30 亿美元、嘉定的 9.00 亿美元、青浦的 9.00 亿美元、松江的 8.34 亿美元、宝山的 6.01 亿美元和金山的 2.50 亿美元，仅高于崇明的 1.78 亿美元（见表 2）。

从 FDI 到位金额占地区生产总值比重来看，奉贤 1.56% 的比重相比去年的 1.49% 有所上升，低于浦东新区的 4.65%、青浦的 4.54%、松江的 3.21%、闵行的 3.11%、崇明的 2.96%、宝山的 2.28% 和嘉定的 2.19%（见表 2）。奉贤 FDI 实际到位金额占地区生产总值的比重在上海郊区中仍然偏低，需要更加有力的政策措施落实外资，抓住自贸区新片区带来的巨大机遇，加力提升实到外资规模占比，尽最大努力向上海郊区的平均水平靠拢。

表 2　2022 年上海各区外商直接投资主要指标分布

地区	新批 FDI 项目数（个）	FDI 合同金额（亿美元）	FDI 合同金额同比增速(%)	FDI 实际到位金额（亿美元）	FDI 实际到位金额同比增速(%)	FDI 实际到位金额占各区生产总值的比重(%)
奉贤区	770	14.10	-16.90	3.17	2.90	1.56
浦东新区	1160	179.80	-25.30	110.60	3.30	4.65
黄浦区	92	17.02	3.40	10.89	16.10	2.42
徐汇区	109	14.30	5.90	7.77	0.40	2.04
长宁区	182	10.82	-5.10	6.00	0.80	2.10
静安区	221	14.20	10.16	—	—	—
普陀区	112	20.90	64.40	14.85	11.50	8.00
虹口区	98	14.32	2.40	2.75	-78.90	1.47

续表

地区	新批 FDI 项目数（个）	FDI 合同金额（亿美元）	FDI 合同金额同比增速（%）	FDI 实际到位金额（亿美元）	FDI 实际到位金额同比增速（%）	FDI 实际到位金额占各区生产总值的比重（%）
杨浦区	—	—	—	10.98	-0.30	3.56
闵行区	—	45.60	-9.60	13.30	1.30	3.11
宝山区	244	15.07	2.60	6.01	5.50	2.28
嘉定区	—	14.10	-62.60	9.00	-18.70	2.19
金山区	—	4.86	6.40	2.50	-29.10	1.50
松江区	172	22.62	6.20	8.34	33.90	3.21
青浦区	278	20.51	-26.60	9.00	-5.50	4.54
崇明区	—	1.69	-72.80	1.78	15.50	2.96

资料来源：上海各区 2022 年统计公报。

根据历年《上海市奉贤区统计年鉴》，从外商直接投资的方式来看，2022年外商独资项目数为 503 个，合同金额为 10.44 亿美元，同比下降 27.69%；中外合资项目数为 267 个，合同金额为 3.66 亿美元，同比增长 44.25%。2022年外商独资项目数和中外合资项目数在奉贤合作投资项目数均有所回落（见图9）。从外商直接投资的产业结构来看，2022 年奉贤服务业共吸收外资12.89 亿美元，同比下降 19.85%；奉贤工业吸收外资 1.22 亿美元（见图10），同比增长 35.0%；服务业吸收外资占比继续保持在 90% 以上的水平。

从外商直接投资的合同金额看，2022 年合同金额在 500 万美元及以上的大型投资项目数为 51 个，合同总额为 11.07 亿美元，同比下降 13.30%；合同金额在 500 万美元以下的中小型投资项目数为 719 个，合同总额为 3.03亿美元（见图11），同比下降 27.97%。投资规模在 500 万美元及以上的项目平均投资金额从上年的 0.19 亿美元回升至 0.21 亿美元，规模在 500 万美元以下的项目平均投资金额从上年的 47.4 万美元降低至 42.2 万美元。

（三）资金来源相对稳定，临港奉贤分区重回首位

从投资来源地来看，2022 年中国香港以 227 个投资项目数排名第一，

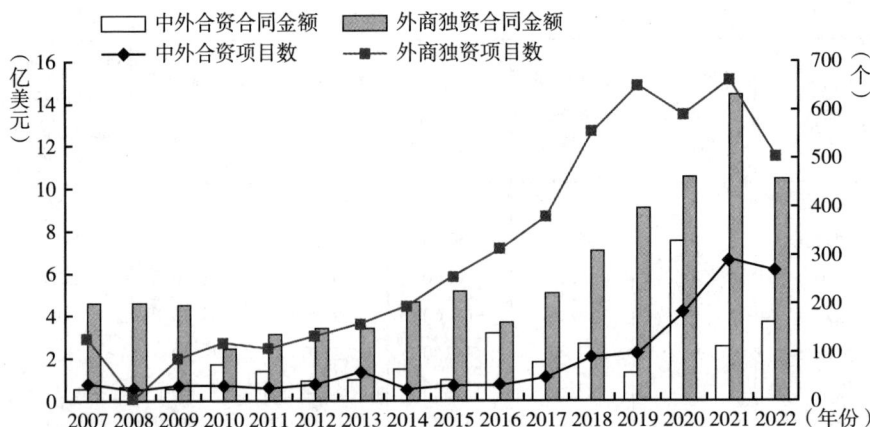

图9　2007~2022年按投资方式分奉贤外商直接投资情况

资料来源：历年《上海市奉贤区统计年鉴》。

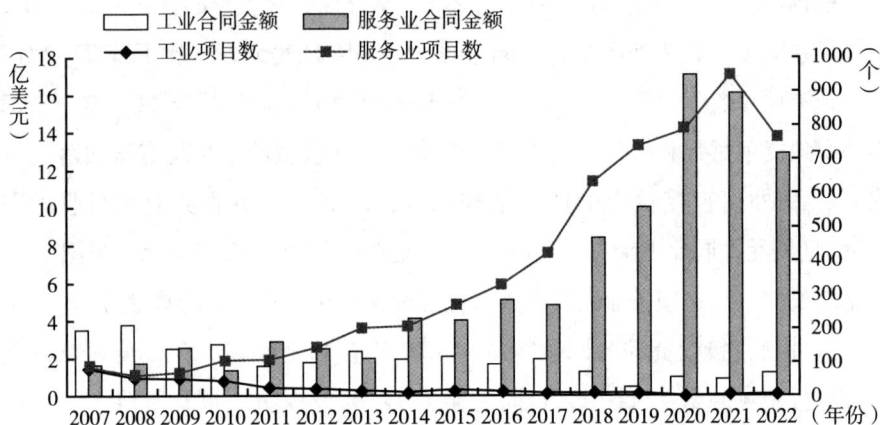

图10　2007~2022年按产业结构分奉贤外商直接投资情况

资料来源：历年《上海市奉贤区统计年鉴》。

中国台湾以168个投资项目数、美国以52个投资项目数紧随其后（见表3）。中国香港、中国台湾和美国连续两年成为奉贤外商直接投资来源地项目最多的境外地区，但投资项目数均有所回落。

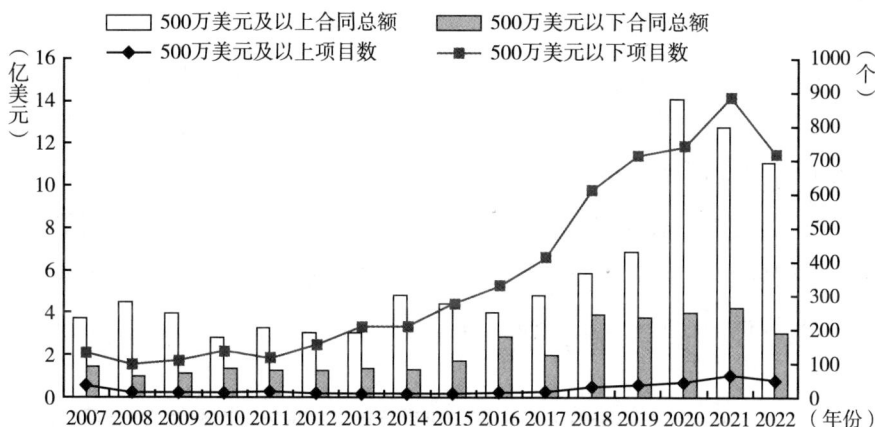

图11　2007～2022年按合同金额分奉贤外商直接投资情况

资料来源：历年《上海市奉贤区统计年鉴》。

表3　2007～2022年奉贤外商直接投资来源地排行前三名

单位：个

年份	第一名	第二名	第三名
2022	中国香港（227）	中国台湾（168）	美国（52）
2021	中国香港（263）	中国台湾（203）	美国（60）
2020	中国台湾（189）	中国香港（153）	韩国（71）
2019	中国香港（164）	中国台湾（125）	韩国（70）
2018	中国香港（142）	中国台湾（128）	韩国（81）
2017	韩国（83）	中国香港（82）	中国台湾（75）
2016	韩国（64）	中国台湾（63）	中国香港（56）
2015	中国香港（71）	中国台湾（48）	韩国（31）
2014	中国香港（49）	美国（22）	中国台湾（20）
2013	中国香港（82）	中国台湾（31）	美国（17）
2012	中国香港（49）	日本（19）	美国（17）
2011	中国香港（54）	日本（16）	美国（12）
2010	中国香港（46）	日本（19）	美国（9）
2009	日本（14）	中国香港（11）	美国（4）
2008	中国香港（28）	日本（11）	美国（6）
2007	中国香港（37）	日本（20）	美国（13）

注：括号内为项目数。

资料来源：历年《上海市奉贤区统计年鉴》。

根据历年《上海市奉贤区统计年鉴》，从吸引投资的区域来看，2022年临港奉贤分区超过综合开发区，成为奉贤吸引外资最多的地区，金额为3.54亿美元；东方美谷集团升至第二位，金额为2.28亿元；杭州湾开发区连续四年（2019~2022年）保持在第三位，金额为1.87亿元；综合开发区则降至第四位（见表4），金额为1.85亿美元。以特斯拉为龙头的新能源汽车产业链持续拉动临港奉贤分区吸引外资规模的扩大，而高能级生物医药企业的集聚则进一步提升了临港奉贤分区对外资的吸引力。

表4　2011~2022年奉贤各街镇（区）吸引外商直接投资合同金额排行前五名

年份	第一名	第二名	第三名	第四名	第五名
2022	临港奉贤分区	东方美谷集团	杭州湾开发区	综合开发区	南桥新城
2021	综合开发区	临港奉贤分区	杭州湾开发区	南桥新城	奉城镇
2020	临港奉贤分区	综合开发区	杭州湾开发区	南桥新城	东方美谷集团
2019	综合开发区	南桥新城	杭州湾开发区	青村镇	金汇镇
2018	东方美谷集团	杭州湾开发区	综合开发区	奉城镇	柘林镇
2017	综合开发区	杭州湾开发区	东方美谷集团	南桥新城	奉城镇
2016	金汇镇	综合开发区	杭州湾开发区	南桥新城	庄行镇
2015	综合开发区	杭州湾开发区	临港奉贤分区	星火开发区	生物科技园区
2014	综合开发区	金融基地	杭州湾开发区	金汇镇	海港开发区
2013	综合开发区	杭州湾开发区	南桥镇	奉城镇	青村镇
2012	综合开发区	化工区	青村镇	庄行镇	海港开发区
2011	综合开发区	化工区	临港奉贤分区	生物科技园区	柘林镇

资料来源：历年《上海市奉贤区统计年鉴》。

三　奉贤对外经济未来发展趋势与预测

当前，国际经贸格局变化的复杂性、不确定性显著增加，全球产业链重构的多元化、多样化趋势更加明显，对我国经济发展的影响持续加深。一方面，经济全球化深度调整。国际经贸格局加快重组，呈现区域贸易协定主导态势，亚洲区域生产、贸易、投资一体化和金融融合进程将加快。国际产业分工加快重构，安全与效率并重正成为跨国公司布局的战略考量，供应链本土化、区域化、短链化、备份化趋势越发明显，全球产业链、供应链调整进入窗口期。国际经贸规则加快重塑，由边境上措施为主转向边境内措施为主，我国申请加入的《区域全面经济伙伴关系协定》（RCEP）、《全面与进步跨太平洋伙伴关系协定》（CPTPP）、《数字经济伙伴关系协定》（DEPA）等都涉及知识产权保护、竞争政策、劳动和环境规则、互联网规则和数字经济等高标准规则内容。与此同时，服务全球化、数字全球化、低碳全球化趋势对全球贸易形态、跨国投资布局、国际经贸规则等影响加速显现。另一方面，高水平开放持续深化。我国继续推进更大范围、更宽领域、更深层次、更为安全的对外开放，持续深化商品、服务、资金、人才等要素流动型开放，稳步扩大规则、规制、管理、标准等制度型开放。与此同时，我国参与全球竞争合作的比较优势转向超大规模市场优势、全产业链竞争优势、科技创新潜在优势，跨国公司在华投资战略、领域、模式都发生新变化，国内企业"走出去"需求不断增加。

展望未来，服务贸易和数字贸易有望成为全球贸易竞争制高点。根据世贸组织公布的数据，过去十多年来，全球服务贸易的增长速度明显超过货物贸易的增速，服务贸易增加值已占到国际贸易总增加值的一半，服务贸易将成为全球贸易增长的新引擎。由于经济规模、经济发展阶段、要素禀赋等不同，全球各国服务贸易之间发展不平衡，服务贸易成为全球贸易竞争的制高点。首先，无论是从经济规模，还是从经济发展阶段来看，美国始终处于全球价值链的高端。一方面，美国在高端服务出口方面具有明显的优势；另一方面，中低端服务通过在劳动密集型国家配置实现对美国服务的进口。这样，无论是服务出口还是服务进口，美国长期以来在服务贸易领域都具有其他国家不可替代的优势。其次，欧洲国家和日等制造业发达的国家占据服务贸易竞争的有利位置。这些国家的优势形成了与货物相关的服务贸易竞争优势，例如德国、日本、法国和英国等，这些国家形成了制造和服务一体的网络体系。再次，发展中国家是承担离岸服务外包业务的集聚地，以印度、爱尔兰和菲律宾为主。最后，本地市场规模特别大，以中国最为典型，因而中国在服务贸易进口方面，名列全球第二。当然，中国除了本地市场规模外，还承接离岸服务外包。同时，数字化赋能促进新型贸易业态涌现，线上平台促进了 B2B、B2C、C2C 等不同形式跨境电子商务的发展，服务的可数字化程度显著提高。欧美日等正在数字服务贸易领域抢占新一轮贸易竞争的新优势。当前，我国虽然在服务贸易总额上居全球前两位，但是服务贸易出口上的竞争力与美国、英国、德国等欧美国家相比还有较大差距。同时，虽然近年来我国在数字化服务出口比重上保持稳步上升的趋势，但在绝对值上与美欧等发达国家相比仍有一定差距。服务贸易和数字贸易将成为我国参与下一轮全球贸易竞争的焦点领域。在此背景下，奉贤有责任有义务在服务贸易和数字贸易上发力，助推我国从"贸易大国"向"贸易强国"转型。

总体判断，"十四五"后半程是我国深入推进高水平对外开放的重要窗口期，奉贤要应势而动、顺势而为，抢抓自贸试验区新片区的战略机遇，深度对接国际高标准经贸规则。展望 2024 年，奉贤进出口增速预计将温和回暖，特别是进口增速将在下半年向出口增速收敛，外商直接投资合同金额和到位金额预计将比 2023 年有所增加。

B.8

2023~2024年奉贤财政形势
分析与研判

程东坡[*]

摘　要： 2022年，奉贤区经济经历了一次恢复性的增长，财政收支压力得到了显著改善。然而，一些制约经济长期发展的不利因素仍然存在。2023年，奉贤区经济保持了稳定的恢复性增长，财政收入承受了一定的压力并呈增长趋势，而支出则保持了稳步扩大。尽管如此，潜在的经济层面风险的出现，使得奉贤区的财政收支仍然面临一定的不确定性。本报告将利用奉贤区统计局公布的截至2023年8月的财政数据以及实地调研考察结果，对奉贤区的财政现状和形势进行深入细致的分析。同时，对奉贤区的未来财政状况进行了一定的预判，并提出了相应的建议。

关键词： 收支平衡　收入增长　支出控制

过去几年中上海面临严重的疫情冲击和外部冲击，通过政府、企业和社会的共同努力，上海的经济已经逐步回归正常，并呈现回稳向好的积极态势。从2022年到2023年上半年上海经济延续恢复性增长态势，高质量发展稳步推进。截至2023年上半年，上海全市生产总值达到21390.17亿元，名义增长率达到10.55%，实际增速为9.7%，成为全国唯一一个增速超过10%的城市，名列全国第一。

2022年奉贤区经受住各种超预期因素的严峻考验，全年实现地区生产

---

* 程东坡，上海社会科学院数量经济学博士研究生，主要研究方向为计量经济建模与经济决策分析、科技统计、电力统计。

总值 1371.11 亿元，同比增长 0.4%，经济运行实现承压增长。分产业看，第一产业增加值 8.93 亿元，同比下降 2.2%；第二产业增加值 882.13 亿元，同比增长 1.8%；第三产业增加值 480.05 亿元，同比下降 2.0%。受疫情冲击，第一产业和第三产业波动较大，面临一定的下滑压力，第二产业增长放缓。其中工业部分，尤其是医药制造业、汽车制造业以及电器机械和器材制造业的高增长对工业增长的拉动较为明显。临港新片区完成规模以上工业产值 763.7 亿元，同比增长 68.1%。226 家战略性新兴产业企业完成工业总产值 1161.5 亿元，同比增长 37.8%，高于全市 32.0 个百分点，为奉贤区的经济发展提供了重要的动能支撑。在工业增长放缓的同时，消费品市场受到较大冲击。2022 年奉贤区社会消费品零售总额 521.7 亿元，同比下降 7.5%。其中网络零售好于整体，但商品销售出现两位数下滑。进出口规模逆势上扬，全年进出口总额高达 1232.2 亿元，同比增长 10.2%。

2022 年奉贤区经济运行呈现回稳向好、承压增长的态势，实现地区生产总值正增长，各主要经济指标完成情况在市郊各区名列前茅，彰显经济强劲韧性。但同时，疫情依旧会对社会经济带来冲击并进一步衍生至财政收入。而整体外部环境所蕴含的不确定性，也影响社会整体对经济的预期。截至 2023 年 9 月下旬，股市汇市双双下跌的情形反映出市场整体对未来经济的悲观预期，未来经济增长是否能够保持活力，形势依旧充满了变数。

一 奉贤区财政收入状况分析

本部分主要对历年统计数据进行纵向分析，对奉贤区财政收入做一个时间轴上的跟踪，并对增长趋势做一个评估，但由于 2023 年统计年鉴尚未发布，目前只公布了统计公报，因此在部分细分数据上，无法做到详尽描述。

从图 1 可以明显地看到，自 2017 年中美贸易摩擦发生以来，奉贤区财政收入的增长率呈现下滑趋势，2019 年财政总收入甚至出现了负增长，

2021年经济恢复增长达到最高点，受疫情冲击，2022年经济运行承压增长。2022年奉贤区实现财政总收入651.42亿元（见表1），比2021年下降2.89%，其中区级财政收入222.48亿元，比2021年增长0.76%，剔除增值税留抵退税影响，同口径增长6.08%。受疫情冲击，2022年财政总收入出现下滑趋势，但区级财政收入实现承压增长，增速放缓，彰显了奉贤经济内核的活力和韧性。反复的疫情冲击和外部经济环境的变迁，给企业经营带来了极大的不确定性，尤其是制造业、融资租赁行业以及普通服务业。通过稳经济一揽子政策措施全力助企纾困，增强企业活力，实现经济恢复和重振，带动税收的增长，维持地方财政收支的健康。

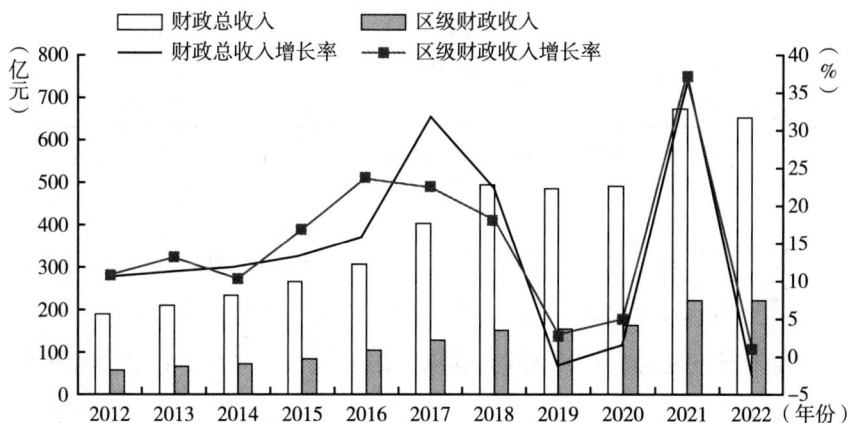

图1　2012~2022年奉贤区财政收入的变化趋势

资料来源：历年《上海市奉贤区统计年鉴》、2022年《奉贤统计公报》。

表1　2008~2023年（1~8月）奉贤区财政收入情况

单位：万元

年份	财政总收入	区级财政收入
2008	936012	285521
2009	1064601	319597
2010	1272333	404305

续表

年份	财政总收入	区级财政收入
2011	1709627	528493
2012	1884388	584138
2013	2093885	660297
2014	2341770	729109
2015	2648847	848944
2016	3061338	1048128
2017	4031974	1281111
2018	4922073	1511989
2019	4846479	1549857
2020	4911313	1615955
2021	6708156	2208010
2022	6514227	2224845
2023(1~8 月)	5158000	1595300

资料来源：历年《上海市奉贤区统计年鉴》、2023 年《奉贤统计公报》。

2023 年经济持续稳定恢复。从 2023 年月度数据来看，1~8 月财政总收入为 515.80 亿元，同比增长 12.8%；从时间分布上看，月度财政收入呈现一个稳定增长的趋势，详见图 2。据以往的财政收入分析，第二季度的财政收入占全年总收入的比重较高，但从 2022 年数据来看，全年财政收入651.42 亿元，其中第二季度贡献 106.63 亿元，占比不足全年总额的 1/5。对比 2022 年第二季度，2023 年财政收入同比增长 63.05%，可见疫情冲击对财政收入的影响之巨。值得注意的是，由于增值税留抵退税等因素影响，2023 年 3 月财政总收入同比下滑 28.2%，区级财政收入同比下滑 12.2%。随着第四季度经济持续恢复，全年财政总收入将实现增长，假设后续四个单月财政收入相比上年同期能够按照年初单月最高的增长率（4.2%）增长，2023 年财政收入将实现 10.2% 的增长。考虑到政府出台的一系列税收扶持政策，以及土地财政萎缩的趋势，2023 年奉贤财政总收入增长将远低于 10.2%。

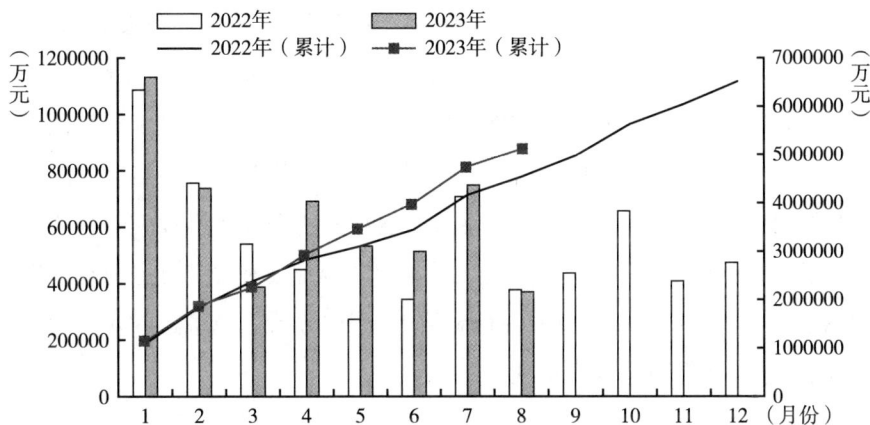

图2　2022~2023年奉贤区财政收入月度数据

资料来源：2022年、2023年《奉贤统计月报》。

（一）奉贤区财政收入结构

从奉贤区的财政收入结构来看，2022年奉贤非税收部分增速放缓，总量为48.65亿元，同比增长4.3%，占财政总收入的比例从2021年的6.95%上升至7.47%。税收部分，2022年奉贤区累计缴纳604.01亿元，相比于2021年下滑3.4%。从细分的税种来看，增值税总量占比最大，占全年税收的46.23%，共计278.67亿元，同比下滑13.2%；其次是企业所得税158.01亿元，占比26.16%，增长5.4%；消费税下滑1.0%，但总量较低，仅2.80亿元，占比0.46%；个人所得税105.01亿元，占比17.42%，增长7.0%，是四项细分税种中增长幅度最大的。个人所得税收入的持续增长，体现了奉贤区人民收入水平的增长。数据显示，2021年奉贤经济恢复增长，同比增长11.6%，在此背景下，增值税同比增长超过20%，消费税、企业所得税和个人所得税同比增长均在40%以上。受疫情冲击，税收增长的势头出现反转，增值税和消费税出现不同程度下滑，企业所得税和个人所得税承压增长。个人所得税有别于其他税种，2022年奉贤区个人所得税增速缓慢，但近三年保持正增长。从个人所得税的税源分析，2021年1~9月社会从业人员的平均工资为8815元/月，2022年同期为9423元/月，同比增长

143

6.9%，且同期从业人员数量从 220791 人上升至 226178 人，增长 2.4%。平均工资增长超过从业人员增长，极有可能意味着社会收入差距在逐渐拉大。因为累进税制，当收入向少数群体集中时，原先不需要缴税或承担较低税率的部分触发了高税率，从而使得个人所得税总额在税基没有明显扩大的情况下实现了翻倍的增长。例如视频直播带货这种具有明显头部效应的行业，就会加剧财富在社会分配时的集中化。行业的转型升级有着其自身的经济规律和客观的合理性存在，但在中央强调共同富裕的今天，隐藏的收入分配不均的可能，也需要得到充分的重视。

（二）分行业税收贡献情况

从产业角度来看，虽然税收总额下降，但税收贡献结构稳定。2022 年，除第一产业外，第二产业和第三产业税收均出现小幅下滑（见表2）。2022 年第二产业税收贡献 246.79 亿元，同比下滑 2.8%，贡献 40.86%，较上年增加 0.23 个百分点；第三产业税收贡献 356.91 亿元，同比下滑 3.7%，贡献 59.09%。

从行业细分来看，第二产业中，电气机械和器材制造业的产值最大，占 2022 年全部工业产值的 20.91%；其次是汽车制造业以及化学原料和化学制品制造业，分别占比 13.96% 和 10.33%；医药制造业占比 8.66%，专用设备制造业占比 8.65%，通用设备制造业占比 6.45%，其余行业的生产总值均不足整体生产总值的 5%。在以上这些产值占比较大的领头行业中，增速最快的是电气机械和器材制造业，同比增长 97.8%；其次是皮革、毛皮、羽毛及其制品和制鞋业，同比增长 32.6%；居于第三的是汽车制造业，同比增长 30.4%。2023 年经济运行恢复性增长，电气机械和器材制造业，石油加工、炼焦和核燃料加工业，电力、热力生产和供应业以及仪器仪表制造业等行业增速超过 30%，但同时，有诸多行业陷入不同程度的衰退，其中化学纤维制造业衰退幅度最大，为 77.1%。2022 年工业产值的全面衰退，一方面是受到疫情的影响，另一方面是受到国际环境局势的冲击。俄乌冲突的升级加剧了能源价格的上涨，同时美国对中国展开了新一轮的芯片制裁，这在未来很有可能对一些需要芯片支撑的设备的生产制造业带来冲击。

表2 2018~2023年（1~8月）奉贤区分行业税收情况

单位：万元

	2018年	2019年	2020年	2021年	2022年	2023年1~8月
税收总收入	4683000.2	4609800.0	4627126	6250000	6040136	4789403
第一产业	5851.5	2866.4	2857	2788	3073	2672
第二产业	2632437.6	2535031.0	2125069	2539165	2467940	1957760
工业	2405422.9	2299211.0	1877689	2179289	2120104	1687681
建筑业	227014.6	235820.6	247380	359876	1128215	890703
第三产业	2044711.2	2071902.0	2499200	3708047	3569123	2828972
交通运输、仓储及邮政业	94399.2	87763.0	91203	131010	68251	83207
信息传输、计算机服务和软件业	43775.2	45513.8	85901	146400	149405	130703
批发和零售业	717837.2	721580.5	793084	1115761	1199472	979050
住宿和餐饮业	6434.6	5978.3	3323	4841	8350	7874
金融业	30141.8	33191.8	62366	162001	232811	137026
房地产业	464908.5	440598.7	540168	754914	510535	392793
租赁和商务服务业	398739.6	443848.6	625160	947541	904562	709190
科学研究和技术服务业	170291.6	182272.0	205483	313641	349990	264671
居民服务和其他服务业	66469.8	57322.9	42925	54125	66167	53456
教育	5443.8	4046.0	2492			
卫生、社会保障和社会福利业	2308.9	4229.2	1572			
文化、体育和娱乐业	18625.2	26316.8	21684			
公共管理和社会组织	10254.5	3294.7	2519			
其他行业	13.2	5494.0	13664			

资料来源：历年《上海市奉贤区统计年鉴》及2022年、2023年《奉贤统计月报》。

在第三产业，截至 2023 年 8 月底，批发和零售业的税收贡献是最大的，贡献税收 97.91 亿元，占第三产业税收总额的 34.61%；其次是租赁和商业服务业，贡献税收 70.92 亿元，占比 25.07%；房地产业贡献税收 39.28 亿元，占比 13.88%。疫情后经济恢复增长，住宿和餐饮业的税收增长是最明显的，达到了 4966.7%；其次是交通运输、仓储及邮政业，相比 2022 年同期增长 168.9%，但是这两类行业在奉贤区第三产业的税收占比不高，因此对整体税收增长影响不大。而税收占比最高的批发和零售业增长 24.5%，租赁和商务服务业增长 9.8%，房地产业增长 11.0%。截至 2023 年 8 月底，第三产业中仅金融业出现 16.9% 的下滑。金融业下滑主要有以下两个方面的原因：一是疫情冲击造成企业经营困难，存款下滑；二是受房地产业整体下行的影响。受房地产市场的影响，个人住房贷款下滑严重，因此金融业的低迷状态很可能还要持续。此外，租赁和商务服务业的业务对象是制造业，其为制造业企业提供厂房设备等的融资租赁服务，如果制造业经济下滑，也会进一步反映到租赁和商业服务业上。

二 奉贤区财政支出状况分析

（一）2022年奉贤区财政支出概况

2022 年奉贤区财政一般预算支出 336.8 亿元，同比增长 1.3%，基金预算支出 187.5 亿元，同比增长 39.1%，合计支出 524.3 亿元，同比增长 12.2% 左右（见图 3）。虽然财政支出相较往年有了较大幅度的增长，但是得益于稳定的财政收入，奉贤区的财政盈余仅下降至 127.1 亿元，仅次于 2021 年，这为政府有效地行使自身职能提供了充足的资金支持。

从具体的财政支出细则来看，2022 年的区级各项财政中，最大额的支出项目是教育，为 36.38 亿元，同比增长 12.4%。另外，在节能环保、医疗卫生支出、文化体育与传媒、社会保障和就业、一般公共服务等方面相较上年都有了较大的增长（见表 3）。

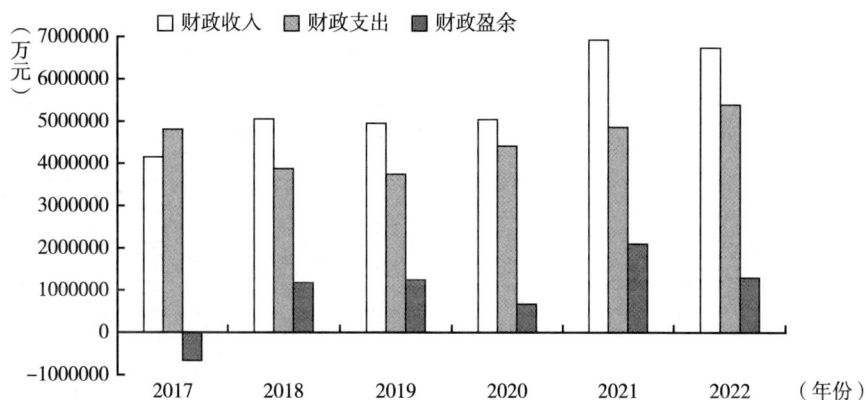

图3 2017~2022年奉贤区财政收支情况

资料来源：历年《上海市奉贤区统计年鉴》及2022年《奉贤统计公报》。

在教育方面，奉贤区幼儿园在园生25526人，专任教师2015人；小学在校生38569人，专任教师2673人；初中生20299人，专任教师2090人；高中生6724人，专任教师705人；共计基础教育学生91118人，教师7483人。此外，建成上师大附属奉贤实验中学和美乐谷幼儿园等6所幼儿园。加快推进青少年活动中心（"海之花"）、致远高中迁建、华二临港奉贤分校、奉贤世外学校以及万顺路学校、运河路小学、高丰路小学、南港路幼儿园、定康路幼儿园、汇贤雅苑幼儿园、徐家路幼儿园等项目建设。与上海外国语大学合作举办上外附中、附小、附幼，与东华大学、上海大学达成合作办学意向。落实幼有善育，优化托育服务，新建5个普惠性托育点，新建1个社区"宝宝屋"。

在农业方面，现代农业发展实现新突破，美丽乡村建设达到新高度。强化科技赋能、数字赋能，完成11个都市现代农业项目建设，完成10个街镇级云平台建设并全部开通使用，积极实践5G数字化无人农场，成功首试水稻无人化收割。推动现代农业经营主体培育，累计创建区级及以上龙头企业33家、示范社131家。资福、谷满香、腾达兔业3家合作社获评"全国首批生态农场"称号。成功创建4个市级乡村振兴示范村和7个市级美丽乡村

表3　2018~2023年（1~8月）奉贤区财政支出状况

单位：万元，%

预算科目	2018年	2019年	2020年	2021年	2022年	2023年1~8月
支出总计	3756605.0	4325234	4271144	4673804	5242827(12.2)	5115752(12.8)
一般预算支出合计	2728277.0	2891485	2592170	3325960	3367887(1.3)	2354324(27.4)
其中:市专项支出	599881.6	634222	355585			
区本级合计	1907613.9	2039933	1781060			
一、一般公共服务	82993.9	85503	82607	84369	102130(21.1)	66966(-6.5)
二、国防	3305.8	3915	2478	2360	2643(12.0)	1814(-0.9)
三、公共安全	99128.7	98246	109359	114517	121920(6.5)	77397(10.3)
四、教育	280588.3	296858	326710	323739	363813(12.4)	239019(23.0)
五、科学技术	31619.2	33513	49874	55502	51911(-6.5)	33889(56.1)
六、文化体育与传媒	25862.3	23513	27434	36019	63948(77.5)	33359(-17.2)
七、社会保障和就业	163098.5	220640	175473	188593	216197(14.6)	180918(24.5)
八、医疗卫生	107408.3	124635	132791	142121	274298(93.0)	168828(10.1)
九、节能环保	46511.0	39094	29867	19084	41666(118.3)	13520(-56.8)
十、城乡社区事务	198823.0	282537	161404	226597	157964(-30.3)	126671(26.7)
十一、农林水事务	326647.6	321889	293348	299913	247045(-17.6)	170294(-24.3)
十二、交通运输	254576.9	220152	59197			
十三、资源勘探电力信息等事务	144000.8	119425	134098	227845	200214(12.1)	194572(29.9)

续表

预算科目	2018年	2019年	2020年	2021年	2022年	2023年1~8月
十四、商业服务业等事务	1728.6	207	230			
十五、金融监管等事务	25.0	10	0			
十六、国土海洋气象等服务	4207.5	5148	5164			
十七、住房保障	51254.1	59309	76026	85947	80662(-6.1)	61702(9.2)
十八、粮油物资管理事务	2890.0	3954	11953			
十九、国债还本付息	82666.6	90177	91624			
二十、其他	277.7	411	137			
转移性支出	820662.8	851552	811111			
基金预算支出合计	1018144.0	1423700	1671451	1347844	1874940(39.1)	934299(-19.9)

注：括号内为同比增长率。

资料来源：历年《上海市奉贤区统计年鉴》。

示范村，累计创建市级乡村振兴示范村 13 个、市级美丽乡村示范村 36 个。完成序化农村杆线 60 公里，新改建公共服务设施建设项目 57 个，村内破损道路改造 100 多公里，村内破损桥梁改造 59 座，建设农村生活污水处理设施 10500户，"四好农村路"建设 55 公里，建设"小三园" 4235 户。庄行镇芦泾村、奉城镇八字村探索试点确权登记颁证，探索"共享宅基"、宅基地股权化等新模式。

在社会保障和就业方面，奉贤区 2022 年新增就业岗位 1.95 万个，完成职业技能培训 6.04 万人次，帮助 436 名长期失业青年实现就业，帮扶引领成功创业 509 人，其中帮扶青年大学生 351 人，将户籍登记失业人数控制在8300 人以内。

（二）2023年奉贤区财政支出情况及短期趋势

2023 年奉贤区财政支出的增长趋势并未得到减缓，截至 8 月，奉贤区财政一般预算支出 235.43 亿元，结合基金预算支出 93.43 亿元，合计328.86 亿元，同比增长 1.48%。其中科学技术方面支出巨大，同比增长56.1%，其次是城乡社区事务，支出增长 26.7%。受到新冠疫情影响，2023年的医疗卫生支出也大幅度增长，同比增长 10.1%，疫情对经济造成的冲击导致部分失业现象，使得社会保障和就业支出增加 24.5%。预计 2023 年财政总支出依旧会保持增长趋势，而财政收入相对上年却有所增加，财政盈余稳定增长。未来，为遏制经济下行造成的失业现象加剧以及外部势力的技术封锁，应该会在教育、科学技术以及社会保障和就业方面加大支出。此外为实现"双碳"目标，也将会增加节能环保方面的公共支出。

三 奉贤区财政收支总结和潜在问题

（一）奉贤区财政收支小结

2022 年受疫情冲击，财政收入小幅下滑，财政支出大幅增加，财政盈余大幅缩减。2023年财政收入恢复性承压增长，截至2023年8月通过政府、企业和社会的共同努力，无论是整体还是单月财政收入都已经逐步恢复正常，实现承压增长。按照当前的持续增长趋势，奉贤区有望在2023年实现同比为8%~10%的财政收入增长。另外，奉贤区财政支出正在稳步增加。奉贤区政府通过增加教育、社会保障和就业、医疗卫生、城乡社区事务等重点方面的支出，增强区域创新能力，改善居民生活，推动经济可持续增长。

综合来看，奉贤区的财政收入依旧远高于支出水平，2023年预计在财政收入增长、支出提升的情况下，整体收支平衡状况依旧是健康的，但奉贤区财政盈余规模将大概率缩减。而长期来看，财政收入增长的趋势不甚明朗，由于外部环境的不确定性，短期经济虽然从疫情冲击中较快得到了恢复，但长期的增长趋势依旧面临很大的不确定性。俄乌冲突带来的能源价格波动以及美国的芯片制裁，都会极大地影响奉贤区工业经济的发展。而制造业受挫、投资减少又会对租赁和商务服务业造成冲击，疫情的潜在风险也在威胁着其他服务业。而奉贤区在财政支出层面的上升趋势并没有缩减的迹象，此外，经济下行导致潜在的失业，都有可能进一步提高财政的支出需求。虽然目前较高的财政盈余在短期内为财政收支平衡留下了足够的缓冲，但长期来看依旧需要留意，而振兴经济、加大税收贡献是保持财政收支健康的根本途径。

（二）潜在的问题和建议

1. 税收依赖于特定行业，不利于经济的可持续性增长

奉贤区税收依赖于第二产业和第三产业。截至2023年8月，第二产业中工业产值依赖于电气机械和器材制造业、汽车制造业、化学原料和化学制品制造业、医疗制造业等产业，同比实现税收10.2%的增长。从工业细分行业上看，支柱产业中电气机械和器材制造业、汽车制造业、化学原料和化学制品制造业税收贡献较大，但医疗制造业产值同比下滑20%。从总产值来看，诸多工业行业出现下滑，但依靠主要产业的强势拉动，依然实现两位数的税收增长。奉贤区的主要工业依赖于全球供应链，易受到经济动荡或全

球贸易紧张的影响。这些行业可能高度依赖特定原材料，如稀有金属、化学原料等。原材料价格波动或供应不稳定可能对生产成本造成影响。特别是化学制品制造业，可能面临"双碳"目标下日益严格的环保法规约束。环境政策的变化可能增加运营成本或限制某些产品的生产。同时，在经济不确定性的背景下，获取资金可能更加困难，投资减少可能影响到这些行业的发展和创新。这些因素给制造业的稳定健康发展带来诸多不确定性，通过医疗制造业产值严重下滑以及多行业衰退可见一斑。第三产业中金融业税收贡献同比下降16.9%，税收缩减通常反映了行业的收入减少。对于金融业而言，这可能意味着投资减少、信贷需求下降，或者利润率降低，这些都可能是金融市场放缓或经济疲软的迹象。金融业作为经济的"晴雨表"，其收入的下降可能预示着更广泛的经济问题。这可能包括企业和消费者信心下降，导致贷款和投资活动减少。房地产业受到整体经济环境和国家政策影响，对金融业发展造成巨大冲击。房屋销售量和价格下降，导致对房贷的需求减少。金融机构的房地产贷款业务减少将直接影响其收入和利润，从而减少其应缴的税收。同时，房价下跌可能导致更多房贷陷入负资产危机（贷款余额超过房产价值），增加不良贷款的风险。这不仅影响金融机构的盈利能力，也影响其税收贡献。房地产市场的不振可能影响到整个区域的投资气氛，降低金融市场的活跃度，从而进一步影响金融机构的业务量和税收贡献。

为应对潜在的风险，奉贤区可以采取多元化产业发展策略，加强技术创新和研发，优化供应链管理，以及适应环保法规等措施，以提高整个区域工业的稳定性和可持续性。同时，通过增强与国内外市场的合作，可以缓解对单一市场的依赖，降低经济动荡带来的影响。健康的金融系统可以支持更广泛的经济活动，降低区域经济对单一行业的依赖，从而增加经济的稳定性和抵御风险的能力。金融业提供了必要的资本和信贷服务，支持当地企业发展，促进创新和发展，这对于区域内各行各业的发展至关重要。针对金融业的萎靡现状，相关部门应强化金融监管，提高对高风险投资的监控，加强风险评估和管理，促进金融市场多元化，提高公众和企业对金融风险的认识，激励金融机构的合规行为，建立紧急应对金融危机的机制，加强国际合作以共同应对跨国界的金融风险。通过这些措施，可以增强金融市场的稳定性和区域经济的可持续发展能力。

2. 社会经济预期不确定性加剧

整体经济面临下行压力，给企业经营带来了极大的不确定性。尤其是中小企业自身体量较小，抗风险能力较弱，面对经济的不确定性，中小企业会在投资时趋于保守，缩减经营规模甚至停业以减少损失。当这种情况传达给其他企业时，则会进一步影响社会对整体经济的预期。截至 2023 年 9 月，奉贤区外商投资企业税收累计贡献 88.71 亿元，同比缩减了 20.9%。而近日股市的低迷，说明在全国层面经济面临下行压力。

未来经济的不确定性来自两方面，一方面是整体的经济环境；另一方面则是技术变革冲击。技术进步和创新可能颠覆现有的产业结构和商业模式，对地方经济造成影响，尤其是对那些依赖特定传统产业的地区。技术的快速变革和市场竞争的加剧可能影响某些外商投资企业的市场份额和盈利模式。整体经济形势的不稳定，则会影响地方经济的稳定。

为应对这些挑战，政府和企业需要共同努力，通过优化投资环境、增强市场活力、提高供应链的稳定性等措施，来维持和增强企业的经济活动和税收贡献。同时加强公共服务和基础设施建设，并鼓励创新和技术发展。具体来说，继续加大对教育、医疗和基础设施的投入，提高居民生活质量，促进长期稳定发展；支持企业的创新和技术升级，提高产品和服务的竞争力。风险的本质是不确定性，降低其不确定性就是帮助企业降低风险。只有企业有活力，经济才能得到增长，才能带动税收的增长，从而维持财政收支平衡的健康发展。

B.9
2023~2024年奉贤房地产
发展形势分析与研判

谢婼青*

摘　要： 房地产业是国民经济的支柱产业，在恢复和扩大消费方面起着重要的作用。2023年7月24日，中共中央政治局会议明确，适应我国房地产市场供求关系发生重大变化的新形势，适时调整优化房地产政策，因城施策用好政策工具箱。2021年以来，在房地产行业去杠杆化的大背景下，房地产企业遭遇资金流动性不足和偿债高峰期来临的双重压力，整个行业进入深度调整期。奉贤房地产市场积极克服行业周期调整、新冠疫情等叠加因素带来的影响，加快推进商品住房项目上市销售，有效提升房地产市场对全区经济恢复的整体贡献率。2023年奉贤房地产市场呈现收缩的趋势，房屋施工面积和新开工面积同比下降较快，商品房销售面积和销售额均未恢复至疫情前的水平。随着上海"认房不用认贷"等新政出台和落地，奉贤将释放改善性住房需求，支持居民提升居住品质、改善群众居住条件。

关键词： 房地产市场　周期调整　去杠杆化　健康平稳发展

一　2023年上海市房地产市场发展情况和相关政策

（一）2023年上海市及各区房地产市场发展情况比较

2023年7月24日，中共中央政治局会议明确，适应我国房地产市场供

---

* 谢婼青，经济学博士，上海社会科学院数量经济研究中心、经济研究所副研究员，主要研究方向为计量经济建模与经济决策分析、金融统计与风险管理、科技统计。

求关系发生重大变化的新形势，适时调整优化房地产政策，因城施策用好政策工具箱。7月31日，国务院常务会议提出，根据不同需求、不同城市等推出有利于房地产市场平稳健康发展的政策举措，加快研究构建房地产业新发展模式。在过去一段时间内，上海推出限购、限贷、限价、限售的"四限"政策，一定程度上起到稳楼市的作用。但是为更好地满足刚性和改善性住房需求，9月1日，上海开始执行购买首套房贷款"认房不用认贷"的政策措施。

2023年上半年，上海房地产业增加值1813.07亿元，同比增长9.2%。全市房地产开发投资与上年同期相比增长37.5%，其中，住宅同比增长44.3%，办公楼和商业营业用房同比增长速度较小，分别是18.0%和30.3%（见表1）。值得注意的是，2022年4月至5月是大上海保卫战，因此，考虑大上海保卫战的因素，住宅的开发投资同比增长较高，而办公楼和商业营业用房的增长速度低于2022年上半年的下降速度，整体而言，两者与2021年上半年的开发投资相比均是下降的。在房地产经营方面，2023年上半年上海全市房屋建筑的施工面积是14906.07万平方米，与上年同期相比增长3.9%，其中住宅6821.00万平方米，同比增长5.1%，可见上海建筑施工局面较为稳定。但是，新开工面积876.94万平方米，同比增长38.2%，竣工面积864.86万平方米，同比增长57.7%，与上年同期相比，增长速度不及上年下跌速度，体现上海建筑新开工和竣工方面未实现全面恢复。在房地产销售方面，2023年上半年全市销售面积777.08万平方米，同比增长21.8%，也不及上年同期下跌速度，而住宅销售643.92万平方米，同比增长20.2%，高于上年同期下跌速度（19.8%），住宅销售恢复情况较好。

从2023年前三季度来看，上海全市房地产开发投资同比增长25.3%，其中住宅同比增长32.1%，办公楼同比增长4.6%，商业营业用房同比增长15.2%（见表1）。可以看到，上海2023年前三季度房地产开发投资的增长速度相比于上半年有明显的回落，不及2021年水平，体现上海房地产开发投资的疲软还未恢复。从房地产经营情况来看，前三季度，上海全市施工面积、新开工面积、竣工面积的同比增长速度也均回落，其中新开工面积同比下降3.7%，房地产经营情况低迷。从房地产销售情况看，全市前三季度房屋销售面积为1282.05万平方米，同比增长6.7%，其中住宅销售面积为1069.45万平方米，同比增长5.4%。随着2023年7月中央政治局明确我国房地产市场供求关系发生重大变化的新形势，全国各地因城施策，上海逐渐放松"四限"政策，房地产市场将逐渐回暖。

表1　上海市2023年1~9月房地产开发和经营概况

指标	1~6月	同比增长（%）	1~9月	同比增长
房地产开发投资（亿元）	—	37.5	—	25.3
住宅	—	44.3	—	32.1
办公楼	—	18.0	—	4.6
商业营业用房	—	30.3	—	15.2
房屋建筑、销售面积（万平方米）	—	—	—	—
施工面积	14906.07	3.9	15893.09	3.4
住宅	6821.00	5.1	7387.51	5.1
新开工面积	876.94	38.2	1602.11	-3.7
住宅	526.88	52.6	908.02	-2.9
竣工面积	864.86	57.7	1203.68	32.6
住宅	494.90	43.6	711.82	47.3
销售面积	777.08	21.8	1282.05	6.7
住宅	643.92	20.2	1069.45	5.4

资料来源：2023年上海市统计局、国家统计局上海调查总队统计数据。

2022年全年，上海中心城区成片二级旧里以下房屋改造20万平方米、受益居民1.1万户，历经30年的中心城区成片二级旧里以下房屋改造任务画上圆满句号。制定出台加快推进"两旧一村"改造实施意见，实施不成套旧住房改造24.5万平方米，新认定城中村改造项目8个，完成旧住房更新改造1295万平方米。《上海市住房租赁条例》修订施行，全年建设筹措保障性租赁住房18万套（间）。

表2是上海市各区2021年房地产经营建设和房屋存量情况。

在房屋建筑和施工方面，2021年上海全市房屋施工面积达到54802.86

万平方米，同比增长1.87%，增速逐渐放缓。其中，浦东新区房屋施工面积为21137.38万平方米，在全市各区中排名第一；奉贤区房屋施工面积为1098.07万平方米，在全市各区中排名第七，在上海郊区中位列第一，远高于嘉定区、松江区、青浦区、金山区等。但是，从房屋竣工面积来看，奉贤区2021年房屋竣工面积是85.80万平方米，远低于嘉定区（406.70万平方米）和松江区（239.65万平方米），在全市仅位列第十。因此，奉贤区的房屋更多处于施工周期，还未实现竣工，在未来一段时间内可实现房屋供给量的增加。

从房屋存量上来看，2021年上海全市房屋总量达到150808万平方米，同比增长3.70%，其中浦东新区房屋总量达到35118万平方米，居全市首位。奉贤区房屋总量是8396万平方米，与上年同期相比增长7.83%，在全市各区中排名第六，与上年相比上升一位，超过青浦区（8274万平方米），在郊区中仅次于松江区和嘉定区。随着新城建设进程的不断推进，奉贤区房地产经营建设将持续推进，房屋竣工面积将增加，房屋供给量实现增长。

表2　上海市各区2021年房地产经营建设和房屋存量情况

单位：万平方米

地　区	房　屋施工面积	房　屋竣工面积	其　中居住房屋	全部房屋合　计	其　中	
					居住房屋	非居住房屋
总　计	54802.86	9232.42	4967.06	150808	72864	77944
浦东新区	21137.38	2482.75	1076.96	35118	17142	17975
黄浦区	172.41	27.27	18.44	3954	1673	2281
徐汇区	673.10	68.39	25.00	6633	3604	3029
长宁区	4436.66	1156.25	641.35	4355	2429	1926
静安区	858.72	56.81	40.25	6178	3147	3031
普陀区	4910.74	1108.26	779.18	6423	3823	2600
虹口区	4408.59	1063.31	577.14	3914	2180	1734
杨浦区	553.80	162.11	101.80	6356	3459	2897
闵行区	7176.15	944.66	593.66	16919	8481	8438
宝山区	6875.09	1286.47	588.03	11760	6645	5115

地 区	房屋施工面积	房屋竣工面积	其中居住房屋	全部房屋合计	其中	
					居住房屋	非居住房屋
嘉定区	878.05	406.70	364.94	10894	4759	6135
金山区	433.18	67.28	24.27	5942	2120	3822
松江区	870.64	239.65	73.37	12763	5523	7240
青浦区	255.53	67.93	20.16	8274	3109	5165
奉贤区	1098.07	85.80	41.83	8396	3279	5117
崇明区	64.74	8.78	0.69	2927	1489	1438

资料来源：2022年《上海统计年鉴》。

（二）2023年上海市房地产相关政策

房地产业是国民经济的支柱产业，在恢复和扩大消费方面起着重要的作用。2021年以来，在房地产行业去杠杆化的大背景下，房地产企业遭遇资金流动性不足和偿债高峰期来临的双重压力，整个行业进入深度调整期。在过去一段时间内，上海推出限购、限贷、限价、限售的"四限"政策，坚持"房住不炒"的原则，稳定房地产市场。当前，房地产市场供求关系发生变化，为更好满足刚性和改善性住房需求，上海积极探索一条适合上海的房地产高质量发展道路。

在房贷利率方面，多次下调房贷利率，截至2023年6月20日，住房贷款5年期以上LPR利率已达到4.2%，同时降低存量首套住房贷款利率。在税收方面，财政部、国家税务总局、住房和城乡建设部将置换可退个税政策延续到2025年12月31日；同时，继续实施公共租赁住房的税收优惠政策。在限贷方面，9月1日，上海开始执行购买首套房贷款"认房不用认贷"的政策措施，这是从2016年上海开始执行"认房又认贷"政策以来的首次松绑。在公积金政策方面，上海调整存量住房公积金最长贷款期限，有利于市场置换交易，支持居民提升居住品质、改善群众居住条件（见表3）。

表3　2023年1~9月与上海房地产市场相关的政策梳理

发布时间	政策支持	发布部门	核心内容
6月20日	下调房贷利率	中国人民银行	银行个人房贷以最新5年期LPR利率定价,房贷利率下调10个基点,5年期以上LPR为4.2%
7月24日	适时调整优化房地产政策	中央政治局会议	适应我国房地产市场供求关系发生重大变化的新形势,适时调整优化房地产政策,因城施策用好政策工具箱,更好满足居民刚性和改善性住房需求
7月31日	需求端因城施策	国务院常务会议	要调整优化房地产政策,根据不同需求、不同城市等推出有利于房地产市场平稳健康发展的政策举措
8月25日	置换可退个税	财政部、国家税务总局、住房和城乡建设部	自2024年1月1日至2025年12月31日,对出售自有住房并在现住房出售后1年内在市场重新购买住房的纳税人,对其出售现住房已缴纳的个人所得税予以退税优惠
8月25日	公共租赁住房税收优惠	财政部、国家税务总局	为继续支持公共租赁住房建设和运营,近日,财政部、国家税务总局发布公告,继续实施公共租赁住房税收优惠政策
8月31日	降低存量首套住房贷款利率	中国人民银行	对于符合条件的存量住房贷款,自2023年9月25日起,可由借款人主动向承贷银行提出申请,变更合同约定的住房贷款利率加点幅度
9月1日	认房不用认贷	上海四部门	家庭成员在上海市名下无成套住房的,不论是否已利用贷款购买过住房,银行业金融机构均按首套住房执行住房信贷政策
9月8日	住房公积金调整	上海市住房公积金管理委员会	对借款人购买6(含)~35年之间房龄的存量住房的住房公积金最长贷款期限进行调整。对纳入上海市城市更新范围内的旧住房更新改造项目实施住房公积金支持政策

资料来源：作者根据公开资料整理。

奉贤区始终牢牢坚持"房子是用来住的、不是用来炒的"定位,深入贯彻落实上海市房地产市场稳地价、稳房价、稳预期的长期目标。2023年以来,奉贤区积极克服行业周期调整、新冠疫情等叠加因素带来的影响,加快推进商品住房项目上市销售,进一步规范房地产市场秩序,做好保交楼、稳民生的各项工作,促进奉贤区房地产市场健康平稳发展,有效提升房地产市场对全区的经济整体贡献率。奉贤区抢抓新冠疫情后房地产行业的政策优化调整期,因区施策,用足用好政策工具,与上海市、临港新片区管委会进行多轮工作对接,积极争取奉贤新城的人才住房政策、临港新片区全域实施人才购房政策的落地,从而引导更多购房需求的合理释放,提升奉贤区房地产市场销售。

二 2023年1~9月奉贤区房地产市场主要指标分析

(一)2023年1~9月奉贤区房地产市场开发和经营情况

2022~2023年,奉贤整体房地产市场呈现收缩的趋势。2022年全年实现房地产业增加值75.86亿元,同比下降5.3%;全年房地产开发投资259.8亿元,比上年下降15.2%。2023年上半年,奉贤完成投资118.18亿元,同比增长25.7%,考虑2022年上半年的大上海保卫战因素,2023年上半年还未恢复到2021年同期水平。2023年前三季度,奉贤区房地产完成投资额为184.01亿元,同比增长7.9%(见表4)。

从房地产经营情况来看,2022年全年,奉贤区房屋施工面积为1421.4万平方米,同比增长7.2%;房屋竣工面积为308.2万平方米,同比增长174.4%。2023年上半年,奉贤区房屋施工面积为959.36万平方米,同比下降19.5%,其中新开工面积为38.36万平方米,同比下降16.6%。2023年前三季度与上年同期相比下降速度加快,房屋施工面积和新开工面积同比分别下降21.2%和65.4%。在房屋竣工面积方面,2023年上半年,奉贤全区房屋竣工面积为30.61万平方米,同比下降66.2%,其中住宅竣工面积为19.85万平方米,同比下降69.0%。2023年前三季度与上年同期相比下降速度放缓,房屋竣工面积和住宅竣工面积同比分别下降44.8%和39.3%(见表4)。

可以看到,2023年奉贤在房地产施工和竣工方面规模有所收缩。据前期研究，2022年1~9月奉贤区房屋竣工面积1072562平方米，同比增长84.2%，其中住宅699627平方米，同比增长235.8%。通过与表2中2021年奉贤区房屋施工面积和房屋竣工面积数据对比发现，2022年奉贤全区房屋竣工面积得到供应量的释放，有显著的增长，而竣工面积滞后于施工面积，2023年竣工面积下降速度快的主要原因是2022年奉贤区施工面积和新开工面积同比下降较多。2023年前三季度的竣工面积下降速度放缓，施工面积下降速度加快，这将造成未来一两年房屋竣工面积的进一步下降，这是值得注意的趋势。

表4　2023年1~9月奉贤区房地产市场开发和经营情况

	1~6月累计	同比增长（%）	1~9月累计	同比增长（%）
房地产开发企业（户）	165	—	167	—
自开始建设累计完成投资（万元）	11148067	3.0	12017797	2.7
本年完成投资（万元）	1181823	25.7	1840078	7.9
房屋施工面积（平方米）	9593566	−19.5	10489879	−21.2
新开工面积	383607	−16.6	641671	−65.4
房屋竣工面积（平方米）	306116	−66.2	592556	−44.8
住宅	198498	−69.0	424501	−39.3

资料来源：《奉贤统计月报》。

从具体项目来看，2023年，奉贤区纳入促投范围的房地产项目有58个，全年计划总投资额251亿元，比上年计划增加6%。截至6月底，奉贤区累计完成投资额109.2亿元，同比增加32.5%，完成年度指标的43.5%。其中，在建续建项目共45个，与上年相比减少13个，计划投资额约199.9亿元，同比增加7%，占总投资额的79.6%，已完成投资额103.9亿元，完成率为51.9%。计划开工项目13个，占地面积约72万平方米，计划投资额约51.2亿元，同比增加3%，占计划总投资额的20.4%，包括商品住宅5个、商住办1个、商办4个、区属保障房3个。商办项目新城16单元30~11地块和商品住宅项目新城16单元28~05地块已开工纳统，已完成投资额5.3亿元，完成率为

10.3%。2023年计划供地24幅，其中商品住宅9幅、商住办3幅、商办5幅、区属保障性住房2幅、租赁住房3幅、其他用地2幅。截至5月底，已完成供地4幅，包括商品住宅2幅、商住办1幅、区属保障性住房1幅。

（二）2023年1~9月奉贤区房地产市场销售情况

2022~2023年，奉贤全区房地产市场销售收缩。2022年，奉贤商品房销售面积为130.8万平方米，同比下降20.8%，其中，住宅销售面积为121.4万平方米，同比下降19.2%；全区待售面积为181.9万平方米，同比下降3.9%。2023年上半年，奉贤商品房销售面积为51.13万平方米，同比下降39.4%，其中现房销售面积为18.75万平方米，下降速度较快，同比下降70.7%。从2023年前三季度来看，奉贤商品房销售面积下降速度有所收窄，同比下降31.5%，现房销售面积同比下降54.3%（见表5）。可以看到，2022~2023年，奉贤全区商品房销售面积下降速度较快，没有恢复到疫情前的水平。

从销售金额来看，2022年，奉贤全区商品房销售额为266.1亿元，同比下降34.1%。2023年上半年的商品房销售额为133.84亿元，同比增长5.8%，其中现房销售额为18.33亿元，同比下降69.6%；期房销售额为115.51亿元，同比增长74.7%。从2023年前三季度来看，奉贤商品房销售额为191.39亿元，同比下降7.1%，其中现房销售额为37.33亿元，同比下降48.2%，下降幅度逐渐收窄；期房销售额为154.06亿元，同比增长15.0%（见表5）。可以看到，2023年，奉贤全区商品房销售额逐渐恢复，但是不及2021年之前的水平，2023年前三季度的增长速度远低于2022年的下降速度，其中现房销售情况下降速度较快，2023年期房的销售情况逐渐恢复。

表5　2023年1~9月奉贤区房地产销售情况

	1~6月累计	同比增长（%）	1~9月累计	同比增长（%）
本年商品房销售面积（平方米）	511329	-39.4	740418	-31.5
现房销售面积	187530	-70.7	304627	-54.3
住宅	131195	-78.7	220084	-65.6

续表

	1~6月累计	同比增长（%）	1~9月累计	同比增长（%）
期房销售面积	323799	57.6	435791	5.1
住宅	321578	75.2	421694	13.9
本年商品房销售额（万元）	1338461	5.8	1913887	−7.1
现房销售额	183325	−69.6	373323	−48.2
期房销售额	1155136	74.7	1540564	15.0
待售面积（平方米）	1960417	3.4	2035133	9.5

资料来源：《奉贤统计月报》。

从新房市场上看，2023年上半年，奉贤区市场化新建商品住房供应27.88万平方米，同比上升96.8%，位列全市第七；共有2673套住房，同比增长98.1%。商品住房成交30.21万平方米，同比上升17.5%，位列全市第七；成交2844套，同比增长18.8%；成交均价为39027元/米^2，同比增长8.6%。截至2023年6月末，奉贤全区市场化新建商品住房的可售面积约58万平方米，共有4549套住房，预计消化时间为11.5个月，保障未来商品住房的供应量。2023年已上市销售8个新建商品住房项目，其中包括奉贤新城板块5个、金汇板块1个、柘林板块1个、庄行板块1个，奉贤新城板块的中铁逸景苑、保利华都名苑、奉发有言轩售罄，奉发名邸、锦尚悦庭、天和锦园去化有70%以上，柘林板块的中铁尚都和庄行板块的奉发江南庭去化较慢。

从二手房市场上看，2023年上半年，奉贤区存量住房成交48.26万平方米，同比上升59.3%，位列全市第六；共成交5134套住房，同比增长55.9%；成交均价为18914元/米^2，同比增长6.1%。2023年以来，奉贤区存量住房成交均价保持在18000~19000元/米^2，其中奉贤新城存量住房成交均价约20000元/米^2，金汇板块成交均价约18000元/米^2，其余板块约13000~15000元/米^2。从板块上来看，奉贤新城板块的新房市场去化较快，存量住房的成交均价也较高，体现新城建设的产城融合和人才导入效应。

三 奉贤区保障性住房建设和基础设施建设情况

（一）2022~2023年奉贤区保障性住房建设概况

持续推进保障性住房建设是奉贤区符合"房住不炒"定位，满足人民群众对美好居住生活的向往，真正实现职住平衡、产城融合的重要举措。2022~2023年，奉贤区大力推进保障性住房建设，让奉贤人才不仅"住有所居"，更能"住有宜居"。

一是推进大居区域内共有产权的保障住房。其中，奉贤新城12单元09A~02A地块属于市属共有产权房项目，规划用地面积约2.14万平方米，规划容积率是2.3，拟建建筑面积约4.92万平方米，住房619套。该地块地处奉贤区青村镇，东至贤浦路、南至南奉公路、西至德顺路、北至贤瑞路。目前桩基施工已全部完成，土地证、建设工程规划许可证、施工许可证已取得。

二是推进廉租住房及共有产权保障房。廉租住房继续坚持"应保尽保"的原则，2023年上半年，共受理廉租住房申请家庭40户，发放租金补贴466万元。稳步推进本市户籍和非本市户籍的共有产权保障房申请供应工作。截至2023年6月末，奉贤区共计受理本市户籍53户，非本市户籍20户。

三是加大公租房房源供应力度。2023年上半年，奉贤区新增收储公租房423套，新增供应5个项目，共有322套房源。奉贤区加快推进数字公租服务升级，推出公租房微信小程序2.0版，上线"意向登记""停车缴费""应急密码""在线签约"四大新功能，便利公租房申请流程。此外，奉贤区加快公租资格审核，上半年共受理区筹公租房申请3288户，其中新申请1834户、复审1454户，通过准入资格审核2653户，住房核查不通过或自愿放弃635户。奉贤区开展精准配租，为税务局、国妇婴等重点单位开展"一站式"现场配租签约活动，签约47套。

四是加大保障性租赁住房筹措力度。2023年，奉贤区保障性租赁住房的筹措目标任务是3086套，截至6月末，已完成筹措任务1579套，完成率为51.17%。2023年奉贤区保障性租赁住房的供应目标任务是2137套，截至6月末，已完成供应任务186套。

五是推进人才房建设、申请和落实工作。"十四五"期间上海市下达人才公寓供应任务量为8800套，2021年奉贤区完成5248套，完成率为60%，在五个新城中排名第一。2022年新供应各类人才安居房源2774套，累计供应8022套，已完成"十四五"时期任务指标的91.2%。2023年计划认定人才公寓1200套，截至6月末，累计已挂牌人才公寓项目7个，房源4317套，包含市场化租赁房源、公租房、保障性租赁住房等多种类型。除浦泾苑人才公寓移交区人社局管理外，其余项目出租率均达到90%以上，面向群体为在奉工作、无房的企事业单位职工。泷悦和苑和未来公寓服务于临港新片区，为特斯拉、三一重工等大型企业开放整租业务。随着工程建设的进展，保障性租赁住房将成为"十四五"后期人才公寓的主要供应来源。2023年上半年已筹措保障性租赁住房1579套，全区目前共有5幅保障性租赁住房集中在建地块，累计房源4898套；2023年下半年，奉贤计划出让4幅地块，累计房源2926套。

（二）2022~2023年奉贤区基础设施建设情况

近年来，奉贤区持续推进城市基础设施建设，尤其是奉贤新城的城市配套更加完备。2023年7月，九棵树（上海）未来艺术中心先后入选上海首批"美术新空间"和"2023上海十大最佳影视取景地"，吸引市民游客的追捧和打卡。2023年5月，海之花青少年活动中心建成并启用，为青少年们提供校外教育、文化、体育、科技活动。2023年9月，言子书院启用，作为一个具有复合性功能的文化展览建筑，是奉贤博物馆的重要构成部分，集博物展览、教学书院、学术交流功能于一体。此外，在水一方、落英缤纷等项目完成地下施工，龙门阁、九棵树酒店实现开工。南桥源三古、鼎丰地块建设全面启动，美谷大道生产、生活、生态项目建设有序推进。在重大交通项目建设上，2022年，奉贤区已完成金海南南段等3项公路建设，新开工金钱公路大居段等5项，续建大叶公路（环东—金闸）等3项。此外，优化调整全区5条公交线路；启动"海湾快线"的建设；建设完成381个公交电子站牌；更新各类新能源公交车97辆、出租车107辆。实施3个停车难综合治理先行示范项目，新增公共停车泊位439个；推动充电基础设施建设，新增充电桩513个；完成1处新能源出租车充电示范站建设。

在房地产在建项目方面，2023年8月，奉贤区筹措新建R4地块（金汇镇26-01地块），共计696套房源。计划2023年11月筹措金汇镇改建项目960套，增加筹措1656套，年度累计筹措3235套，完成年度3086套的筹措任务。计划供应项目漕河泾二期已完成交付手续办理，完成全年供应2137套的工作任务。在房地产领域的数字化建设方面，奉贤区推动数字化赋能安居服务，放大筑巢引凤效应。搭建"奉贤乐居"人才安居信息服务平台，通过前端提供政策解读、掌上看房、在线选房、增值服务，后台提供项目汇总、合同管理、租客信息、统计分析，实现人才公寓闭环管理。目前系统已完成开发，可实现人才公寓房源管理等功能，2023年7月，已正式投入使用。

四　奉贤区房地产市场发展面临的机遇与挑战

（一）面临的机遇

1.因城施策的房地产政策环境

2023年7月，中央政治局会议明确，适应我国房地产市场供求关系发生重大变化的新形势，适时调整优化房地产政策，因城施策用好政策工具箱。当前，我国房地产市场正在从增量市场向存量市场过渡，未来城镇化进程逐渐放缓，我国房地产市场逐渐从供不应求向供大于求发生变化，供求关系发生变化，改善性住房需求逐渐上升，上海将因城施策，为更好满足刚性和改善性住房需求探索更多的房地产高质量发展的政策工具。2023年7月以来，中央相关部门频出房地产市场优化调整政策，要适时调整优化房地产政策，落实好降低购买首套住房首付比例和贷款利率、改善性住房换购税费减免、个人住房贷款"认房不用认贷"等政策措施，因城施策精准实施差别化住房信贷政策。上海作为超大城市，存在大量的低效经济空间有待开发和升级，同时，老旧小区基础设施改造的需求大幅度提升，产业更新迭代也对城市空间提出新的要求，市中心区域城市更新、安置人口外溢、产业迭代外移，这都为奉贤提供新的发展机遇。

2.新城建设和临港新片区融合的新机遇

上海"十四五"规划提出加快构建"中心辐射、两翼齐飞、新城发力、南北转型"的空间新格局，其中新城发力是重中之重。奉贤按照独立的综合性节点城市的要求，打造产城融合、功能完备、职住平衡、生态宜居、交通便利的城市新增长极。奉贤新城立足"新片区西部门户、南上海城市中心、长三角活力新城"，建设创新之城、公园之城、数字之城、消费之城、文化创意之都，打造富有人性化、人文化、人情味的人民城市，实现区域赋能和价值不断攀升。这也意味着奉贤新城要在教育医疗、文化体育、生态环境、综合交通等方面优化完善，形成体系完备、具有一定辐射能力的综合性功能，为改善性需求提供高品质住房。面对临港新片区的建设，奉贤提出"主动融入新片区"，积极参与国家战略的重大任务。奉贤东部地区依托临港新片区的建设，围绕新能源汽车等产业配套，强化国家战略赋能，错位发展、功能互补，实现产业推动奉贤东部地区的发展。

（二）面临的挑战

1.房地产企业遭遇资金流动性风险面临项目交付困难的挑战

新冠疫情对全球经济及房地产市场带来多重影响。一方面，由于疫情，全球经济活动减缓，部分地区土地交易短期内中止，导致房地产开发投资下降比例增加，房地产企业遭遇资金流动性风险，资金压力增加，高杠杆的企业信用风险明显上升，房地产项目运作和交付出现困难。另一方面，我国对流入房地产市场的资金监管越来越严格，严格把控信贷资金流入房地产的表现，这对于追求规模扩张和依托借贷资金发展的房地产企业无疑是沉重的打击。

2. 部分板块新房供应难以去化的问题

截至 2023 年 6 月末，奉贤全区市场化新建商品住房的可售面积约 58 万平方米，共有 4549 套住房，预计消化时间为 11.5 个月。在 2023 年已上市销售的 8 个新建商品住房项目中，奉贤新城板块有的项目售罄，而柘林板块和庄行板块的去化较慢。从过去两年的数据中可以看出，奉贤新城的项目去化率高，其中 2020 年底的龙湖天曜和金海壹品均取得开盘"日光"的好成绩，2021 年的阳光城未来悦成为奉贤首个触发积分制的新盘。在五大新城和上海自贸区临港新片区的政策利好下，奉贤新城和临港蓝湾板块的热度居高不下，得到购房者的追捧。然而，同样是在奉贤，金汇和奉城板块部分新盘却出现冷清的局面，究其原因是地段和产品的差异。首先，金汇虽然纳入自贸区临港新片区的范畴，但处于自贸区的边缘地带，并非核心区域，相关规划并不明确。另外，奉贤本地人对于金汇的认可度普遍要低于南桥。再加上金汇和奉城板块的周边交通配套欠缺，距离地铁站较远，导致去化周期较长。

3. 奉贤存量房偏多，交易量下跌趋势明显，房屋空置压力增加

从 2021 年上海市各区房屋情况中可以看到，奉贤区房屋总量是 8396 万平方米，同比增长 7.83%，在全市各区中排名第六。奉贤区在上海市南郊区，上海外环以外住宅存量稳居高位。据统计，2023 年 4 月，上海二手房市场环比 3 月量跌价涨，成交量连续上涨的趋势终止，而 300 万元以下总价的房子占上海二手房成交的主导地位，各区域中奉贤的成交量下跌最多。受住房刚性需求和改善性需求增加的影响，近年来，房地产项目数量和规模也不断增长，导致空置房屋增多，压力增大。一方面，住房供需不平衡，已从供小于求转向供大于求的局面；另一方面，部分房地产开发商资质低、房屋质量不达标，问题房、烂尾楼较多，阻碍了房地产企业的销售工作。奉贤的房屋存量也存在供大于求的情况，房屋空置的压力逐渐增加。

五 总结和政策建议

（一）总结

房地产业是国民经济的支柱产业，在恢复和扩大消费方面起着重要的作用，因此，推动房地产市场平稳健康发展已成为重要思考的命题。中央政治局会议强调，我国房地产市场供求关系发生重大变化，要适时调整优化房地产政策，因城施策用好政策工具箱，更好满足居民刚性和改善性住房需求，促进房地产市场平稳健康发展。这表明持续 20 多年的房地产需求扩张的时期已经结束，当前是房地产市场的大周期分水岭。奉贤区房地产市场也正从供小于求向供大于求的局面转变，住房供需关系发生变化。2023 年，奉贤房地产市场呈现收缩的趋势，房屋施工面积和新开工面积同比下降较快，商品房销售面积和销售额均未恢复至疫情前的水平，新房去化呈现板块分化的趋势，二手房存量房市场的交易遇冷。随着上海"认房不用认贷"等新政的出台和落地，奉贤将释放改善性住房需求，支持居民提升居住品质、改善群众居住条件。

（二）政策建议

针对当前房地产市场供求关系发生重大变化的形势，以及奉贤区当前面临的机遇和挑战，现提出以下三点政策建议，供有关部门参考。

1. 将户型制定权交给开发商，激活产品创新研发

将户型制定权交给开发商，确定符合市场需求的面积配比并进行户型创新。近年来，户型设计进入了一个误区，即对数量强调的比较多，对质量强调的较少；对面积强调的多，对户型内部功能分区、人本化精细设计重视不够。建议以奉贤新城为试点，给予开发商一定的户型制定权，让其根据客户需求，因地制宜规划出新户型，激活产品创新研发，有效缩短项目运作与市场需求之间的距离，更好地满足居民对美好生活的需求和向往。

2. 进一步优化营商环境，提振房地产企业发展信心

聚焦政策落实，完善服务企业、服务发展的长效机制，以增信心、防风险、促转型为主线，实施政策引领、行业监管、服务企业三核驱动，综合施策、多措并举释放消费潜力，提振市场信心，全力保持房地产市场平稳健康发展。一是科学合理确定地价，进一步优化商住用地的定价机制，科学划分区域，特殊地块"一事一议"，使定价原则更加科学。二是围绕"保交楼、保民生、保稳定"任务目标，精简流程，加快房地产开发项目备案、申请办理商品房预售许可和预售资金监管，推行商品房预售资金监管协议、用款审核、商品房买卖网签合同智能化、电子化，提升业务办理时效。三是对于交易清淡的板块，协调落实购房的推介活动和优惠政策，在贯彻落实房地产市场"房住不炒"政策的基础上，协调金融、税务部门灵活执行差别化住房信贷政策，支持刚性和改善性住房需求；同时，鼓励房地产企业和经纪机构通过线上销售平台和线下展销会开展住房销售和中介服务，鼓励利用线上展会、直播售房等新模式、新渠道促进房屋成交。

3. 强化住房循环使用，盘活二手房市场

一是强化住房循环使用，大力发展存量房市场，减少对新房的依赖，盘活二手房市场。在限价政策下，房企低价走量，精装房改毛坯销售，降低了建筑品质，不利于住房消费升级；限售时限最长达5年，抑制了住房自由流通。建议精装修交房与毛坯房设置不同的限价标准；缩短限售时限直至逐步取消，支持居民改善性需求，确保居民可自由换房改善。二是调整住房金融政策，保障合理自住需求的稳步释放。加快按揭贷款资金发放，并在利率方面给予一定优惠；提高公积金贷款额度、降低公积金贷款首付比例、推广公积金组合贷等。

专题报告 ↳⟩

B.10

科技创新赋能生命健康产业链，
打造"东方美谷"千亿级美丽
大健康产业集群

谢越姑　张　淼*

摘　要：　当前，国际环境日趋复杂，奉贤全区经济社会发展的主要预期目标是经济平稳增长，结构持续优化，质量效益进一步提高。作为奉贤"东方美谷"核心区的重点发展产业，奉贤围绕生物医药产业定位，建设现代化产业体系，深度聚集新型疫苗、精准医疗和治疗性生物制剂等细分领域，大力发展生物医药产业。近年来，奉贤"东方美谷"生物医药规模以上工业企业产值快速增长，但2023年1~9月核心区生物医药规模以上工业企业产值呈现负增长。本文通过分析奉贤"东方美谷"生物医药产业发展历程，总结发展中面临的挑战，包括区域创新载体服务能级有待提升、区域创新政策体系有待完善、高端创新人才引进效果有待加强、生物医药行业面临激烈

---

*　谢越姑，上海社会科学院数量经济中心数量经济学博士研究生，主要研究方向为计量经济学；张淼，中共上海市奉贤区委党校（奉贤区行政学院）教学部副主任、副教授，主要研究方向为区域经济学、金融学。

竞争等，并进一步提出奉贤"东方美谷"核心区应通过科技创新赋能"东方美谷"打造千亿级美丽大健康产业集群，在做优做强特色产业集群的基础上寻求突破，从而推动美丽大健康产业可持续消费的升级转型，持续打响"东方美谷"美丽大健康品牌的相关建议。

关键词： 科技创新 生命健康产业 创新策源

一 奉贤"东方美谷"生物医药产业发展概况

"十四五"时期是我国实现"两个一百年"奋斗目标的历史交汇期，是全面开启社会主义现代化强国建设新征程的重要机遇期，也是上海围绕"人民城市"理念，建设"五个中心"和具有世界影响力的社会主义现代化国际大都市的关键时期。奉贤"东方美谷"核心区于2001年成立，占地面积18.49平方公里，其中产业板块面积5.95平方公里，作为"十三五"时期创新性提出并重点打造的区域品牌形象，"东方美谷"已被确立为中国化妆品产业之都和上海美丽健康产业的核心承载区。

（一）"健康经济"快速发展

近年来，奉贤区全力打响"东方美谷"品牌，大力发展美丽健康、生物医药产业，已经集聚了200余家生物医药企业，引进了一批国家级功能平台，努力成为上海打造世界级生物医药产业集群的重要承载地。至"十三五"末，"东方美谷"全口径产业规模693亿元；规模以上工业企业169家，规模以上工业企业总产值396亿元，所占比重接近全区1/5。在生物医药方面，规模以上工业企业65家，占全市的12%；规模以上工业企业总产值190亿元，占全市的13%，规模以上工业企业总产值排名全市第三。

2021年，生物医药产业产值占工业总产值的58.89%。2022年，全区战略性新兴产业规模以上工业企业数量增加至226家，完成工业企业总产值

1161.5亿元，同比增长37.8%，增速高于全市32个百分点，占全区规模以上工业企业产值的44.05%。生物医药产业强势发展，完成产值291.1亿元，同比增长16.6%，伯杰医疗、兆维生物、上海生物制品研究所等一批企业实现高速增长。不仅如此，奉贤全区新落地生物医药项目达34个，总投资140亿元；全区生物医药产业完成产值208亿元，总量稳居全市前三，比2021年增长24.1%。

（二）招商引资效果显著

2023年上半年，奉贤为企业发展量身定制了"政策套餐"。先后出台了《奉贤区促进生命健康产业高质量发展若干政策》《关于"基金+基地"赋能园区开发管理建设的实施意见（试行）》《奉贤区关于进一步做好利用外资工作的若干措施》等多项产业扶持政策。为全力打造生物医药新高地，2023年上半年，奉贤区消化利用土地1030亩，完成全年目标任务的52%，累计调出低效企业59家。完成定制高标准工业厂房69.1万平方米，在全市生物医药产业园区承载区特色化发展考核中综合排名第三。

"十三五"时期，全区引进"东方美谷"实业型项目252个，占全区同期引进项目近1/4。生物医药龙头企业药明康德旗下全球最大的创新生物药研发制药一体化中心、和黄药业、君实生物、迈瑞医疗旗下长岛生物、中科院上海巴斯德研究所、复旦复容、臻格生物等优质生物医药企业纷至沓来。

奉贤"东方美谷"核心园区产业门类齐全、产业形态丰富、产业关系良性、产业梯队清晰，并设立五大平台为生物医药产业支撑体系建设：产业发展平台、产业资源平台、产业孵化平台、产业服务平台、产业政策平台。目前有8款重点新药在研，11款新药进入临床阶段，其中有4家生物科技上市企业。生物医药产业已经成为奉贤产业发展的重中之重。

（三）产业生态逐步健全

东方美谷产业推进办公室、东方美谷产业促进中心、东方美谷企业集团股份有限公司成功组建，形成政府、协会、企业三方协同推进的体制机制。

第一，四大功能、八大中心建设取得积极进展，首批三家（美谷集团、伽蓝集团、中翊日化）国家药监局高级研修学院教学基地成功落户。第二，与上海市质量监督检验技术研究院、上海应用技术大学分别合作共建国家级化妆品质量监督检测中心和东方美谷产业研究院。① 第三，东方美谷新药安评中心、展示中心、行政服务分中心、检察院"东方美谷工作站"和东方美谷知识产权综合保护中心启动运行。第四，全国首个区级全功能商标注册受理窗口正式启用，"东方美谷"入选全市首批上海市商标品牌创新创业基地，成立上海市知识产权维权援助东方美谷工作站，成功注册"东方美谷"系列商标370件。

（四）生物医药产业创新策源

奉贤区生物医药产业创新一直是产业转型升级工作中的重中之重。截至2022年底，奉贤区有效期内高新技术企业达到1795家，位列全市第五；科技型中小企业1378家获得入库编号，同比增长23%，位列全市第五；2022年"创·在上海"国际创新创业大赛（创新基金）立项数达到170家，获得市级扶持资金1810万元，创历史新高，位列全市第五，其中15家企业成功入围中国创新创业大赛，有6家企业获得国赛优秀，位列全市第三；累计认定市级科技小巨人（含培育）138家，位列全市第七。奉贤区生物医药产业创新主要体现在以下两个方面。

第一，科技创新。围绕创新平台、创新空间、创新人才、创新氛围，以市场化、专业化、国际化的运作模式整合国内外相关科研资源、人才资源、资金资源、招商资源、服务资源、创新载体资源、设备资源，构建国际一流的创新生态系统。引导相关企业加快技术创新、商业模式创新和组织方式创新，全力打造引领全世界美丽大健康产业技术变革和理论创新的策源地。②

---

① 鲍筱兰：《2023东方美谷国际化妆品大会将于11月8日开幕》，《中国经济导报》2023年11月2日，第005版。

② 上海市奉贤区市场监管局：《为东方美谷产业高质量发展赋能增势》，《中国医药报》2023年11月16日，第006版。

引进一批生物医药相关各类高端科研院所机构，深化与中国科学院上海巴斯德研究所、复旦大学、华东理工大学、上海应用技术大学、上海中医药大学等知名院所的合作。与复旦大学合作成立联合创新中心，构建"前孵化-孵化-加速-产业化"的孵化链条。

第二，服务创新。通过与社会资本的合作，推动在项目、人才、政策等要素上的支持，提供全程、高效和专业的产业培育和孵化服务。联合专业机构、众创空间以及孵化器等创新元素，提供创业训练营、云系统、创新指导、法律服务、财务顾问、人力资源和科技中介等孵化要素支持，打造完善的创新创业服务支撑体系，为企业提供全链条基础孵化培育服务。

（五）生物医药产业政策支持

第一，支持项目建设。支持引进在生命健康产业发展方面具有引领和带动作用的产业项目、产业链关键环节和紧缺项目。鼓励国内外企业设立高端研发中心，加快引进培育优质合同研究组织（CRO）、合同研发生产组织（CDMO）、合同生产组织（CMO）、合同销售组织（CSO）等第三方服务机构及成果转化中心等。支持企业、高校、专业机构合作建设临床医学研究中心，开展国际多中心临床试验，建设临床样本资源库、健康大数据平台、药物和医疗器械临床评价平台，支持药物及医疗器械第三方检测和认证服务、GMP 共性实验室、新药报批、医药工业废弃物处理等公共服务平台建设。[①]

第二，支持技术创新。对 I 类、II 类化学药、生物制品，具有临床优势的中药创新药、中药改良型新药，鼓励企业联合高校、医院、科研院所、第三方服务机构开展关键技术研发攻关。

第三，支持市场开拓。鼓励医院、医药批发零售机构对无关联关系的新上市 2 年内的创新药品及医疗器械首购，支持新获得美国食品药品管理局（FDA）、欧洲药品管理局（EMA）、欧盟（CE）、世界卫生组织（WHO）

---

① 余东明、张海燕：《建设民生成本洼地打造政府服务高地》，《法治日报》2023 年 7 月 3 日，第 001 版。

或日本药品和医疗器械综合机构（PMDA）、欧盟认可的公告机构（NB）等监管机构注册或认证的创新药并在相关国外市场实现销售，鼓励在区内举办具有较大影响力的专业化国际化高端论坛、会议等活动。

第四，支持第三方服务。支持第三方服务机构、公共服务平台为生命健康企业提供服务，支持药品、医疗器械孵化机构的发展。

第五，支持人才引育。支持生命健康产业引进的杰出人才、团队、项目，对聘用诺贝尔奖等国际知名奖项获得者（或提名者）、发达国家院士、中国两院院士、国家级海外高层次人才、重大国家科学技术奖获得者、国外重大科学基础设施技术负责人、世界百强国外公司的首席技术官等高级专家的单位给予奖励，鼓励各属地单位对高层次人才及团队实施支持等。

第六，保障生产要素。保障空间载体资源，保障优质项目（以高端人才为引领的大企业、大平台、大所、大院、大机构或者技术创新人才相对密集的产业项目）的土地供应。创新金融支持方式，实施"拨投贷"联动模式，支持生物医药产业领域处于初创期、成长期的具有示范引领带动作用的创新型中小企业发展。

（六）发展面临压力挑战

在"东方美谷"健康产业蓬勃发展的同时，其建设发展、招商引资等方面仍存在许多不足，面临困难和挑战，通过科技创新赋能"东方美谷"健康经济的品牌化、国际化、高端化之路，仍有很长的路要走。

从图1可见，2017~2022年，奉贤"东方美谷"生物医药行业规模以上工业企业产值整体呈现增长态势。2020年，奉贤"东方美谷"生物医药行业规模以上工业企业产值约为153亿元，同比增长4.1%。2021年，奉贤"东方美谷"生物医药行业规模以上工业企业产值高速增长，产值高达192亿元，同比增长25.5%。2022年，奉贤"东方美谷"生物医药行业规模以上工业企业产值仍在快速增长，突破200亿元，产值达254亿元，同比增长32.2%。而2023年1~9月，奉贤"东方美谷"生物医药行业规模以上工业企业产值下降，仅144.6亿元，同比增长-0.22%。

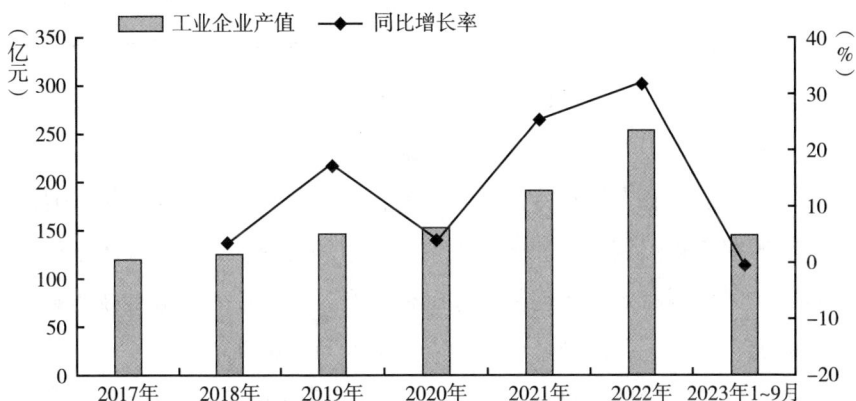

图1 2017~2023年（1~9月）"东方美谷"生物医药行业规模以上工业企业产值

资料来源：《奉贤统计月报》。

东方美谷、临港新片区生命蓝湾，是市级生物医药产业特色园区，在上海7个生物医药产业特色园区中占据2席。2017~2022年生物医药行业规模以上工业企业产值持续性增长，其中2021年、2022年高速增长，奉贤"东方美谷"生物医药产业成为核心区发展的重点产业。但2023年前三季度，奉贤"东方美谷"生物医药行业规模以上工业企业产值急速下降，奉贤"东方美谷"生物医药产业正面临发展上的严峻挑战。

二 奉贤"东方美谷"生物医药产业现状分析

（一）区域创新载体服务能级有待提升

第一，科技创新综合能力水平还需提升，加强高端核心产品攻关能力，东方美谷相关企业科研院所、企业技术中心、实验中心、测试中心等专业研发服务平台还需不断完善和丰富。

第二，奉贤软件和信息技术服务、科学研究和技术服务等生产性服务业占比较低，支撑产业创新的研发与转化功能性平台、新型研发机构较少。目前区内共有 15 家市级以上科技创新创业载体、11 家市级工程技术研究中心，然而相关研发机构、载体未能形成产业协同创新、科技成果转化、人才培养和科技竞争合力，区域内中小微企业和在奉高校科技创新、研发投入合力的积极性仍有待提升，产业整体创新能力和发展优势亟须寻求突破。

第三，科研创新支撑有待提升。目前，区内共有 6 所高等院校，但高校的市级、国家级重点实验室和研发机构大多布局在外区，区内高水平的研发机构较少，区域内有效科研创新支撑有待提升，前沿技术、关键技术和共性技术的研究仍然缺乏，区域经济建设需要强大科研创新引擎。

第四，研究与发展经费（R&D）支出占 GDP 的比重与全市总体水平相比仍有差距。2021 年奉贤区研究与发展经费（R&D）支出占 GDP 的比重为 2.81%，比上海市（4.2%）低了将近 1.4 个百分点。

第五，生物医药产业链条仍有待完善。生物医药产业仍需吸纳行业内引导技术变革和创新的先锋元素，品牌和标杆引领作用仍有待提升，科技赋能、融合发展等创新探索仍有待进一步提升。

（二）区域创新政策体系有待完善

"东方美谷"生物医药企业中的创新主体以中小企业为主，科技型企业在初期需要大量的资金和政策扶持，因此，财政相关补贴与扶持对于企业发展作用显著。但目前，中小微企业在科技项目扶持政策中不处于优势，导致资金流和现金流严重不足。中小微企业在科技政策中的推荐、补贴程度将对企业发展的积极性产生影响，合理的科技扶持政策对于企业研发投入将产生积极作用。

（三）高端创新人才引进效果有待加强

第一，奉贤"东方美谷"区域内高水平的科研机构、高校和处于引领地位的科技型企业集聚度有待提高，科技、研发、创新、设计、营销等高端人才的规模效应有待加强，特别是生物医药领域仍缺乏有效创新主体和创新政策。

第二，高水平科技创新人才、团队引进效果有待提升，科技创新人才国际化水平较低。截至 2023 年，奉贤境外人口总量为 3030 人，占实有人口总量的 0.28%；2022 年全年共受理外国人来华工作许可 1471 件，新颁发工作证 442 件，其中 A 类（外国高端人才）49 件，B 类 389 件，C 类 4 件，总量还较少，要形成全球人才"近悦远来"的工作生活氛围，仍需不断提升科技创新人才的总量与国际化水平。

（四）生物医药行业面临激烈竞争

第一，从全国范围来看，北京、苏州、杭州、成都、深圳等城市已经或正在筹建生命健康产业园区。例如，2022 年，北京市科委、中关村管委会和各分园联动打造标杆性科技园区，支持中关村软件园、中关村生命科学园等一批高品质科技园区项目。中关村生命科学园位于未来科学城西区，坐落在连接海淀区与昌平区的"金十字"北清路科创走廊上，是北京打造国际科技创新中心、建设世界领先科技园区的重要支撑载体。园区聚集了创新型医药企业 600 余家，高端人才 300 余人，国家工程研究中心和重点实验室 10 个、省部级研发中心 16 个。在基础研究方面，落地北京生命科学研究所、北京脑科学与类脑研究中心、国家蛋白质科学中心、生物芯片北京国家工程中心等一批国际知名的科研机构。在研发中试方面，以保诺科技、康龙化成为代表的 CRO 企业为生物制药项目提供一体化药物研发、中试生产服务，聚集了一大批国内外知名创新药企。

第二，从周边城市来看，杭州、嘉兴、绍兴、苏州等地已发布生物医药产业相关发展意见。2020 年，苏州就发布《全力打造苏州市生物医药及健康产业地标实施方案（2020—2030 年）》，宣布用十年时间，打造万亿级产业地标——"中国药谷"。2022 年 6 月，浙江省发改委发布《关于促进生物医药产业高质量发展行动方案（2022—2024 年）》，其中提出，到 2024 年生物医药产业总产值达到 4500 亿元左右，加快构建"一核两带两圈"的产业发展空间格局，力争培育形成 2 个千亿级、3 个 500 亿级的生物医药产业集群。

第三，从周边地区来看，临港、松江、青浦、嘉定等区分别推动生物医药产业高质量发展。临港片区在 2020 年 9 月发布的"2.0 版生物医药产业政策"已全面达到甚至超过深圳的生物医药的政策，政策力度属全国第一梯队；青浦区、嘉定区于 2021 年 6 月分别发布推动生物医药产业高质量发展和支持高性能医疗设备及精准医疗产业发展的政策。

奉贤区在生物医药领域面临巨大的竞争压力，尤其是长三角地区之间在资本、市场和人才等方面的争夺。而生命健康领域现行的一些认证或检验检测周期较长，认证标准滞后于市场需求和行业前沿技术。部分企业研发的新产品或者新技术在国内没有对应的检测标准，国际上已有的相关标准，国内尚不能接轨认可，导致产品无法应用于市场，也限制了企业的研发创新。国际国内龙头企业集聚效应尚未形成，产业集群发展水平还需进一步提升，一些化妆品生产企业缺乏市场竞争力，以委托加工为主，没有自主品牌和自主产品。①

三 科技创新赋能生命健康产业发展建议

（一）健全科技创新政策体系，打造创新策源新高地

第一，通过政策引导、项目扶持、平台支撑等措施持续为科技型中小企业发展增添动能，促进科技创新活力不断攀升。面对周围地区城市的激烈竞争，要出台更具穿透力、更具吸引力、更具助推力的生物医药领域特色发展实际政策。②

第二，进一步加强创新资源配置，促进区域科技创新体系建设，优化科技创新环境，为中小企业科技创新活力区建设提供有力保障。围绕创新平台、创新空间、创新人才、创新氛围，着力构建国际一流的创新生态系统，

---

① 陆婷婷、鲍筱兰：《东方美谷力争 5 年促品牌价值突破 500 亿元》，《中国经济导报》2023 年 2 月 23 日，第 005 版。
② 邱爱荃：《开辟"新赛道"培育"新动能"》，《中国经济导报》2022 年 12 月 8 日，第 006 版。

发挥企业在技术创新中的主体作用，引导相关企业加快技术创新、商业模式创新和组织方式创新，全力打造引领全世界美丽大健康产业技术变革和理论创新的策源地。

（二）加快形成科技创新产业集群，发展壮大生物医药产业

加快形成科技创新产业集群，聚集生物医药产业企业，发展壮大奉贤"东方美谷"生物医药产业。重点聚焦生物医药产业，加快关键核心技术攻关，提升产业发展能级和水平，打造未来发展新优势和产业发展制高点。推动优质企业平台快速集聚，抢占未来经济发展制高点。注重招引符合创新型经济、服务型经济、开放型经济、总部型经济、流量型经济"五型经济"类型项目。建立健全重点企业联系推进工作机制，持续与国际知名企业保持紧密联系，把握企业落地机遇，推动一批优质项目加快落地进程。通过引入泰格医药、药明康德、奥咨达、南模生物、中国医药集团等生物医药行业顶尖市场化服务资源，构建注册申报、产品设计、临床前研究检测、临床试验检测、终端销售渠道的全链条专业化服务体系，铺设生命健康产业发展的高速公路。

（三）培育创新主体，促进生物医药产业高质量发展

截至 2022 年底，奉贤区已经拥有国家级专精特新小巨人 25 家、市级专精特新企业 508 家、科创板上市企业 3 家；上海中器环保科技有限公司的"餐废油脂生物柴油制备及车用关键技术"项目等 24 项获得上海市科学技术奖，其中特等奖 1 项、一等奖 4 项、二等奖 15 项、三等奖 4 项，创历史最好成绩。下一步，奉贤区应持续积极构建以"科技型企业-高新技术企业-科技小巨人企业-科技企业上市"为重点的科技企业梯度培育体系，培育创新主体，引导资源要素加快向重点企业集聚，不断激发企业创新活力，从而促进生物医药产业高质量发展。

一方面，整合资源，持续增加基础研究投入，重点围绕药品、生物医用材料、精准医疗、检验检测、先进诊疗技术和装备等方向，提升企业自主创

新能力，促进生物医药产品供应，紧扣生物医药产业链。另一方面，立足国内医药大市场，吸引全球人才等创新要素向国内聚集，促进各类国外企业在华设立研发中心和创新药生产基地，通过深化生物医药全球创新合作，提升全产业链国际化水平。奉贤要基金引进这些企业在，争取它们在奉贤落地。

（四）积极搭建创新平台，构建高端创新体系

目前，奉贤区共有市级以上科技创新创业载体 15 家，其中有 2 家国家级科技企业孵化器，载体总面积达 14.81 万平方米，在孵企业及入驻企业（团队）超过 500 家，累计毕业企业 111 家。累计获批市级院士工作站 9 家、市级专家工作站 61 家、专家服务中心 3 家，累计引进两院院士 25 位，入驻工作站团队的专家达到 455 位，综合排名位居全市前列。

一方面，持续围绕构建产学研用一体化技术创新体系，积极统筹推进工程技术中心等创新平台建设，提升创新创业平台能级。充分发挥高校资源优势，依托海湾大学城中华东理工大学、上海师范大学、上海应用技术大学等一批高校资源，打造高能级大学科技园产业集聚区。另一方面，需进一步建立更加开放的机制，吸引各方面人才和资源参与创新，促进协作共享；为平台企业提供更加完善的风险投资、孵化器等支持，帮助创新型企业发展壮大；通过建立技术转移中心、产业基地等方式，促进科技成果转化和推广，推动科技成果商业化产业化；要加强知识产权保护，建立完善的知识产权管理体系，保护创新成果的合法权益。

（五）优化科技人才政策服务，加快高端创新人才集聚

第一，发挥平台、空间的创新承载作用，为人才干事创业提供支持。发挥重点区域人才集聚功能，在基础研究和重点领域加快聚集高层次人才，促进奉贤区产业研发与创新效能提升。

第二，通过对重点人才、企业进行实地走访，开展线上专场、线下科技政策大宣讲等活动，做好人才政策的宣传和诉求服务的跟进工作，加快服务奉贤区产城深度融合，促进教育链、人才链与产业链、创新链有机衔接，提

升区内主导产业自主创新能力。例如，药明生物项目的一体化生物药CRDMO 服务中心全部建成后可引进全球 3000 位研发制药人才，组建高质量的科学研发团队，真正做到"引育一个平台就迅速引进一大批人才"。

第三，强化以人为本的人才服务保障。打造高水平人才服务体系，促进市场化人才服务机构发展，为用人主体引才提供服务支撑。持续建设全球高层次科技专家信息平台，制定对标国际通行规则和标准的科技创新人才发展指标与测度方法体系。

第四，面向全球"招才引智"，扩大国际影响力，打造一批顶尖赛事品牌，汇聚全球创新创业人才。加大高层次技术人才引进培育力度，加强高技能人才队伍建设。搭建科技创新人才交流平台，对接国内外创新资源，大力引进人才，拓展人才引进渠道，促进国际国内合作，为高端人才的引进打通渠道。

B.11
抢抓新片区机遇,
打造奉贤新能源汽车产业高地

马艺瑷 张 淼*

摘 要: 汽车零部件产业一直以来是奉贤的优势产业,随着特斯拉上海超级工厂落户临港新片区,奉贤紧随汽车产业电动化、网联化、智能化、共享化"新四化"浪潮,实施新能源汽车产业链式布局,在新能源汽车零部件、智能网联汽车产业领域成绩显著。目前,奉贤新能源汽车产业新注册企业数量迅速增加、产业发展亮点十足,在特斯拉上海超级工厂带动下逐步融入全球市场,但在发展中面临龙头企业少、产业链仍有薄弱环节、内生动力有待强化、国内外竞争压力较大等方面的挑战,需要进一步强链、补链、延链,做强"链主"企业,完善产业服务配套,抢抓机遇,打造奉贤新能源汽车产业高地。

关键词: 新能源汽车 产业链 链主

一 新能源汽车产业发展背景

汽车产业是国家和地区经济发展的重要引擎之一,影响着经济、社会和科技的多个层面,在现代产业体系中至关重要。汽车产业的发展通常伴随着供应链的延伸,从零部件制造到销售、售后服务等多个环节,形成庞大的产

---

* 马艺瑷,上海交通大学应用经济学博士后,主要研究方向为计量经济学、劳动经济学;张淼,中共上海市奉贤区委党校(奉贤区行政学院)教学部副主任、副教授,主要研究方向为区域经济学、金融学。

业生态系统。汽车产业也是科技创新的引领者，汽车制造涉及材料科学、工程技术、电子信息等多个领域，随着电动化、智能化、自动驾驶等技术的不断发展，汽车产业成为推动先进技术应用和产业升级的重要平台。

随着对环保和可持续发展的关注增加，汽车产业对能源的需求和对环境的影响成为全球性的重大问题，汽车产业逐渐转向新能源汽车和绿色交通的研发与应用。在国家"双碳"目标的引领下，整个社会向绿色低碳发展方向转型，新能源汽车作为绿色出行方式的代表，在政策引导下成为越来越主流的选择。随着中国新能源汽车产业的研发资金、项目投资和市场竞争水平不断提升，技术创新和产业升级加速推进，产业链更健康、更快速地发展，中国新能源汽车产业在国际市场上的竞争力与日俱增。

奉贤长期以来一直以汽车零部件产业为优势产业，扎根于上海的产业发展格局中。早在"十二五"时期乃至更早奉贤提出大力发展六大战略性新兴产业和八大传统优势产业之时，汽车零部件产业就已经在其中占据重要地位。奉贤彼时已有一定规模的传统汽车零部件制造企业，这些企业主要从事汽车零部件的生产，但规模较小，未形成完整的产业链，且没有知名的本土整车制造品牌，地方品牌和整车制造企业的规模和影响力较弱。

随着特斯拉上海超级工厂在临港新片区的崛起，近2/3纳入新片区的奉贤迎来了新的发展契机。特斯拉上海超级工厂的引入带动了整个新能源汽车产业链的完善和延伸，不仅加速了新能源汽车零部件、电池、智能化技术等相关产业的发展，还吸引了更多企业进驻奉贤，形成了更为完整的产业链，提升了整体产业水平和附加值。

在上海市打造世界级汽车产业中心的战略目标下，奉贤区主动融入这一格局，紧随汽车产业电动化、网联化、智能化、共享化"新四化"浪潮，借助自身在汽车制造业方面的基础和优势，积极实施新能源汽车产业链式布局，取得了在新能源汽车零部件和智能网联汽车领域的显著成绩。在当前新能源汽车发展的重要机遇期，奉贤应提前谋划，思考如何布局高新赛道，加快强链、补链、延链，如何完善产业服务链、培育产研联动的发展模式，全力建设上海汽车产业重要承载区，打造区域经济发展的新引擎。

二 新能源汽车产业发展格局

（一）全球层面

新能源汽车产业的发展引起了全球范围内产业竞争格局的调整。传统汽车制造商、新兴科技公司以及电池制造商都在加大对新能源汽车领域的投入，形成了一个竞争激烈、创新驱动的产业生态系统。由于全球各大汽车制造商投入了大量资源进行新能源汽车研发和生产，市场竞争变得白热化，企业通过技术、品牌、服务等多方面竞争以争夺市场份额。一方面，技术创新成为全球新能源汽车产业主要驱动力。电池技术、电动驱动技术、智能网联技术等方面的创新不断推动新能源汽车性能的提升和成本的降低。另一方面，全球新能源汽车产业呈现产业链协同的趋势，不同国家和地区的企业通过合作，共同推动新能源汽车技术的进步和产业的发展。多国政府纷纷出台政策以支持新能源汽车产业发展，包括财政激励、购车补贴、绿色能源推广等，这些政策措施促进了新能源汽车市场的扩大。[1]

（二）全国层面

中国是全球新能源汽车最大的市场之一，并且市场规模不断快速扩大。国务院办公厅印发的《新能源汽车产业发展规划（2021—2035 年）》（国办发〔2020〕39 号）指出要坚持电动化、网联化、智能化发展方向，以融合创新为重点，突破关键核心技术，优化产业发展环境，推动我国新能源汽车产业高质量可持续发展，加快建设汽车强国。

中国政府一直以来对新能源汽车产业提供强有力的政策支持，包括财政激励、购车补贴、减少牌照限制等，加上消费者环保意识的日渐提升，新能

---

[1] 左世全、赵世佳、祝月艳：《国外新能源汽车产业政策动向及对我国的启示》，《经济纵横》2020 年第 1 期，第 113～122 页。

源汽车的销量增长显著。与此同时，中国新能源汽车产业链日趋完整，包括电池制造、电动汽车生产、充电设备制造等各个环节，一些中国企业在电池技术、电动汽车制造等领域在全球范围内取得了一定的技术和市场优势。中国新能源汽车企业逐渐在国际市场上崭露头角，一些企业在海外市场的销售表现不断提升，中国正逐步成为全球新能源汽车产业的重要参与者和竞争者。[①]

（三）上海层面

上海有志于打造世界级汽车产业中心，一直以来通过政策引导和财政支持加速新能源汽车产业的发展，积极推动新能源汽车产业的技术创新，包括电池技术、智能网联技术等。在产业链升级方面，通过企业紧密合作，对零部件制造、整车制造和智能化技术进行提升，推动新能源汽车产业的研发和创新。目前，上海已经成为众多国际知名新能源汽车企业的重要落地城市，自贸区等区域的产业集聚效应逐渐显现，特斯拉上海超级工厂的建设是其中的重要代表，外资品牌的引入提升了上海新能源汽车产业的国际化水平。

《上海市加快新能源汽车产业发展实施计划（2021—2025年）》（沪府办〔2021〕10号）中指出打造多层次产业集群，嘉定、浦东、临港新片区等地多点开花布局新能源汽车产业。嘉定安亭形成综合性基地，重点在新能源汽车核心技术研发、关键零部件产业化、示范应用方面取得突破，融合研发、制造、检测、应用、文旅、会展等功能。临港新片区形成创新制造基地，加快全产业链布局，持续扩大高端新能源汽车生产能力，推动整车出口，培育技术优势、对外开放度和国际影响力。金桥及张江地区形成产业优势互补发展的高地，发挥集成电路、人工智能、软件、通信设备产业优势，聚焦视觉识别、车用操作系统、车规级芯片等领域。

[①] 唐葆君、王翔宇、王彬、吴郧、邹颖、许黄琛、马也：《中国新能源汽车行业发展水平分析及展望》，《北京理工大学学报》（社会科学版）2019年第2期，第6~11页。

（四）奉贤层面

奉贤区被上海市政府定位为新能源汽车产业的重要发展区域，被赋予了推动新能源汽车产业升级和转型的战略任务，成为上海市打造世界级汽车产业中心的关键组成部分。为支持新能源汽车产业发展，奉贤区委、区政府加强顶层设计，出台了专门的规划文件《奉贤区打造智能网联新能源汽车"未来空间"三年行动计划（2019—2021年）》，文件中明确了以奉贤新城、临港南桥园区和四团镇、临港奉贤园区为产业走廊两极，以G1503为纽带的"一廊四区多点"空间布局，提出了集研发创新、技术转化、先进制造、营销推广、专业服务五大功能于一体的全产业链格局。

三 奉贤新能源汽车产业发展现状

（一）新能源汽车产业布局

从产业布局来看，奉贤"一廊四区多点"的空间布局已经初具雏形。尤其是产业走廊的两极，产业集聚效应尤为明显。得益于特斯拉等标杆性项目正式投产及其对产业链上下游的整合作用，奉贤区新能源汽车产业蓬勃发展，奉贤东部四团和临港奉贤园区近两年导入了一大批优质的特斯拉供应商项目，目前已经集聚了瑞庭时代（宁德时代）、延锋汽车、均胜电子、深园汽车、佛吉亚、达亚等一批企业，复制"特斯拉"速度，从项目洽谈到落地，快速达产并形成规模化产出。除此之外，以中日（上海）地方发展合作示范区打造国际氢能谷为契机，四团地区正在建设集制造、制氢、储氢、加氢一体化撬装设备、氢燃料电池各类汽车、零部件全产业链的世界一流燃料电池汽车创新中心和产业高地的新引擎和增长极。在奉贤东部，一座新能源汽车城正在加速崛起。

西部地区，奉贤致力打造核心技术创新承载区，以全市唯一一个聚焦"出行"的特色产业园区——临港南桥智行生态谷为载体，立足与临港集团和上海交通大学的政企学研三方合作，借鉴"斯坦福-硅谷"模式，正不断集聚优势创新资源。上海交通大学向奉贤输出了王牌学院下的汽车电子控制技术、信息内容分析技术2个国家工程研究中心，12位上海交通大学教授领衔的十个前瞻技术与政策研究所在奉贤落地，全面支撑智能网联汽车企业研发，已形成具有奉贤特色和全国影响力的科技创新服务"品牌"。一方面，坚持以场景建设牵引产业创新发展，大力推动自动驾驶示范应用，建成了"智能驾驶全出行链创新示范区"，一期于2021年初开园，在国内率先形成了"开放道路+地下道路+内部道路"的智慧全出行链智能网联研发测试能力，可面向智能网联产业链、技术链各环节提供多级别、多种类的测试及验证环境；二期还获交通运输部批准作为智能交通先导应用试点项目。另一方面，坚持围绕创新链布局产业链，临港南桥科技城围绕前沿技术开发、整车集成应用、核心装备攻关、出行服务保障等细分领域，已引进昆易电子、麦睿菱、广通远驰等20余家创新企业，更与Luminar、百度、商汤科技等业内知名企业持续沟通接洽，跨界融合的智能网联汽车核心产业体系已初见雏形。

2023年1~8月，奉贤区内新能源汽车完成产值334.6亿元，同比增长98.2%；新能源相关产业完成产值92.9亿元，同比增长35.3%。[1] 截至目前，奉贤区全面对接特斯拉项目需求，已为瑞庭时代、均胜电子等100余家规模以上工业企业创造发展平台。

（二）新能源汽车企业现状分析

为了进一步从微观角度更为精细化地把握奉贤新能源汽车行业的发展特点，本报告利用工商企业注册信息，对奉贤新能源汽车领域的企业地理分布、注册时间、注册资本和主营业务进行多角度分析。本报告利用天眼查平台，筛选了2023年存续的、行业归属为制造业中的汽车制造

---

[1]《高质量发展在申城·奉贤区丨培育发展动能、激活创新动力，高标准加快新城建设》，https：//www.fengxian.gov.cn/gzms/20230921/52827.html，最后访问日期：2024年1月7日。

业、主营业务中包含"新能源汽车"关键词、地区为上海市的全部企业进行分析。

1. 企业在各区分布

从上海各区一级新能源汽车企业数量来看，排名前五位的依次为：嘉定461家，占全市的24.7%；奉贤418家，占全市的22.4%；浦东257家，占全市的13.8%；闵行238家，占全市的12.7%；宝山118家，占全市的6.3%。其他区新能源汽车企业数量均低于100家。嘉定和奉贤这两个新城在新能源汽车领域持续发力，企业数量之和几乎占据上海的半壁江山，成为上海新能源汽车产业的重镇（见图1）。

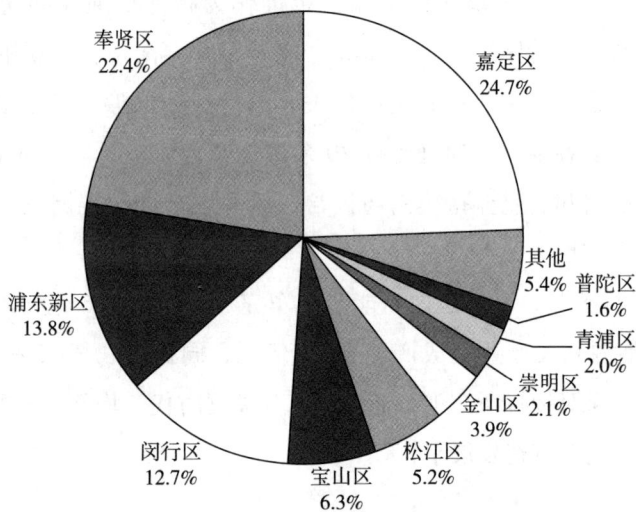

图1　新能源汽车企业在上海各区的分布

资料来源：天眼查平台企业注册信息。

相比上海其他区，奉贤在发展空间上具有一定的优势，不仅可供新产业发展利用的土地空间较大，而且奉贤东部地区纳入自贸区新片区，西部地区毗邻自贸区新片区，具有独特的区位优势。近年来，奉贤在归属于新片区的东部和距离市区更近的西部形成了两块新能源汽车发展的重点区域，虽然目前仍以散点状布局，但已呈现集聚的态势。

2. 企业注册时间

从企业注册时间的分布来看，近十年见证了上海在新能源汽车领域的快速发展，奉贤在近五年开始快速在新能源汽车领域发力。2014 年以来，上海平均每年均有两位数以上的新能源汽车企业注册，但 2014~2019 年的奉贤仅有零星相关企业注册。到了 2020 年，全市每年新增的新能源汽车企业数量破百，奉贤新增的相关企业达到 40 家。尤其是 2021 年以来，全市每年新增新能源汽车企业均超过 400 家，奉贤每年新增相关企业超过 100 家（见图 2）。

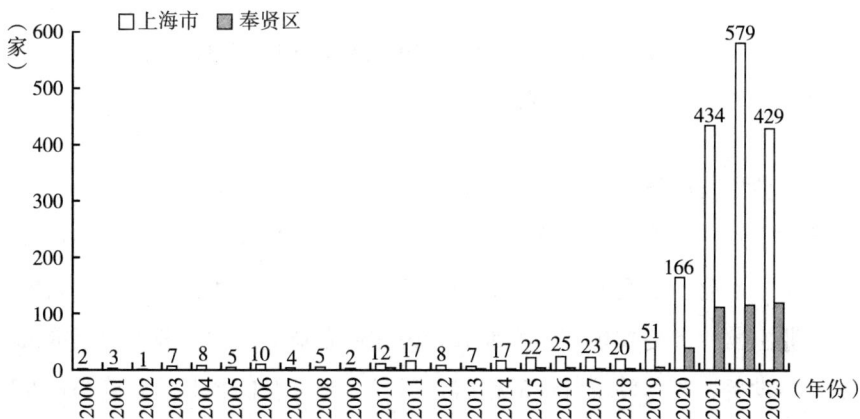

图 2　2000~2023 年上海市及奉贤区新能源汽车企业注册时间分布

资料来源：天眼查平台企业注册信息。

3. 企业注册资本

从目前存续的上海新能源汽车企业的注册资本分布来看，大部分企业的注册资本小于 100 万元，奉贤相对于全市平均水平而言，注册资本在 100 万元以内的企业所占的比重更大。从这一特点可以看出，奉贤新能源汽车企业的规模普遍较小。此外，全市近 150 家企业注册资本超过 3000 万元的新能源汽车企业中，奉贤占比不足 1/10，这与奉贤 22.4% 的企业数量占比不相匹配，反映出奉贤新能源汽车企业规模较小，龙头企业不足，在全市范围内的引领作用有限（见图 3）。

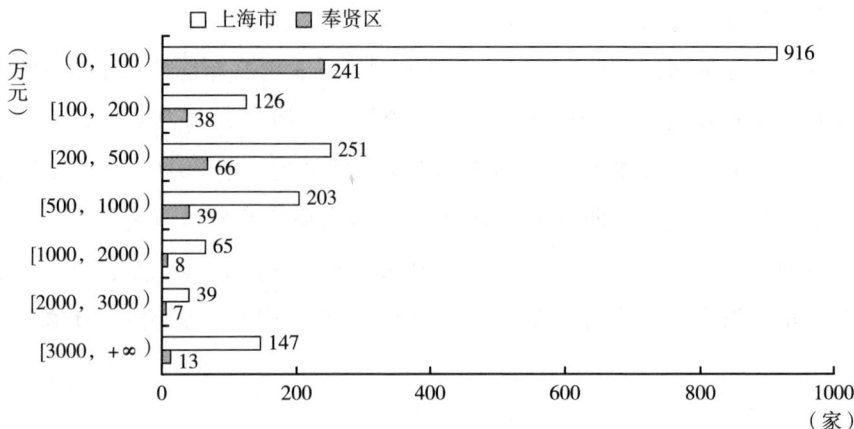

图3　上海市及奉贤区 2023 年新能源汽车企业注册资本分布

资料来源：天眼查平台企业注册信息。

4. 企业主营业务

从全市整体来看，大部分小企业从事业务的同质性较强，业务门槛和科技含量水平不高。从企业主营业务的关键词来看，奉贤相比上海整体新能源汽车企业主营业务更加单一，大部分相关注册企业的主营业务涉及新能源汽车整车、设备、零部件及装饰的销售，研发主要涉及的环节为新能源汽车零配件的研发（见图4）。

（1）上海市

（2）奉贤区

图 4 上海市和奉贤区新能源汽车企业主营业务词云

资料来源：天眼查平台企业注册信息。

四 新能源汽车产业发展机遇与挑战

综合以上分析，奉贤发展新能源汽车产业有一定的基础和较好的发展态势，但是也存在一定的发展困境，主要体现在以下方面。

1. 企业数量多，但龙头企业少

近五年奉贤新注册的新能源汽车企业数量较多，数量众多的企业营造了较好的竞争氛围，有助于激发更多创新思维和技术突破，为产业发展带来更多可能性。企业间的竞争与合作也将促进产业链上下游更好地合作，共同推动产业链的发展。

但由于区内缺少龙头企业，产业发展可能缺乏自发性的整体规划和方向，造成产业链上下游的不协调和不稳定性。没有龙头企业的引领，小企业在技术研发上可能受限，难以迅速跟进新技术的发展。中小企业众多容易导致市场份额过度分散，企业间竞争激烈，难以形成强大的市场竞争力。此外，缺乏龙头企业可能造成缺乏品牌的带动作用，削弱对外投资的吸引力，降低了外部投资者的信心和资金流入。

2.产业发展亮点十足，但仍存在产业链薄弱环节

奉贤新能源汽车产业的发展，一方面紧紧抓住特斯拉项目的溢出效应，推动新能源汽车核心零部件企业向奉贤集聚；另一方面瞄准无人驾驶，提出打造智能网联汽车产业品牌"未来空间"，在新能源汽车零部件、智能网联汽车产业领域成绩显著。

奉贤在新能源汽车产业的特定领域取得了显著进展，但仍然存在产业链薄弱环节，一定程度上限制了整体产业的发展和竞争力。例如，某些关键零部件（电机、电控系统等）的生产和配套产业链环节不完整；电池技术是新能源汽车的核心，但在电池供应链（高性能电池、稀有材料供应等）存在薄弱环节；智能网联汽车需要大量的传感器和芯片，但供应链中这些关键零部件的短缺可能影响汽车的智能化水平。此外，充电桩建设覆盖面不广，充电网络不完善也会制约新能源汽车的推广和应用。

3.受到特斯拉项目带动，但内生动力有待强化

特斯拉上海超级工厂的引进为奉贤区带来了巨大的发展机遇，促进了产业链的完善和升级，增加了区域内新能源汽车产业的知名度和影响力。背靠新片区这一开放的试验田，奉贤区域内的新能源汽车零部件企业可以更好地融入国际市场，对标全球领先水平，推动自身的持续发展。通过深入了解特斯拉以及其他大企业的产品需求和技术标准，相关企业可以保持对市场和技术趋势的敏感性，及时调整产品线，跟进新兴技术，投资于先进的制造技术、材料研发和质量控制体系，通过对上游企业车型、技术规范和未来发展方向的全面了解，更好地调整企业的研发和生产方向。

但是，一方面，过度依赖特斯拉可能使得区域内产业链对其变化更为敏感，一旦出现问题，奉贤新能源汽车产业可能将受到较大冲击。另一方面，特斯拉拥有的领先技术可能对本地企业造成技术压力，如果企业内生技术创新动力不足，就很难形成自身竞争力。与大企业建立战略合作伙伴关系，不仅仅是简单的供应商和客户关系，还要通过共同发展、共同投资，建立长期稳定的合作关系，实现互利共赢。

4.融入开放的国内外市场，但同时面临较大的国内外竞争压力

国内外市场的开放为企业提供了更广阔的发展空间，有利于产品销售和市场拓展，促进了技术交流和合作，有助于获取新技术、提升产品质量和竞争力，同时也为企业提供了更多的资源获取渠道和合作伙伴，有利于产业链的完善和发展，奉贤与国内其他地区新能源汽车企业一道融入了全球大市场中。

但与此同时，国内外市场竞争激烈，来自全球各地的企业都在争夺市场份额，对企业造成较大的竞争压力。此外，部分国家和地区对新能源汽车的准入门槛较高，需要企业具备一定的技术和质量标准。在国际市场上，奉贤企业需要通过提升产品质量、拓展国际合作和加强市场营销等手段，逐步提升在国际市场的竞争力，以应对国内外品牌的竞争。

五 新能源汽车产业发展建议

展望未来，奉贤有望在新能源汽车产业中实现更大的发展。随着技术不断进步和市场需求进一步扩大，通过持续深化产业升级、拓展国际合作，奉贤有望在全球新能源汽车产业中崭露头角，成为上海汽车产业的重要支撑点，为经济的高质量发展做出更大贡献。基于新能源汽车产业领域的机遇和挑战，奉贤可以着力在以下几方面做出努力和突破。

1.进一步强链、补链、延链

强化自身在汽车零部件和智能网联领域的优势。吸引或扶持与自身优势相契合的企业，加速集聚零部件、电机、智能化系统等领域的优势企业。加强品牌建设，注重品质和创新，树立自身的品牌形象，提升市场竞争力。与上下游企业建立紧密合作关系，促进协同创新、共同研发，优化供应链条和生产体系。

填补自身空白领域。引进新的配套产业，例如电池材料、充电基础设施等，填补产业链条上的空白，完善整个产业链。鼓励企业与其他地区企业合作，甚至进行并购，获取先进技术和资源，弥补自身技术或产业链不足。

延伸产业链条，鼓励企业拓展与新能源汽车相关的增值服务，更全面地覆盖新能源汽车产业链，拓展产业链的广度和深度，提高区域内产业链的完整性和竞争力。如在汽车零部件业务之外，发展充电桩制造和充电网络建设，支持新能源汽车的充电需求；发展废旧电池回收和再利用技术，推动电池资源循环利用；开发车载应用，包括娱乐、安全和信息服务等，提升汽车使用体验。此外，开发与汽车制造相关的智能制造装备和自动化技术，提升生产效率和质量，如结合智能网联技术，发展智能共享出行平台，提供更便捷、智能的出行服务；运用大数据分析和智能交通管理技术，提升交通效率和加强智慧城市建设。

加强产业链协同发展，横向和垂直整合产业链各企业的合作关系。深度整合零部件制造、电池技术、智能网联汽车等关键领域，推动企业之间的深度合作，形成"链-园-企"的协同创新体系。通过合作共赢，加快整个产业链的发展速度，提高区域内企业的综合竞争力。

此外，加强与国际新能源汽车企业的合作，开展联合研发项目，共同探索新技术和产品创新。洽谈技术转移协议，促进国际企业先进技术的引进和交流。借助国际企业的技术、市场和资源优势，进一步融入国际产业链，获取国际资源，扩大产业影响力。

2. 做强"链主"企业

在奉贤新能源汽车领域大力引进和培育产业链中起到引领作用的"链主"企业。提供税收优惠、土地供应、财政补贴等优惠政策，打造新能源汽车产业园区，提供专业的基础设施和配套服务，设立专门的资源对接平台，提供政策咨询、行业信息、技术支持等服务，吸引"链主"企业入驻。指导企业向产业链上游或下游发展，为"链主"企业提供技术研发、产业转型、市场拓展等方面的支持。设立奖励机制，对在产业链上起到引领作用的企业给予奖励，鼓励其在技术、质量和市场拓展方面做出的突出贡献。

围绕"链主"企业，打造以"链主"为核心、以"链核"为节点、以"链基"为基础的多层次智能制造工厂生态圈；打造具有跨业务数据共享、流程透明、精准预测、管理优化和自主决策等特征，满足成效显著、行业引领性强和示范效应突出等要求的"链主"型智能工厂；建设针对技术突破、工艺创新、场景集成和业务流程再造等环节，实现标准作业、可视管控、精准配送和最优库存等示范带动作用，满足生产数据贯通化、制造柔性化和管理智能化的"链核"型示范性智能工厂。面向单个或多个制造环节，探索形成一批"数字孪生+""5G+""AI+""机器人+"等融合创新应用，推广"链基"型智能制造优秀场景。"链主企业"的相关产业链上下游将通过智能制造完成全产业链的升级。

3. 完善产业服务配套

完善服务新能源汽车产业发展的各个环节，通过提供一站式服务、降低创新企业进入门槛等手段，吸引更多优秀企业落户。

优化政策环境。推动形成有利于企业发展的政策框架；适时修订和完善相关产业政策，提高政策的适应性和针对性，确保企业在政策上得到明确的支持和激励；出台一系列扶持政策，如补贴租金、提供优惠贷款、技术支持等。提供资金补贴或奖励措施，鼓励企业进行新能源汽车的研发、生产和销售；实施税收减免政策，减少新能源汽车生产企业的税负，降低产品成本；成立专项基金支持新能源汽车领域的科技研发和创新，推动关键技术突破；建设新能源汽车产业园区，提供土地和基础设施，吸引企业入驻。

促进产学研联动，鼓励企业与高校、科研机构开展合作，共同开发新技术和解决技术难题。支持设立新能源汽车产业技术研发中心，吸引高校、科研机构参与新技术研究和创新；鼓励科研机构和企业间合作，推动科技成果向产业转化，加速新技术应用；建立产学研一体化的人才培养机制，鼓励企业和科研机构间的人才交流，促进创新合作。

加强充电基础设施的建设，推动包括充电桩建设和充电站覆盖，提升使用便利性。加强智能交通设施建设，为智能网联汽车提供辅助支持；通过购车补贴或停车优惠等激励措施，鼓励消费者购买新能源汽车。

加强信息交流与合作。设立产业信息交流平台，组建产业联盟，促进企业间信息共享、技术对接和合作，促进企业间资源整合。

B.12
聚力数字江海建设，
推动奉贤城市数字化转型

乔 娜　丁波涛[*]

摘　要： 奉贤区全面推进城市数字化转型建设，紧抓"数字江海"战略定位，推动数字赋能发展，提高城市品质和竞争力，助力建设"数智贤城"。本报告详细介绍了目前数字江海建设取得的成果以及奉贤区城市数字化转型规划体系和重点任务，从经济、生活、治理等方面分析城市数字化转型的进展，总结出转型过程中在数字设施建设、数据治理能力、数字创新体系、数字场景应用、数字红利共享等方面的问题。最后，本报告基于奉贤区发展实际，从营造良好创新生态、提高市民数字素养、丰富数字场景建设、构建安全运营体系、促进跨域协同发展方面提出了奉贤区未来推进城市数字化转型的建议。

关键词： 数字江海　智慧城市　数字化转型

随着数字技术与经济社会的深度融合，数字化正以迅猛态势成为引领世界变革的重要驱动力量，全面推进数字化转型逐步成为各国经济社会发展的重要战略。国家"十四五"规划专门设置篇章论述"加快数字化发展，建设数字中国"，强调了面向未来塑造数字化核心竞争力的重要性。城市数字化转型是响应"十四五"规划战略部署的关键之举。上海作为改革开放排

---

　* 乔娜，上海社会科学院信息研究所情报学硕士研究生，主要研究方向为智慧城市、数字经济；丁波涛，上海社会科学院信息研究所副所长、研究员，主要研究方向为智慧城市、数字经济、数据治理等。

头兵、创新发展先行者，率先探索利用新技术赋能城市治理和发展，着力推进智慧城市建设，在数字化建设方面取得了突出优势。基于"十三五"时期的数字化发展成果，上海持续领跑数字化转型建设，在"十四五"时期全面推进城市数字化转型，聚焦经济、生活、治理三大领域，积极探索高质量发展的上海路径，贡献上海智慧。

站在"两个一百年"奋斗目标历史交汇点，奉贤区深入贯彻落实上海市关于全面有效推进城市数字化转型、建设国际数字之都的行动战略，以"数字江海"项目建设为引领，加大数字基础设施建设力度，培育数字经济生态，推动数字化赋能人民美好生活和治理精细化建设，迈入"新时代、新片区"的新阶段。立足于"上海五个新城"和"长三角活力新城"的区域定位，奉贤区积极把握数字机遇，强化奉贤优势，持续打响新城品牌，借数字势能促"城市蝶变"，将全面推进城市数字化转型作为引领经济社会发展进步的重要战略，以塑造未来发展的核心竞争力，奋力创造新时代奉贤"美、强"新典范。

一 城市数字化转型不断提速

奉贤区全面推进城市数字化转型，并取得了显著成效。根据北京大学光华管理学院发布的《中国区域创新创业指数（1990—2021）》报告，上海市奉贤区域在创新指数和数字创新指数方面均有较为出色的表现。其中，奉贤区域创新指数以人均得分 100 分位列全国第一，数字创新指数人均得分也达到了 99.4536 分，排名全国第三。① 奉贤区城市数字化围绕经济社会发展总体目标，在经济、生活、治理方面全方位提升区域竞争力，助推奉贤区高速发展。

---

① 《指数发布！速览中国创新创业热土》，https：//www. gsm. pku. cn/info/1740/24230. htm，最后访问日期：2024 年 1 月 25 日。

（一）经济数字化转型

2022 年，奉贤区持续推进产业升级，着力提升产业向心力，促进创新载体建设落地，全方位推动经济数字化转型。

1. 完善政策保障体系建设

不断加强政策的系统性和协同性，形成政策合力，为经济数字化转型提供更加坚实有力的全方位政策保障。2022 年，奉贤区陆续发布了《奉贤区科技创新创业发展专项资金支持办法（试行）》《奉贤区促进产教融合高质量发展若干政策意见（试行）》等文件，制定了《关于全力打造国家级中小企业科技创新活力区的若干意见》《奉贤区促进生命健康产业高质量发展若干政策》，提出了《奉贤区建设中小企业科技创新活力区三年行动计划（2023—2025 年）》，通过政策引导、项目扶持、平台支撑等措施鼓励企业加大研发投入，激发企业创新创造活力，推动产业结构的优化升级。

2. 加快打造战略性新兴产业集群

聚焦生物医药、新能源汽车、数字经济、化学新材料等战略新兴产业，强化科技创新引领，积极布局新兴领域，提升产业发展能级，抢占未来发展制高点，助力实现经济高质量发展。加速推进"数字江海"示范区建设，提升东方美谷·医药、临港新片区生命蓝湾两个市级生物医药产业特色园区的产业集聚力。涵盖生物医药、智能网联汽车、智能制造、新材料等领域的12 个重大产业项目在 2022 上海全球投资促进大会上完成云签约，三个重大产业项目实现集中开工。积极培育科技创新主体，打造以"科技型企业-高新技术企业-科技小巨人企业-科技企业上市"为重点的科技企业梯度培育体系，不断挖掘企业创新潜力，释放创新活力。截至 2022 年底，有效期内高新技术企业达到 1795 家，位列全市第五，国家级专精特新小巨人 25 家，市级专精特新企业 508 家；科创板上市企业 3 家。

3. 强化科技创新载体支撑

依托高校资源，打造高能级大学科技园产业集聚区，积极推进工程技术中心等创新平台的建设，助力构建高水平的产学研一体化创新生态圈。制定出台"基金+基地"赋能园区的实施意见，构建园区开发管理新模式，提升园区产业能级和集聚效应，南桥临港创新智造产业园先试先行助推产业集群集约发展。持续加大人才引进力度，通过线上云上晨会·问需贤才（浦江人才）专场、线下科技政策大宣讲等活动，积极宣传人才政策，做好诉求服务；举办近百场"招才引智季"活动、139 场"双招双引"主题推介活动，招贤揽才，集聚海内外优秀人才；开展 2022 届"滨海贤人"系列优秀人才选拔工作，通过推出"凤归巢"项目和"梧桐树"专项资金，吸引高校毕业生选择奉贤。

4. 完善制造业数字化服务保障体系

2023 年 9 月，奉贤区召开制造业数字化转型诊断机构和服务商座谈会，16 家诊断机构和服务商逐一就前期与属地、企业对接情况，推进工作中的问题和难点，下一步工作计划进行了交流发言。截至 9 月，全区已有 366 家企业完成智能制造能力成熟度评估，264 家企业完成线上数字化诊断，到 2023 年末将实现此项工作全区规模以上工业企业全覆盖；以专精特新企业和国家级小巨人企业为抓手，已有 149 家企业完成线下数字化诊断。下一步，奉贤将进一步强化数字化转型理念的宣传引导，继续用好市级推荐评估诊断机构、数字化转型服务商资源，为全区工业企业提供咨询指导、评估诊断、系统集成等覆盖数字化转型各领域的解决方案。

5. 稳定推进数字"三农"建设工作

推进"上海·奉贤数字乡村和数字农业云平台"建设，推进农业生产作业信息直报（神农口袋）工作，助力数字"三农"和乡村振兴发展。推进镇、村农业农村数字化转型，做好应用场景开发、维护运营工作，加快农业农村现代化进程。奉贤区委网信办积极发挥统筹协调作用，联动各区级职能部门扎实推进基础设施、数字农业、数字经济、数字治理等试点工作，打造了一批智能化、普惠化的乡村数字化应用场景。2023 年 9 月 7 日，由上海市委网信办主办的 2023 年上海市数字乡村发展统筹协调机制会议暨国家数字乡村试点现场交流会在奉贤区庄行镇浦秀村召开，显示奉贤已成为上海数字乡村建设的示范。

（二）生活数字化转型

奉贤区积极发挥数字化在补足医疗、消费、教育等公共服务短板和助力乡村振兴等方面的作用，通过数字化转型提高公共服务水平，促进城乡区域协调发展。

1. 数字医疗提供健康新保障

以人民健康为中心，夯实健康服务体系建设，稳步推进数智赋能，提供全方位全生命周期的健康保障。不断引入上海市级优质资源，正式运营首家三甲医院国妇婴奉贤院区，有序推进新华医院、复旦儿科医院的奉贤院区项目工作，吸引高层次专家团队来到奉贤，推动高端资源下沉，提升基层医疗水平和区域整体医疗水平。加速智慧医疗落地，已实现精准预约、智能预问诊等 1.0 应用场景建设，在门诊智能分诊导诊、智能院内导航等 2.0 应用场景建设中取得了一定成果，社区卫生服务中心互联网社区建设逐步实施，基本完成全域村卫生室标准化建设。

2. 数字消费引领生活新体验

全面打响"吃在奉贤、玩在奉贤"品牌，成功举办第三届"五五购物节"系列活动，线上线下销售达 150 亿元，提出地标商圈培育行动、夜间经济点亮行动、直播经济壮大行动、数字商业赋能行动等九大专项行动，投入"真金白银"重振消费经济，全力推动消费回暖，激活消费引擎活力，打造丰富多元的商业生态。

3. 数字教育助力知识新启航

奉贤区立足新成长教育，推动各类教育发展齐头并进，加大教育经费投入，2022 年投入达 51.95 亿元，积极打造信息化应用特色学校，实施教育"品牌"计划，设置数字化创新组，以数字化促进教育资源均衡配置，实现教育优质均衡发展。与高校合作共建基础教育学校，引进优质教育资源，提升区域教育质量和水平，利用教育大数据推动教育资源均衡配置。上线数字家长学校平台，依托云端实现家校实时沟通，满足家长的一站式需求，发挥数字化优势，促进建立"家校社协同育人"的教育生态。

4. 数字农业打造场景新应用

数字赋能农业现代化建设，完成 1187 亩无人驾驶插秧机试点作业，首次成功实现水稻无人化收割，依托铁塔视联、北斗导航和 5G 网络等先进技术，对农场作业范围进行实时全方位监控，利用无人农机的实时定位精准完成各项农场作业，促进 5G 数字化无人农场项目实践落地。坚持将农机装备智能化与高标准农田建设相结合，助推从传统的"农民手工耕作"到现代农机的"智能化种植"的重大转变，聚力打造集种植、养殖等多种农业要素于一体的数字农场综合体，实现高产、高效、高品质的农业生产。

5. 数字乡村塑造生活新风貌

奉贤区扎实推进国家数字乡村试点工作，利用数字化赋能乡村发展建设，打造宜居、宜业、宜游的乡村社区生活圈。不断完善数字乡村和数字农业云平台，整合涉农全要素，促进农业生产精细管理和乡村治理现代化，助力美丽乡村建设。奉贤区成功建立 4 个市级乡村振兴示范村和 7 个市级美丽乡村示范村，截至 2022 年底，累计创建了 13 个市级乡村振兴示范村和 36 个市级美丽乡村示范村，成为乡村振兴和美丽乡村建设的样板和标杆。安全先行助力数字乡村建设达到新高度，奉贤区开展"向'网'的生活——网络安全进数字乡村"特色活动，增强农村居民的网络安全意识和技能，为数字乡村建设稳固安全底座。

（三）治理数字化转型

奉贤区高效利用社会数据，打造数字治理新模式，为提升城市运行效率和居民生活质量提供了有力支撑。

1. "一网通办"服务效能持续提升

奉贤区致力于打通政务服务"最后一公里"，扩大"高效办成一件事"的覆盖范围，全程网办率以 92.2% 的比例位列全市第一，区级"一件事"办件总量达到 35.6 万件。率先设立"办不成事"反映窗口为企业、群众纾困解难，全区共有 43 个政务服务中心（涵盖 52 个办事大厅）设置了线下

"办不成事"反映窗口。① 同时，在"一网通办"和"随申办"设立了线上"办不成事"反映窗口，双管齐下把企业群众难办的事办成、办好。

2. 电子归档范围持续延伸扩展

推进区农业农村委电子档案归集，完成农药经营许可证和动物诊疗许可证2个事项办件档案的归集工作；与区新闻电影办对接，实现从事包装装潢印刷品和其他印刷品印刷经营活动的企业变更印刷经营活动审批、核发出版物经营许可证、设立从事包装装潢印刷品和其他印刷品印刷经营活动的企业审批等全部事项的办件档案归集；新增区文化旅游局"设立内资文艺表演团体许可"归档事项的新办、变更、延续等场景，通过"一网通办"综合治理平台，实现电子档案快速、准确、安全、规范地送达区档案局，真正实现了电子档案"一键归档"。

3. 智慧应急管理建设稳步推进

打造数字化安全生产监督管理体系，完成"智慧安监"项目建设，并对接市、区"互联网+监管"平台，集聚综合执法数据，提高数据分析研判能力和精准服务能级，加快建设完成危险化学品安全风险监测平台，强化安全生产重大事故风险隐患监测水平，防范化解重大安全风险，夯实应急救急根基，筑牢城市运行安全底线。

4. 交通出行服务品质显著增强

加快推进交通新基建，逐步构建新城综合交通体系，让出行更智能、更安全、更舒适。奉贤新城充分发挥交通枢纽的枢纽型、功能性、网络化作用，已经初步建立以轨道交通5号线、奉浦快线和南团快线为核心的公共交通网络，启动"海湾快线"建设，2022年安装381个公交电子站牌，累计装置896个公交电子站牌，基本完成奉贤新城范围内公交实时到站信息预报的全方位覆盖。依托奉贤区公交信息大数据平台，赋能智能电子站牌实时获取公交信息，采用"太阳能+超级电容"供能信息屏，保障智能电子站牌全时运行。

---

① 钟源：《上海奉贤加快打造高质量发展新样式》，《经济参考报》2023年8月25日，第008版。

5. 基层数字治理能力不断提高

奉贤区基于区域特色利用数字化手段创新基层治理现代化路径，提升基层治理效能。上线 2.0 版"市区云"赋予村居自主采集和管理权限，提高治理的精准度和效率，推动建立村居数据池塘整合基层系统数据，加强基层协同提升服务质量。南桥镇主动作为，利用数字技术建设"数字孪生城市"，打造江海花园智慧社区系统，赋能解决居民痛难点问题，让基层治理科学智能。

6. 生态环境治理水平持续优化

奉贤区坚持绿色低碳导向，探索环境治理新模式，以"数字方案"赋能绿色智慧生态建设。推进奉贤区生活垃圾全程分类智慧监管平台建设，并与"一网统管"对接，建设垃圾厢房等监控探头 355 个，覆盖居住区 298 个。统筹协调绿色生态布局，2022 年 11 月发布《奉贤区"无废城市"建设实施方案》，打造奉贤生态优势，提升城市绿色品质。

二 "数字江海"项目建设初见成效

数字江海是由上海临港集团和奉贤区合作推动建设的以数字经济产业主导的上海首个"城市力全渗透的数字化国际产业城区"①。数字江海立足于"上海转型示范引擎项目"的重要定位，紧紧围绕奉贤新城整体规划及智慧城市建设，以打造"未来之城、数字之城、低碳之城、生态之城"为总体目标，赋能奉贤区的数字化转型升级。

作为上海五大新城战略提出后的产城融合造城计划和奉贤区"1 号工程"，数字江海将充分利用奉贤新城北部 2060 亩的开发热土，在未来十年内，打造成一个地上总建筑面积超过 180 万平方米的新兴产业核心区与数字化城市，以推动奉贤区的经济社会可持续发展。数字江海作为奉贤区在创新经济驱动的高质量发展形势下打出的一张新的品牌名片，将在推动数字城市

---

① Skidmore Owings & Merrill LLP：《数字江海国际产业城区》，《建筑实践》2022 年第 S1 期，第 80~85 页。

建设、数字经济增长、数字产业集聚等方面发挥关键作用，为人们提供全新的生产生活方式，助力奉贤区攀登发展建设新高峰，加快成为南上海城市中心。在 2023 年 10 月 12 日举行的"全球智慧城市博览会·上海"上，"数字江海"项目入选 2023 城市数字化转型优秀案例。

（一）地块开发进展如火如荼

数字江海采用"1+X"的产业定位，"1"是指数字经济产业，以元宇宙为核心，强调人工智能、物联网等及其细分领域的发展；"X"则代表以生命健康为主要发展方向的战略新兴产业。[①] 数字江海共 7 期地块，计划在 10 年开发周期内完成，秉承着"绿色建筑、数字智慧、海绵城市、保护生态、综合能源"的开发理念，首发项目已于 2022 年 2 月在奉贤新城开工建设，2023 年 10 月 25 日随着三栋塔楼主体结构完成，数字江海一期项目实现结构部分全面完成的目标，为项目建设进度又迈出了坚实的一步，待一期项目完全建成后，将按照高复合、高强度、高能级的发展原则，完善城市功能，优化空间布局，构建产业生态，建设一座产城融合、功能完备、职住平衡、生态宜居、交通便利、治理高效的智慧数字产业社区。二期项目也在筹备中，将在未来逐步展开建设。

（二）基础建设取得显著成果

目前奉贤已由江海数字公司作为实施主体，牵头搭建了协同的规划实施平台，构建了"一大平台、三大总控、十一个专项"的组织结构，聚集了来自各领域的杰出团队和业界大师，由其共同负责全面推进各项规划和具体实施工作，各个专项规划和指导方针已经基本完成，形成了包括地区总图、专项导则、组团地块引导在内的"1+1+1"成果框架。编制完成《数字江海数字化专项规划》《数字江海数字化标准导则》；制定了数字江海数字化运维系统建设方案；2023 年上线数字江海数字孪生平台 1.0 版本系统。

---

① 邱爱荃：《奉贤新城：绘就一道亮丽风景线》，《中国经济导报》2023 年 7 月 20 日，第 005 版。

（三）数字江海展示中心顺利竣工

奉贤区积极打造一个集展览展示、接待互动、办公会议等功能于一体的数字化沉浸式数字江海展示中心。展示中心作为多功能数字空间充分融入现代信息技术，运用多媒体、数字化、全息化等数字化手段，充分展示"数字江海"高度复合、低碳韧性的规划理念，依托 AI、AR/VR 等新一代信息技术，构建数字孪生城市系统，展现智慧楼宇、智慧安防、智慧停车、智慧交通等多维度的数字化应用场景，为大众科普数字江海的建设理念与发展愿景，带来视觉震撼，同时筑起企业行业间的交流桥梁，推动多业态融合，实现产业链、价值链、主体链的共生发展生态。目前，数字江海展示中心已经落地，开始运营。

（四）产业生态建设稳步推进

DCMM（数据管理能力成熟度评估模型）作为我国数据管理领域的最佳实践和首个该领域的国家标准，是企业与行业提升数据管理能力的能力评判依据，有助于企业优化业务决策、挖掘数据资产价值、提高数据管理效率，有效提升数字治理能力，国内多地积极推进 DCMM 贯标试点工作，进一步激发数据要素潜力，为企业数字化转型提供指引。2023 年初，奉贤区成功举办上海数字江海数字化国际产业城区·DCMM 贯标启动会，数字江海成为上海首个正式开展 DCMM 贯标的产业园区，也是全国首个启动 DCMM 贯标的数字经济特色产业园区。

（五）数字产业规模快速增长

目前，"数字江海"已发展成为上海绿色低碳试点示范区、上海城市数字化转型示范区、上海国资数字化创新基地，并在数字经济领域集聚了阿里云、网易等一批国内优秀的产业龙头主体。2023 年上半年，数字江海园区内企业税收产出同比增长超过 206%，园区企业营收同比增长 65%，为奉贤新城核心区域的转型发展、产业升级、就业拉动发挥了重要引领作用。"数字江海数字化产业赋能平台"正面向区域数字经济产业发展和企业数字化转型需求，着力构建"一个中心+N 个边缘节点"的产业赋能型高性能公共算力网络，全方位助力企业数字化转型，赋能宜居宜业、令人向往的未来之城。

（六）云端城市建设加快布局

数字江海锚定"地上一座城、地下一座城、云端一座城"城建新模式，基于先进的数字化设施，以数字江海智能体为核心，高标准建设虚实交融、多维互动的数字孪生系统，高水平打造城市高质量发展的标杆。除地面的公园楼宇和地下复合空间，数字江海还将建立一个由数据构成的云端城市，实现对实体城市每一个细节的多维度精确再现。项目完工后，将大幅提升奉贤区的城市能级，吸引 1000 家企业入驻，提供 2 万个就业岗位，年营业收入将高达 1000 亿元，年税收贡献将达到 30 亿元，使得未来的生产生活、社会治理、城市发展经历全面重塑和深刻变革。数字江海的建成将助力奉贤区筑牢门户地位的区位格局，加速打造成为滨江沿海发展廊道的强劲引擎，同时乘长三角一体化之风，拓宽辐射长三角的综合性服务型核心城市的阳光大道。

三 数字化转型新蓝图正式发布

奉贤区着眼于未来数字城市的特点和趋势，积极推动生产和生活方式的变革，以"数据要素重组城市要素、数据治理重塑城市治理"为核心，勾画奉贤数字化转型新蓝图，利用未来技术加快推进城市数字化转型，打造智能化城市生态。

（一）规划总体框架和目标

为打造面向未来、共赢未来的"数智贤城"，助力上海国际数字之都和国家网络强国、数字中国建设，奉贤区坚持系统谋划、统筹协调，已构建形成"1+3+1+X"的引领支撑体系，包括 1 个奉贤区数字化转型总体规划，经济、数字、生活 3 个领域的数字化专项行动方案，1 个奉贤新城数字化转型规划建设方案以及 X 个领域的专项促进政策，明确了奉贤"十四五"时期加快推进城市数字化转型的重大任务和重要举措。

2023 年 2 月 20 日，奉贤区政府正式发布《奉贤区全面推进城市数字化转型总体规划》（以下简称"总体规划"），擘画了奉贤区未来几年城市发展建设的宏伟蓝图。总体规划以 2035 年远景目标为导向，制定了奉贤区 2025 年的中期目标，即：到 2025 年，通过数字化技术赋能，全方位聚焦数据价值，探索共赢未来的"数智贤城"；数字赋能美谷、江海引领蝶变，奋力打造南上海"数位"新优势；基本实现"产城融合""人产融合""人城融合"，探索实践数字化"四量"转型示范路径，将奉贤区打造成为数字化转型标杆区、示范引领区、最佳体验区。围绕"数智贤城"的城市数字化转型美好愿景，总体规划提出两个核心目标与 14 个特色目标，以推动数字经济持续增长、促进数字生活全民畅享、赋能数字治理精细化。具体目标如表 1 所示。

表 1　奉贤区数字化转型总体规划核心目标与特色目标

目标	目标名称	属性值	规划目标值
核心目标	在线新经济销售额	预期值	1000 亿元
	数字江海产业集群规模	预期值	1000 亿元
特色目标	新城道路通信管道覆盖率	预期值	≥90%
	工业互联网标杆园区数	预期值	≥1 家
	智能工厂数	预期值	≥10 家
	建立区域行业数据	预期值	≥1 个
	行业数据联合创新实验室	预期值	≥1 个
	引入互联网+龙头企业	预期值	1 家
	数字文体场馆	预期值	≥3 个
	生活数字化转型场景数	预期值	≥5 个
	培育信息化标杆校	预期值	≥3 个
	示范性数字家园数量	预期值	2 个
	智慧公园	预期值	10 个
	"一网通办"平台实际办件网办比例	预期值	90%
	"高效办成一件事"标杆场景数量	预期值	50 个
	"高效处置一件事"标杆场景数量	预期值	30 个

（二）总体规划重点任务

奉贤区紧紧围绕"奉贤美、奉贤强"的发展目标，聚焦"四新四大"，抢抓数字化转型契机，全方位统筹协调助推经济社会高质量发展。总体规划从基建、经济、生活、治理、场景等方面提出了奉贤区到 2025 年的重点任务。

在新型基础设施建设方面，奉贤区致力于实现泛在赋能、智能协同、开放共享，通过"微基建、微空间、微平台"等创新手段，以系统化、整体化、集约化的理念，政府引导与市场主体相结合，应用导向与创新驱动并举，深化数字城市建设。在基础条件成熟的区域部署建设数字底座，打造城市数据操作系统，建设开放、融合、共享、生长的"城市引擎"。推动部署全国领先的信息网络连接体系，构建面向未来城市的创新数字基础设施。

在经济数字化转型方面，秉持创新发展理念，利用数字经济辐射带动作用，促进经济高质量发展。积极融入长三角经济区、虹桥国际开放枢纽以及自贸区新片区，加强东方美谷和张江药谷协同发展，壮大"数字江海"产业集群，推动数字产业发展，引导智能示范工厂和数字园区建设，赋能各行业整体转型。培育流量型经济，促进在线新经济发展，鼓励在线新经济企业的集群集聚。创新乡村数字应用场景，大力发展数字乡村，利用数字技术全面升级传统农业，为实现乡村振兴注入数字化动力。

在生活数字化转型方面，以市民需求为核心，塑造崭新的数字生活体验。打造普惠数字生活，运用现代数字技术提供数字医疗、数字健康管理、数字体育、数字教育、绿色人居等服务，保障基本民生。打造品质数字生活，提升智慧出行、数字文旅、数字社区、数字乡村等生活体验，构建宜业宜居新范式，夯实高质量民生。打造温暖数字生活，引入数字化新模式，改善扶助和养老服务，弥合弱势群体面临的数字鸿沟，兜底底线民生。

在治理数字化转型方面，借助数字化转型推动城市治理变革提升，营造共建、共治、共享的数字和谐社会。深入推进"一网通办"及"一网统管"，优化政务服务流程，提高政务服务质量与效率，构建高效、透明、便民的数字政府。实现城市各类资源和服务的有效整合和高效调度，全面实现城市运行、市场监管、交通出行、社会治安、应急管理、农业治理、生态环境等领域的数字化，推动释放数字活力潜力，促进人人共享数字红利。

在数字场景示范应用方面，积极推进标杆场景示范工作，创建典范场景新样板，试点先行，辐射推广。基于数字江海打造元宇宙虚拟实境，形成虚实融合的"云端、地上、地下"三座城的新型发展体系。以数字化转型推动"上海之鱼"构建集住宅、酒店、湖景、公园等多功能于一体的低碳型城市公园群。借助张江药谷和东方美谷的协同效应和联动优势，打造以生物医药和战略新兴产业为主的全域可视智慧园区。围绕宜居、社交、安全等高频急难需求，探索构建未来数字家园，打造 15 分钟数字生活圈。

四　城市数字化转型短板依然存在

2023 年，奉贤聚焦"数字江海"项目建设，大力推动城市数字化转型，积极谋划未来数字城市新蓝图，取得了突出成效。但与此同时，奉贤城市数字化转型仍存在不少短板和瓶颈，需要加快创新、深化改革，尽快突破。

（一）基础设施建设缺乏协调，数据高效流通受阻

奉贤持续推进打造"百个大空间、千个链接点、万个微基建"的"满天星"工程，已经形成了较为完善的基础设施底座，为未来数字化城市发展奠定了一定基础，但由于基础设施的标准规范不明确，建设水平存在差异，可能会影响基础设施的质量和效能。数据孤岛现象仍然存在，政务外网的建设仍需进一步加强，部分物联感知设施缺乏明确的管理与养护部门，跨部门和跨行业的数据难以融合，数据无法在不同部门和系统间自由流通和共享，限制了数据的可用性。

（二）数据治理能力不足，数据共享机制不完善

奉贤区数字化转型已经踏上"快车道"，但数字治理能力存在滞后性，

没有跟上城市转型升级的步伐。数据资源配置机制有待完善，数据要素的市场化配置尚未完全形成，数据资源确权、流通、交易等方面的标准规范还未明确，数据质量有待提升，数据价值还未充分挖掘，数据资源共享开放需要进一步加强。

（三）创新体系尚不完善，服务能级亟待提升

奉贤区的创新主体以中小微企业为主，在创业初期对资金和政策支持的需求非常迫切，但由于财政支持分配比例不合理，缺乏足够的创新支持和资源，影响了中小微企业的科研和创新活动，限制了新技术和解决方案的涌现，从而影响了数字化转型的进程。另外，生产性服务业占比较低，创新平台和创新机构等载体数量较少，还未形成完善的创新生态体系，导致科研成果未能有效转化，制约了数字经济的增长速度，降低了数字化转型的动力和积极性。

（四）数字化应用场景开发不足，专业人才难支撑

尽管奉贤在城市数字化转型方面取得了一定的进展，但数字化应用场景的多样性和广度仍然有限，高频需求的场景尚需丰富。目前，奉贤的数字化应用主要集中在一些基础领域，如城市管理、公共服务、交通出行等，而在特定领域的高级应用和解决方案相对不足，如医疗、养老等。数字化应用场景的开拓需要广泛的技术专家，奉贤地区虽然拥有一些优秀的高校和培训机构，但专业人才的供给与需求之间存在差距，专业人才的培养和吸引面临挑战，人工智能等新兴领域的人才储备较少，难以为城市的数字化转型提供充足的人才资源支撑。

（五）数字鸿沟问题突出，数字红利未能充分共享

随着数字化转型的推进，数字技术已经渗透到生活的方方面面，也造成了日益凸显的数字鸿沟问题。奉贤区农村人口多，老龄化程度较高，数字鸿沟问题体现在不同社会群体之间的数字技能差距，以及城乡之间基础设施差

距带来的数字化服务的不平等普及。老年人和农村居民缺乏数字设备的使用经验和互联网技能，这导致他们在数字时代中感到不适应和被排斥，无法轻松访问在线医疗、在线教育、数字金融等服务，限制了他们享受数字化服务和资源的机会，使其在数字社会中处于弱势地位，难以通过数字技术更好地参与社会活动，降低了其对数字社会的融入感。

五　未来城市数字化转型建议

奉贤区城市数字化转型起步较迟，但经过持续推进和创新探索，已经取得了显著的成果。奉贤区仍需在未来的数字化发展中保持势头并应对新的挑战，促进数字技术与各领域深度融合，释放数字势能，推动经济社会高质量发展。

一是加快推进科技创新，营造良好创新生态。企业是科技创新的主体，要以提高科技企业创新能力为目标，不断完善创新体系建设，优化科技创新空间布局，增强科技创新支持，鼓励企业加强技术研发和创新投入，推动产学研用深度融合，搭建数字化转型公共服务平台，提供技术咨询、项目对接、成果转化等服务，激发市场主体创新活力，构建完善的创新创业生态环境，努力造就一批未来具备增长点、爆发点的细分领域优势企业，打造双创发展新高地。

二是大力培养复合人才，提高市民数字素养。积极投资教育和职业培训，构建多层次、全方位的人才培养体系，针对不同人群的需求，制定相应的培训计划和课程，提供专业的数字化技能培训和职业发展规划，培养具备跨领域知识和技能的复合人才队伍。加强基础教育阶段的数字素养培养，开展社区数字教育普及活动，建立数字化资源中心，为市民提供数字化工具、在线学习资源和技术支持，帮助市民更好地适应数字化转型的需求，确保数字化转型惠及所有市民。

三是丰富数字场景建设，拓展应用广度深度。发挥"数字江海"产城融合样板区场景牵引作用。在经济方面，加强企业经营管理与数字科技融合，利用新技术对传统产业进行全链条改造，推进工业互联网、智能工厂建设应用；在生活方面，推动便捷医疗、智慧校园、在线新零售等数字场景规模化应用，加速解锁智慧绿色出行、智慧文旅等应用新场景，提升群众获得感、幸福感；在治理方面，聚焦"高效办成一件事""高效处置一件事"，拓展政务服务新场景，利用"一网统管"健全政务应用集群，形成统一的城市运行视图，扩大"随申办"奉贤旗舰店受惠面，加快数字政府建设向纵深推进。

四是构建安全运营体系，筑牢持续发展底线。数字安全是城市整体运作的基础，它直接关系到城市的经济、产业、社会和基础设施的安全和可持续发展。打造以"感知风险+识别威胁+抵御攻击"为核心的安全运营体系，建立一体化作战平台，整合全网络、全维度、全时域数据，组建有丰富经验的数字安全团队，通过"人机结合"对各类安全风险做到快速响应、联防联控，整体提升奉贤区的数字安全与防御能力，构建起城市可持续发展的长效治理机制。

五是加强区域合作交流，促进跨域协同发展。基于区域一体化背景下的跨界跨域协调发展带来的市场发展机遇和增长潜力，鼓励产业合作与开放创新，建立合作交流机制，在研发创新、科技成果转化等方面加强合作，促进信息开放共享、生产要素流动和资源高效配置，打造具有区域特色的创新生态体系，探索跨区域的人才联合培养机制，推动人才资源共享和优势互补，充分发挥区域循环的双向带动作用，通过区域联建共建形成区域整体合力，促进区域高质量协同发展。

B.13
提升中小企业核心竞争力，
推动奉贤科技创新高质量发展

马鹏晴　沈鹏远*

摘　要： 2023年是"十四五"期间奉贤区国家级中小企业科技创新活力区建设承上启下的关键之年，为更好地融入上海建设具有全球影响力的科创中心大局，奉贤区积极践行"五个创新"① 理念，持续抓好国家级中小企业科技创新活力区建设和城市数字化转型工作，提升中小企业核心竞争力，落实以科技创新促进区域经济社会高质量发展。为贯彻落实国家和上海市科技创新精神，奉贤区发布并实施了诸多政策，分析"十四五"以来奉贤区重要的科技创新政策，明确了奉贤区科技创新政策的新方向和新目标；奉贤区科技型中小企业培育速度不断加快，创新载体建设与创新环境持续优化，呈现一些新亮点；科技成果转化取得新成效。但是，奉贤区科技创新高质量发展仍存在一些问题，如创新能力有待进一步提升、数字化转型机制有待完善等，最后给出了相应的对策建议。

关键词： 奉贤区　中小企业　科技创新　数字化转型

近年来，奉贤区为更好地融入上海建设具有全球影响力的科创中心

---

* 马鹏晴，经济学博士，上海社会科学院高级工程师、上海市软科学研究基地——科技统计与分析研究中心兼职研究员，主要研究方向为科技创新与经济增长、科技统计；沈鹏远，中共上海市奉贤区委党校（奉贤区行政学院）副教授，主要研究方向为经济体制改革、创新经济学、国有企业改革。
① "五个创新"是指基础理论创新、底层技术创新、颠覆项目创新、跨界融合创新和转移转化创新。

大局，紧紧围绕国家级中小企业科技创新活力区建设，坚持创新驱动、转型升级，不断增强创新服务支撑，充分释放企业创新活力，营造中小企业蓬勃发展的创新生态，促进区域科技创新发展，切实将科技创新高质量发展的施工图转化为实景画。自 2021 年《奉贤区科技创新"十四五"规划》发布以来，为了落实规划中的各项内容，2022 年 8 月奉贤区颁布了《关于全力打造国家级中小企业科技创新活力区的若干意见》（以下简称《若干意见》），紧接着 12 月 30 日《奉贤区建设中小企业科技创新活力区三年行动计划（2023—2025 年）》（以下简称《行动计划》）印发。2023 年是"十四五"期间奉贤区中小企业科技创新活力区建设的承上启下之年，从科技创新政策视角分析奉贤区中小企业科技创新活力区建设进展情况，可以明确奉贤区科技创新政策的新方向和新目标。奉贤区科技创新"十四五"规划的前半段进程中，奉贤区科技型中小企业培育速度不断加快，创新载体建设与创新环境持续优化，数字化转型战略持续推进，呈现一些新亮点，涌现多项科技成果，且在科技成果转化方面取得了新突破。

一　科技创新政策视角下奉贤区中小企业科技创新活力区建设的新目标与配套政策支持

科技创新政策是引导、激励和规范科技创新活动的政府措施和行为，是提升科技创新实力的重要支撑条件。近年来，为贯彻落实国家和上海市科技创新精神，奉贤区围绕中小企业科技创新活力区建设发布并实施了诸多政策，回顾分析这些科技创新政策，更有助于了解奉贤区在"奉贤美、奉贤强"高质量发展中的进展情况。

（一）区域科技创新综合性政策的新目标

近年来，奉贤区发布了三项重要的区域科技创新综合性政策，分别为《奉贤区科技创新"十四五"规划》《若干意见》《行动计划》。

  《奉贤区科技创新"十四五"规划》从战略高度提出五大主要任务：一是优化科技创新功能布局，积极推进"东方美谷+未来空间"双引擎驱动战略，打造自贸区新片区联动新高地，加强重点创新园区载体建设；二是塑造产业科技创新优势，推动"东方美谷"美丽健康产业全面升级，打造"未来空间"智能制造产业集群高地；三是提升创新创业平台能级，促进新型研发机构和功能型平台建设，打造高水平产学研协同创新平台，加强孵化器创新创业载体建设；四是建设创新资源融合高地，加大优秀人才引进和支持力度，促进长三角融通发展，提高国际合作深度；五是优化创新要素配置效率，优化财政资金扶持方式，助力推进企业科创板上市。[①] 在具体的愿景目标方面，提出到 2025 年奉贤全社会研究与试验发展经费支出占奉贤区生产总值比例达到上海市郊区平均水平等八项定量目标。《若干意见》中对奉贤区中小企业科技创新活力建设主要目标进行了细化，力争到 2025 年，奋力实现"三个翻一番"，努力实施"四个创新行动计划"。[②]《行动计划》是根据上述《若干意见》而制定的落实政策，从优化科技创新功能布局、提升企业科技创新能力、推进创新创业载体建设和加快科技创新人才集聚四方面提出具体的发展目标，并细化到任务清单。[③]

  奉贤区这三项重要的区域科技创新综合性政策中均提出了具体的定量化目标，不断提出新要求和新目标。一个明显的新目标体现在对科技成果的转化方面，我国科技体制改革一直围绕着科技与经济结合，以加强科技创新和促进科技成果转化和产业化为目标，《行动计划》中明确提出"科技企业上市数量达到 40 家以上，其中科创板 10 家以上"。另一个新目标是对城市数字化转型工作的进一步重视，《行动计划》中明确提出"数字经济核心产业增加值突破 1000 亿元"。定量目标具体比较详见表 1。

---

① 《奉贤区科技创新"十四五"规划》，上海市奉贤区人民政府，2021 年 11 月。

② 《关于全力打造国家级中小企业科技创新活力区的若干意见》，上海市奉贤区人民政府，2022 年 8 月。

③ 《奉贤区建设中小企业科技创新活力区三年行动计划（2023—2025 年）》，上海市奉贤区人民政府，2022 年 12 月。

表 1　奉贤区科技创新综合性政策定量目标比较

政策名称	定量目标
《奉贤区科技创新"十四五"规划》愿景目标	到 2025 年,奉贤全社会研究与试验发展经费支出占奉贤区生产总值比例达到上海市郊区平均水平; 每万人发明专利拥有量达到 40 件; 集聚 3800 家以上科技型中小企业、2000 家以上高新技术企业、159 家以上市级科技小巨人; 拥有 48 家市级以上企业技术中心和 15 家市级以上工程技术研究中心; 七大战略新兴产业产值达到 675 亿元; 东方美谷/大健康产业产值达到 1000 亿元
《关于全力打造国家级中小企业科技创新活力区的若干意见》主要目标	力争到 2025 年,奋力实现"三个翻一番",即:高新技术企业认定数量翻一番,达到 2700 家;每万人口高价值发明专利拥有量翻一番,达到 20 件;科技创新创业载体数量翻一番,达到 24 家; 努力实施"四个创新行动计划",即:小巨人企业认定数达 600 家以上;企业技术(研究)中心达到 400 家以上;院士专家工作站达到 100 家以上;科技企业上市数量达到 40 家以上
《奉贤区建设中小企业科技创新活力区三年行动计划（2023—2025 年）》发展目标	力争至 2025 年末,奉贤全社会研究与试验发展经费支出占奉贤区生产总值比例达到上海市郊区平均水平; 科技投入达到 13 亿元以上; 东方美谷大健康产业规模达到 1000 亿元; 引进和培育 5 家以上智能网联新能源汽车产业链创新型企业及核心零部件企业; 数字经济核心产业增加值突破 1000 亿元; 新建 5G 基站 4000~5000 个; 国家级"专精特新"小巨人企业达 25 家,市级"专精特新"企业达 260 家; 高新技术企业认定数达到 2700 家,市级科技小巨人企业达 160 家; 科技企业上市数量达到 40 家以上,其中科创板 10 家以上。 新增市级以上企业技术中心 5 家以上,新增市级工程技术研究中心 3 家以上,新增院士专家工作站 15 家以上; 各类科技创新创业载体达 24 家; 每万人口高价值发明专利拥有量翻一番,达到 20 件; 每万人新增注册商标数 390 件; 新引进和培育生物医药领域国家级、上海市高层次人才 500 名以上,万名从业人员高级工以上技能人才 500 人,万名从业人员大专以上学历人员 3500 人

资料来源:作者根据《奉贤区科技创新"十四五"规划》《关于全力打造国家级中小企业科技创新活力区的若干意见》《奉贤区建设中小企业科技创新活力区三年行动计划（2023—2025 年）》整理。

（二）区域数字化转型与科技创新配套性政策支持

《行动计划》中明确提出"数字经济核心产业增加值突破 1000 亿元"，2023 年奉贤区实施数字化转型战略，推进全方位数字化转型，发布了《奉贤区全面推进城市数字化转型总体规划》和《奉贤区城市数字化转型行动方案（2022—2024）》等文件，全方位、多维度引领和支撑奉贤区数字化转型工作。奉贤区一直关注和重视服务科技型中小企业，不断做强科创服务品牌，为企业提供定制化培训，打好政策"组合拳"，最大限度发挥科技新政、人才新政等各类政策协同叠加效应，为企业的成长发展提供全链式、精准化服务。奉贤区为进一步发挥企业技术创新主体作用，营造中小企业蓬勃发展的创新生态，出台了多项配套政策激发企业创新活力（见表2）。

表 2　奉贤区科技创新配套性政策对中小企业科技创新活力区建设的支持

项目名称	政策依据
国家科技型中小企业评价工作	《奉贤区科技创新资金管理实施细则》（奉科〔2022〕4 号） 《奉贤区科技型中小企业技术创新资金项目实施细则》（奉科〔2022〕11 号）
奉贤区科技型中小企业技术创新资金	《奉贤区科技创新资金管理实施细则》（奉科〔2022〕4 号） 《奉贤区科技小巨人工程认定细则》（奉科〔2022〕9 号）
上海市科技小巨人	《奉贤区科技创新资金管理实施细则》（奉科〔2022〕4 号） 《奉贤工程技术研究中心建设与管理实施细则》（奉科〔2022〕10 号）
上海市优秀科技创新人才	《奉贤区科技创新资金管理实施细则》（奉科〔2022〕4 号）
奉贤工程技术研究中心	《上海市高新技术成果转化项目认定办法》（沪科规〔2020〕8 号）
上海市高新技术成果转化	《奉贤区产学研合作项目专项资金管理办法（试行）》（奉科〔2022〕13 号）
上海市科技企业孵化器奉贤区产学研合作项目上海市大学科技园	《奉贤区科技创新创业载体管理办法》（奉科〔2020〕5 号）
上海市科技创新券	《奉贤区研发公共服务平台建设管理办法》（奉科〔2022〕6 号）
上海院士专家工作站	《关于鼓励成立院士专家工作站（中心）管理办法》（奉科协〔2018〕3 号）
奉贤区软件和信息服务业专项资金	《奉贤区软件和信息服务业专项资金实施细则》（沪奉信息委〔2022〕2 号）

资料来源：作者根据奉贤科技政策（2023 版）口袋书整理。

二　奉贤区创新主体培育、载体建设
与创新环境的新亮点

科技型中小企业作为最具活力和发展动力的创新群体，是培育壮大新动能、推动高质量发展的重要动力。作为高新技术企业的后备力量，不少科技型中小企业深耕行业细分领域，在行业核心技术、关键工艺标准等方面体现出领航作用。"十四五"期间，奉贤区加快了科技型中小企业培育，持续提升中小企业核心竞争力，加强科技创新创业载体建设，营造创新人才创业氛围，实施数字化转型战略，推进全方位数字化转型。

1.科技型中小企业培育速度加快，中小企业核心竞争力不断提升

奉贤区科技型中小企业培育速度不断加快，其作为科技创新的主体地位不断加强。"十四五"期间，奉贤区科技型中小企业数量显著增长，从2021年的1119家增长到2022年的1378家，2023年前三季度有1604家企业获得科技型中小企业入库编号（见图1）。《奉贤区科技创新"十四五"规划》中愿景目标"2025年集聚3800家以上科技型中小企业"，目前已完成目标值的近一半。

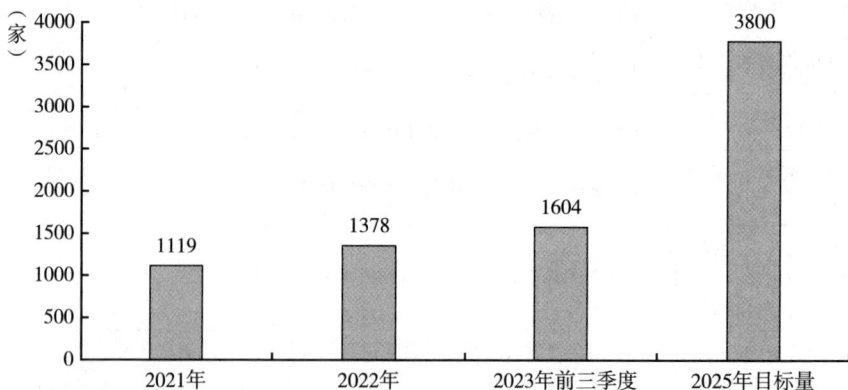

图1　奉贤区科技型中小企业数量

资料来源：历年《上海市奉贤区统计年鉴》《上海市奉贤区2023年政府工作报告》、奉贤区科委。

奉贤区一直非常重视高新技术企业等项目申报工作，图 2 显示了从"十三五"期末 2020 年至 2022 年奉贤区市级高新技术企业和市级科技小巨人企业数量的变化趋势，均呈现稳步上升的态势。奉贤区市级高新技术企业累计数从 2020 年的 1350 家逐年上升到 2022 年的 1795 家，2023 年前三季度奉贤区共受理高企申报 648 家，目前拟认定 295 家。奉贤区市级科技小巨人企业数量也呈现上升态势，由 2020 年的 124 家增至 2022 年 138 家，2023 年前三季度奉贤区有 20 家科技小巨人企业获得区级立项。《行动计划》中发展目标提出"力争至 2025 年末，高新技术企业认定数达到 2700 家，市级科技小巨人企业达 160 家"。目前时间过半，与目标量的距离也在不断缩小，市级高新技术企业数已达 2090 家，市级科技小巨人企业达 158 家，距离 2025 年目标量仅差 2 家，这也显示出奉贤区中小企业正在不断提升自身的核心竞争力。2023 年前三季度，8 家工程技术研究中心获得区级立项，192 个项目通过奉贤区科技创新创业发展专项资金（科委）项目，申请资金扶持 2.18 亿元。凯思凯迪等 4 家企业的项目获 2023 年度市科委"科技创新行动计划"生物医药领域科技支撑项目立项；梦阳药业等 2 家企业的项目入选上海市 2022 年度生物医药创新产品攻关项目清单。

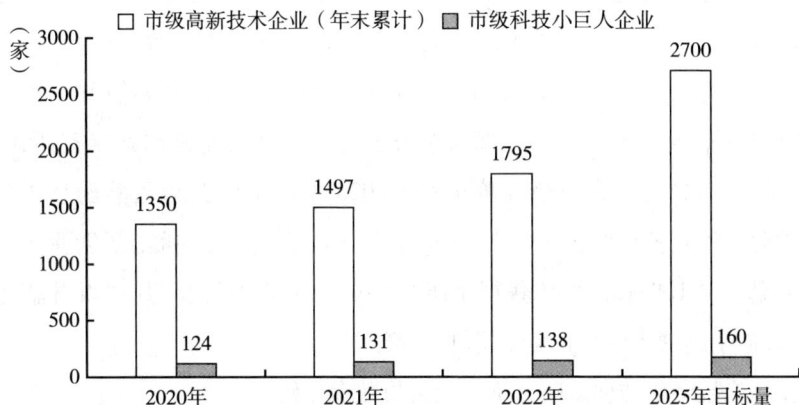

图 2　奉贤区市级高新技术企业和市级科技小巨人企业数量

资料来源：历年《上海市奉贤区国民经济和社会发展统计公报》。

2. 科技创新创业载体建设不断加强，创新人才创业氛围浓厚

科技创新创业载体是培育科技型中小企业的重要阵地，依托各级载体建设可以发挥平台载体对专业高层次人才和技术的吸引集聚作用，也可以推动科技成果转移转化。

2022年，奉贤区内新增市级院士专家工作站8家，累计获批市级院士工作站9家，市级专家工作站61家，专家服务中心3家，累计柔性引进两院院士25位，入驻工作站团队的专家达到455位，综合排名位居全市前列。2023年，奉贤区积极完成市科创载体申报工作，完成阿莱德、奉飞、化工区3家单位的材料审核及推荐工作。加强15家载体建设，引进高能级创新平台，推动临港南桥科技城与交大生医工院开展深入合作，三方联合打造校政企产学研转化示范基地。助推临港南桥联动上海交通大学、华东师范大学在产学研融合、产教融合、产金融合等方面开展全面合作，打造高能级技术创新中心、共性技术服务平台。与柘林镇共同推进华东理工大学以南620亩专精特新产业园规划建设，华理科技园有望落户奉贤。

2023年，奉贤区举办"早餐圆桌问需贤才"科技人才发展专题早餐会，相关职能部门与优秀科技企业人才代表面对面交流问题解决诉求。加大外国人才政策宣传，深化国际人才交流合作。鼓励参与市级以上科技人才计划申报，推荐上报启明星、浦江人才、国家创新创业领军人才等50余人。深入开展科创品牌活动。举办2023生物医药产业论坛、"招才大使看奉贤"市科技启明星协会"星友"人才调研东方美谷、上海农业科创谷专家研讨会、合成生物学与绿色生物制造高峰论坛、2023上海中医药与天然药物国际大会等活动。695家企业申报2023年度"创·在上海"国际创新创业大赛奉贤赛，拟立项100家，预计获得市级扶持资金1100万元，其中百开盛生物等10家企业成功入围中国创新创业大赛。

3. 实施数字化转型战略，推进全方位数字化转型

实施数字化转型战略是构建现代化经济体系的重要抓手，也是推进治理能力现代化的有力支撑，推动城市数字化转型是塑造未来发展核心竞争力的战略选择，奉贤区紧抓这一重大机遇，加强全区数字化转型工作，主动抢占新赛道、积极开拓新场景，创造高品质数字生活，保障基本民生、筑牢品质民生、兜牢底线民生，打造具有未来感的数字城市。2023 年发布了《奉贤区全面推进加强全区数字化转型总体规划》《奉贤区城市数字化转型行动方案（2022—2024）》等文件，全方位、多维度引领和支撑奉贤区数字化转型工作。

完善信息基础设施，夯实数字化转型基础。持续推进 5G 基站建设，截至 2023 年 8 月，奉贤区现有 5G 基站 4804 个（含广电），其中新城区域 967 个，5G 移动通信网络已基本实现全区覆盖；新增 5G 创新应用项目 3 个，现有 5G 创新应用项目 53 个。完成市政府为民办实事项目，截至 2023 年 7 月底超额提前完成市政府为民办实事项目"45 个居民小区地下停车库移动通信信号覆盖"工作；根据市主题教育"年内完成 63 个居民有诉求地下车库的覆盖及 4 个街镇实现全覆盖"的专项整治要求，目前已开工小区 128 个，已完工小区 87 个（其中已完成居民投诉小区 44 个）。做好重大活动网络通信保障工作，完成区政府视频会议和（公务网）的视频会议保障服务工作 150 余场；完成两会、第五届运动会开幕式、奉贤新城杯 2023 年中国首届国际女子赛艇精英赛等共计 15 场重大活动以及防汛防台、中高考网络通信保障。推进信息化项目建设进度，2023 年前三季度完成区大数据平台等 36 个项目验收和奉贤区智慧物业平台二期项目等 38 个新开工项目的立项工作。"上海市奉贤区人民政府网站 IPv6 项目"成功入选上海市 2022 年 IPv6 规模部署和应用典型案例。

有序推进生活数字化转型。成立区数字化转型生活领域推进工作小组，推进区老年大学智慧校园等 3 项任务。以"用数字化赋能奉贤居民美好生活"为主题，开展 2023 奉贤数字生活节。"上海市奉贤区人民政府网站"荣获全国首批互联网应用适老化及无障碍改造优秀案例；南桥江海村实景三维物联数字乡村项目被评选为上海市城市数字化转型（生活领域）揭榜挂帅场景示范项目。指导企业数字化转型。推进中小企业智改数转，完成 264 家规模以上制造业企业数字化诊断工作。开展 DCMM（企业数据管理能力成熟度）贯标阶梯式滚动推进工作，充分挖掘数据要素潜力企业。

三　奉贤区科技成果转化的新案例

科技成果转化是推动科技创新与经济社会发展紧密结合的重要手段，它可以促进科技成果的应用和推广，提高科技创新成果的社会效益和经济效益，促进科技与经济融合发展。2023 年 12 月，习近平总书记在上海考察时指出，推进中国式现代化离不开科技、教育、人才的战略支撑，上海在这方面要当好龙头，加快向具有全球影响力的科技创新中心迈进。[①] 党的二十大报告提出，加强企业主导的产学研深度融合，强化目标导向，提高科技成果转化和产业化水平。强化企业科技创新主体地位，发挥科技型骨干企业引领支撑作用，营造有利于科技型中小微企业成长的良好环境，推动创新链产业链资金链人才链深度融合。[②] 近年来，国家和上海都密集出台了一系列政策文件，持续推进科技成果转化。

中小企业联系千家万户，是推动创新、促进就业、改善民生的重要力量。为持续增强中小企业核心竞争力，2023 年 5 月 25 日，工业和信息化部、国家发展和改革委员会等十部门联合印发《科技成果赋智中小企业专项行动（2023—2025 年）》，提出到 2025 年，健全成果项目库和企业需求库，完善赋智对接平台体系，推动一批先进适用科技成果到中小企业落地转化；开展不少于 30 场赋智"深度行"活动；围绕培育更多专精特新中小企业，健全成果转化服务格局，形成闭环激励机制，构建成果"常态化"汇聚、供需"精准化"对接、服务"体系化"布局的创新生态。[③]

2022 年度上海市科学技术奖共授奖 316 项（人），奉贤区涌现多项科技

[①] 《上海加快向具有全球影响力的科创中心迈进》，https：//news.cctv.com/2023/12/30/ARTIzEyR6CevN6TsP0oOSBrO231230.shtml。

[②] 习近平：《高举中国特色社会主义伟大旗帜　为全面建设社会主义现代化国家而团结奋斗——在中国共产党第二十次全国代表大会上的报告》，https：//www.gov.cn/xinwen/2022-10/25/content_5721685.htm。

[③] 《科技成果赋智中小企业专项行动（2023—2025 年）》，https：//www.gov.cn/govweb/zhengce/zhengceku/202305/P020230526361790108184.pdf。

创新成果。上海中器环保科技有限公司等 24 家企业的项目荣获上海市科学技术奖，其中特等奖 1 项、一等奖 4 项、二等奖 15 项、三等奖 4 项，国际科技合作奖 1 项，创历史最好成绩。

在科技成果转化方面，目前奉贤区的主要转化方式是产学研合作，上海阿莱德实业股份有限公司联合上海应用技术大学合作开展的产学研项目"聚合物基复合材料导热性能的模拟及高取向碳纤维导热复合材料的开发"，实现了科技成果的转化。该项目依靠院企合作，联合攻关，高校针对企业在工业生产、技术改造、技术引进中急需解决的技术难题和攻关项目，积极向企业推荐合适的新技术、新工艺、新产品等科技成果。通过开发的导热系数计算模型，建立无机粉体颗粒/树脂复合材料导热系数计算结果数据库，开发了热导率预测系统，并输出了"热导率预测系统"软件，成功开发新型高取向碳纤维复合材料制备技术。同时组建科研实验基地和人才培训基地，企业根据高校的要求，派遣管理人员、技术人员参与科研院所的科研教学活动，筹建联合实验室，该项目为学校培养青年教师 5 人、硕士研究生 9 人。其开发的高性能碳纤维导热垫片产品目前已进入量产阶段。该项目促进了企业技术进步，实现了降本增效，平均每年为公司增加产值 2000 万元，利润达到 800 万元，同时，也带动了上下游企业技术的进步，实现共赢发展。激发了公司技术人员的创新能力和水平，为公司储备了高水平人才资源，将学校科研、教育与企业生产在功能与资源优势上协同和集成化，实现高校与企业间的优势互补，是技术创新上、中、下游的对接与耦合。

四　奉贤科技创新高质量发展存在的问题与建议

中小企业是奉贤经济发展的重要支撑，奉贤区已逐步形成以东方美谷、未来空间和数字江海为支柱的三大产业集群。自 2015 年起"东方美谷"和"生命蓝湾"两大生物医药产业园区不断发展壮大，相关产业中小企业集聚，让奉贤区成为上海生物医药产业最重要的承载区之一，目前"生命信使"产业园初具雏形，在引进培育细分领域龙头企业、集聚创新平台和技术突破等方向上形成优势。2019 年奉贤区提出了为打造智能网联汽车产业品牌的"未来空间",抓住特斯拉落户临港这一重大机遇,吸引了智能网联产业相关的上下游企业入驻临港南桥科技城,打造成为又一个特色产业园区。"数字江海"是上海建设"五大新城",继"东方美谷""未来空间"后奉贤区提出的第三大重要举措,2021 年 5 月,一批以"网易上海奉贤联合创新中心"等为代表的数字化项目及企业签约入驻上海奉贤,加快了"数字江海"建设步伐。为了让中小企业在奉贤发展壮大,提升中小企业核心竞争力,推动奉贤科技创新高质量发展,奉贤区出台了多项精准政策,不断优化服务、打造创新载体平台和引进人才,但仍然存在一些问题,针对这些问题,提出相应的对策建议。

(一)奉贤科技创新高质量发展存在的问题

1. 中小企业数量多,但创新能力有待进一步提升

2021 年奉贤区 GDP 为 1371 亿元,处于全市各区排名靠后位置,经济实力相对薄弱。中小企业是奉贤经济发展的重要组成部分,目前全区注册企业已超 56 万家,其中 95%以上是中小企业。作为上海市中小企业科创活力区,奉贤区新增企业数量处于全市前列,日均注册企业 500 多家,经济活动具有非常强劲的动力。但由于奉贤区中小企业大部分处于价值链尾端的生产制造环节,产品和服务的附加值较低,高端人才缺乏,这极大地制约了奉贤区中小企业核心竞争力的提升。高新技术企业数量和科技小巨人企业数量这两个指标在一定程度上可以反映中小企业的竞争力,2023 年前三季度,奉贤区市级高新技术企业累计数为 2090 家,市级科技小巨人企业达 158 家,这与上海市其他制造业强区还有一定差距,活力区仅有活力是不够的,还需要提升竞争力才能实现"奉贤强"。

2. 科技创新辐射功能和带动作用有待加强

从区位特征来看,奉贤区是南上海的城市中心,奉贤区"三区两镇"①,

---

① "三区两镇"是指化工区、海湾旅游区、海湾大学园区和柘林镇、海湾镇。

坐拥特色产业园区、滨海旅游度假区、大学城、国家森林公园、全市最长的优质生态和生活岸线等各类稀缺资源。但是在科技创新方面，奉贤区目前还没有发挥出对周围的辐射功能，在长三角一体化中还未体现出带动作用，也未形成一条特色鲜明的创新生态链。

3. 科技成果转化动力不足

2022 年奉贤区持续强化高新技术成果转化工作，全年共立项 59 项，奉贤区科委荣获"2022 年度高新技术成果转化工作联络站先进集体"称号。近些年，华东理工大学、上海师范大学、上海应用技术大学、上海交通大学、上海理工大学以及上海中医药大学等高校，虽与区内企业形成了一些产学研合作的案例，但由于科技成果转化需要调动高校、企业、科研院所以及转化中介机构等多方面的积极性，高校和科研院所在奉贤区内将科技成果转化的动力仍然不足。

4. 数字化转型机制有待完善

《中国区域创新创业指数（1990—2021）》报告中显示，奉贤区域创新指数人均得分 100 分，排名全国第一；数字创新指数人均得分 99.4536 分，排名全国第三，仅次于深圳市和杭州市，实力雄厚。[①] 奉贤区坚持整体性转变、全方位赋能、革命性重塑的全面城市数字化转型的战略方向，在推进城市数字化转型中取得了初步成效，但数字化转型的市场化、社会化力量参与机制尚不健全，区级城市数字化转型的规划政策有待进一步细化，促进区域数字经济发展的政策有待实施。

（二）未来奉贤科技创新高质量发展的建议

1. 强化创新主体作用，进一步提升中小企业核心竞争力

未来，奉贤区应继续聚焦"五个创新"，以提高科技企业创新能力为目标，激发市场主体创新活力。继续做好高新技术企业、市区两级科技小巨人

---

① 北京大学光华管理学院：《中国区域创新创业指数（1990—2021）》，https：//www.gsm.pku.edu.cn/info/1740/24230.htm。

企业和区级工程技术研究中心的认定工作，加大市区两级创新资金项目扶持力度，新增市级院士专家工作站等，坚持"招引增量""挖掘存量"并举，持续孵育后备企业。

2.持续优化营商环境，打造"政产学研金介用"的创新生态链

关注和服务科技型中小企业，提供定制化培训，打好政策"组合拳"，最大限度地发挥科技新政、人才新政等各类政策协同叠加效应，为企业的成长发展提供全链式、精准化服务，持续优化营商环境。在当前自贸区新片区国家战略、上海"五大新城"和乡村振兴等多重发展战略叠加的背景下，奉贤区应深入推进"三区两镇"联动，打造"政产学研金介用"的创新生态链。

3.推动科技成果落地，促进产业创新发展

积极探索奉贤区域发展与大学园、科研院所合作新模式，研究高质量孵化器建设，加大科技创新创业载体建设力度。发挥市化工区大型外资企业、跨国公司在化学新材料领域的创新带动效应，打造化学新材料的产业集聚区和创新策源地。

4.筑牢数字底座，深入推进城市数字化转型

充分发挥区数字化办统筹协调职能，推动"1+3+1"规划①落地落实。持续推动5G网络深度覆盖、新城数字底座信息基础设施、居民住宅小区地下车库移动通信网络全覆盖等建设，支撑城市数字化转型不断深入。探索"便捷出行""智慧文化""数字家园"等数字化转型场景应用，不断营造高品质生活环境。全面实施规模以上企业数字化诊断，引导企业开展数字化转型改造，提升企业数字化转型水平。

---

① "1+3+1"规划，是指1个数字化转型总体规划，经济、生活、治理领域3个专项行动方案，以及1个新城数字化转型规划建设方案。

B.14
特色商业功能区促进奉贤新城
消费高质量发展

孟　醒　杜学峰*

摘　要： 奉贤区作为上海大都市圈的关键节点，商业发展可成为提升新城城市活力的引擎，然而目前仍存在商业竞争力不足的问题。奉贤新城可通过打造现代消费场景、提升城市生活品质等方式，引领"健""美丽"消费新市场，满足多元化需求，推动新型消费经济，提升新城的知名度和繁荣度。奉贤新城商业功能区需要充分利用上海市商业空间布局规划的发展机遇，依托奉贤交通枢纽、中央活动区，结合美丽健康产业资源，打造商旅文融合型商业中心。提升新城品质也面临着挑战，包括交通规划不足、商业品牌结构不合理、商业环境品质需要提升、文化体验不足等问题。在打造特色商业功能区的过程中，可以从商业数字化转型和"15分钟社区生活圈"两个层面不断探索消费高质量发展。

关键词： 商业功能区　城市品质提升　新城建设　消费高质量发展

一　商业是提升城市活力的重要引擎

在上海不断发展的过程中，商业始终扮演着重要角色。2017年，上海的社会消费品零售总额首次位居全国第一，[①] 成为中国最具消费力的城市。

---

* 孟醒，上海社会科学院数量经济研究中心博士研究生，主要研究方向为科技政策评价和计量模型分析；杜学峰，中共上海市奉贤区委党校（奉贤区行政学院）副教授、公共管理学科带头人，主要研究方向为城市化与基层治理。

① 《上海社会消费品零售总额达到11830.27亿 居全国第一》，中国日报中文网，https：//sh.chinadaily.com.cn/2018-02/08/content_ 35665429.htm，最后访问日期：2024年1月7日。

虽然中国城市的商业发展取得了显著成就，但在供给质量和消费环境等方面仍有改进的空间。随着国家提出构建国内国际双循环相互促进的新发展格局，充分发挥国内超大规模市场优势，在这一目标下挖掘国内市场需求潜力，打通生产、分配、流通、消费各个环节，成为当下的重要任务之一。[①] 2021年7月，上海被选为全国首批培育国际消费中心城市之一，承担着促进消费、形成强大国内市场、更好满足人民日益增长的美好生活需求的任务。从奉贤区来看，2015年至2019年社会消费品零售总额呈现上升趋势，并在2019年突破500亿元，达到了531.5亿元，但是2021年全区完成社会消费品零售总额仅为564.3亿元，[②] 只是邻近浦东新区的1/7、闵行区的1/4。[③]由于奉贤各大商圈与周边闵行、浦东相比缺乏竞争力，因此有相当比例的本地购买力选择去外区实现消费。

培育国际消费中心城市是国家的重大战略部署，对构建新发展格局和推动经济高质量发展具有重要意义。商业功能区作为城市商业的重要组成部分，是促进消费升级的重要平台和推动城市经济高质量发展的重要引擎，也是国际消费中心城市建设的重要载体。城市传统商圈既是具有广域影响的商业消费名片，又是城市更新的重点赛道，还是国际消费中心城市建设的标杆项目。城市更新提质助推传统商圈高质量发展，消费体验、业态融合、文化氛围成为城市传统商圈优化升级和高质量发展的关键。[④]

根据"十四五"规划纲要，上海将致力于建设现代时尚的消费场景，提高城市生活品质。构建多层次城市商业体系和提升居民消费品质将有助于提升城市生活品质，同时对于完善现代流通体系、夯实国内大循环基础以及服

① 《上海市商业空间布局专项规划（2022—2035年）》，https：//ghzyj.sh.gov.cn/zxgh/2023 0925/f956ba2d8a534688ae817cf88a82449e.html，最后访问日期：2023年11月24日。

② 2023年《上海市奉贤区统计年鉴》。

③ 《关于释放内需潜力提升奉贤消费能级的建议》，https：//fxzx.fengxian.gov.cn/WebSite/ fxzx/fxzx_tagz/2023-11-23/e071bd51-2f0b-4629-8ca8-cb5e059ea738.htm，最后访问日期：2024年1月7日。

④ 赖阳、王春娟：《国际消费中心城市建设下传统商圈高质量发展对策》，《中国商论》2023 年第12期，第1~3页。

务新发展格局也具有重要意义。面对新的发展形势，奉贤区需要把握机会，贯彻实施《上海市城市总体规划（2017—2035年）》，紧跟上海建设社会主义现代化国际大都市的发展定位，在上海推进"五个中心"建设和"四大品牌"战略的过程中，走出自身的特色，以展示中国商业发展的高度和质量。上海还将加大"引进来"和"走出去"力度，这同样是奉贤新城正在走的路，建设本地的消费文化符号，为大众提供购物和生活的便捷。因此，商业以及商业功能区可以成为提升奉贤新城活力，并且吸引人才和产业落地的重要手段。

奉贤新城作为上海大都市圈的第一圈层，建设成为"长三角城市群综合性节点城市"的支点还需要提供高质量的公共服务，实现城市功能的有机循环，从而改变生活、生产方式。奉贤立足于打造"新片区西部门户、南上海城市中心、长三角活力新城"的奉贤新城，规划到"十四五"期末建设形成创新之城、公园之城、数字之城、消费之城、文化创意之都的"四城一都"基本框架。当前，奉贤新城依托东方美谷平台构建美丽健康产业链，打造世界化妆品之都，正是新城建设消费之城的基础和特色之处，在此基础上建设新城商业数字化示范区，发展线上线下新消费，可以通过消费经济提升奉贤新城的国际知名度、城市繁荣度、商业活跃度、消费舒适度。①

二 消费高质量发展的趋势

根据2022年12月《奉贤新城单元规划》草案公示情况，将原奉贤新城67.91平方公里范围扩大到了170平方公里，跃升为第二大新城，至2035年人口规模约为94万人。② 奉贤新城在面积翻倍的同时，每一个功能区也有了更为明确的定位和发展方向，开发重心也发生了转移，具有较好的商业

---

① 《出台推进消费城市建设九大专项行动方案》，http：//paper.people.com.cn/zgcsb/html/2022-06/06/content_25921559.htm，最后访问日期：2023年11月25日。
② 《关于上海市奉贤新城单元规划的草案公示》，https：//www.fengxian.gov.cn/gtj/ghgl/ghgs/20221215/33537.html，最后访问日期：2024年1月7日。

发展基础。按照《上海市商业网点布局规划（2014—2020 年）》要求，嘉定、松江、青浦、奉贤 4 个新城已各自形成 2 个地区级商业中心，形成"双中心"商业发展格局。但从目前的发展情况来看，奉贤尚未按照预期实现目标。因此，奉贤新城的商业发展应该转变思路，发挥拥有的历史风貌资源优势，结合规划建设的交通枢纽形成郊区型 TOD 商业片区。以下将从消费发展趋势和空间发展要求具体阐释奉贤新城消费高质量发展的方向。

（一）消费发展趋势

1. 消费内容转型升级

结合上海建设国内大循环中心节点城市与国内国际双循环进行战略链接的发展背景，奉贤新城应主动融入和服务国家战略与上海的发展定位，积极引领国内的"健康""美丽"消费新市场，利用东方美谷的产品特色，发挥东方美谷"三维立体产业体系"的产业轴、服务轴促进消费升级的作用，在促进形成强大国内市场方面发挥重要作用。

2. 高端消费要素集聚

随着区域一体化发展进程加速，奉贤新城应进一步集聚和配置高端要素资源，在"首店经济"潮流购物的背景下，打造标签鲜明、有影响力的品质商业街，留住本地消费者，同时扩大覆盖面和影响面。

3. 拓展现有消费模式

随着上海消费市场的集聚力和辐射力日益拓展，消费群体需求将更具多元化、国际化。奉贤新城需要积极思考与应对，努力承接由本地、长三角及全国、国际消费客群构成的多元消费群体，新生代、老龄化等不同年龄结构群体将带来消费需求结构性变化，引发新消费热点。

4. 科技创新促进消费

新技术、信息化与实体经济加快融合，带来了消费的新模式、新场景、新体验，商品销售和服务消费也在深度融合。除了高大上的商业综合体，社区商业同样在智慧化转型，通过物联网、5G 等数字技术赋能社区商业发展，改变了社区商业原有的模式、组织、运营管理，形成精准高效、智能决策、协同共享、整合集约的智慧型社区商业服务体系，由"便民、利民、惠民"向提升社区居民生活品质、满足人民群众对美好生活的向往为目标转变。[①]

（二）空间发展要求

1. 机会来自市区用地紧约束

上海新一轮城市总体规划强调了"底线约束、内涵发展、弹性适应"的原则。在土地空间集约紧凑利用的条件下，商业空间的发展应逐步由规模新增向内部更新和结构优化过渡。[②] 对于奉贤新城这样仍需大量商业开发的地区，可以积极引入市区无法承载的大型、新型商业项目，并对现有社区商业进行更新。

2. 新城发展由城乡空间新格局引领

新一轮城市总体规划构建了由城市主中心（中央活动区）、主城副中心、地区中心、社区中心组成的公共活动中心体系。在规划商业中心的空间布局时，应与规划公共活动中心体系、地区发展重点以及人口分布相协调。

3. 商业高配置服务国际化、多元化群体需求

未来商业中心在功能业态上应满足服务区域内不同人群的多元化需求。这既有彰显国际影响力、成为城市消费名片的需要，也有满足社区便利化和提供品质服务设施等实际需求。

4. 商业空间高弹性适应消费跨界多元融合需求

商业发展应更密切地与旅游、文化、体育等公共资源、功能产业区以及历史风貌要素等资源联动，实现深度融合和相互促进。商业空间需按照更高标准设计，以满足各类业态的空间需求，并迅速适应市场需求的变化。

[①] 王春娟、王成荣：《数字经济背景下社区商业智慧化转型：理论体系与机制模型》，《商业经济研究》2021 年第 10 期，第 5 页。

[②] 陈星、黄浦江、梁英竹：《存量背景下上海市城市更新区域识别和评估》，《上海城市规划》2022 年第 4 期，第 4 页。

5. 引导商业与公共交通高度关联，实现高效低碳环保

鼓励以公交为导向的商业与轨道交通的"站城一体化"开发，围绕轨道交通站点周边实现商业、办公、文化、娱乐等综合功能的高效混合布局。这将提供便捷可达、丰富多样的消费空间，尤其是在新城和郊区等人口相对分散的地区。

（三）规划实施效果

从规划实施的情况来看，全市层面市级商业中心近年来呈现业态结构日趋丰富多元的趋势，但仍有部分商业中心零售业比重相对较高，存在多元吸引力不足的问题。地区级商业中心业态构成相对更多元、内容更接地气，表现出与所在地区居民日常消费需求紧密结合的特征，更注重引入文化艺术、娱乐游戏、体育运动、康养健身等体验类、目的性消费项目，消费黏性高，零售业占比相对较低。奉贤区的各级商业中心对居住人口的服务覆盖度普遍较高，基本满足就近服务需求，但是存在与奉贤新城本地特色结合程度不高、档次级别不够等问题，没有充分突出美妆产业和健康产业的特色，需要根据当地的生态环境建设配套商业特色功能区。

2022年颁布的《上海市商业空间布局专项规划（2022—2035年）》共确定29个市级商业中心，包括近期市级商业中心19个与远期市级商业中心10个，新增了14个市级商业中心。通过对比可以发现，绝大部分新增市级商业中心都是由《上海市商业网点布局规划（2014—2020年）》中的地区级商业中心提升的。这些商圈或是拥有前滩太古里、万象城等重量级商业项目，或是受"一江一河"利好的徐汇滨江、北外滩、前滩、杨浦滨江、苏河湾，这一点十分值得奉贤区借鉴和学习。奉贤、嘉定、青浦、松江、南汇综合性新城商业中心因"五大新城"规划受益，商业空间布局与规划能级得到进一步提升，是奉贤新城打造功能完备、业态先进、错位发展的新城商业体系的重要机遇，而且"五大新城"也是2022年颁布的《上海市商业空间布局专项规划（2022—2035年）》中近期实施计划的重点项目之一。

表1 主城区外市级商业中心一览

行政区	数量(个)	市级商业中心名称
奉贤区	1	奉贤枢纽商业中心（远期）
嘉定区	1	嘉定新城商业中心（远期）
青浦区	1	青浦枢纽商业中心（远期）
松江区	1	松江枢纽商业中心（远期）
浦东新区	2	临港新片区商业中心、浦东机场-东站商业中心（远期）
合计	6	

三　奉贤新城商业功能区的发展机遇

自《上海市商业网点布局规划（2014—2020年）》实施以来，规划构建了以"市级商业中心、地区级商业中心、社区级商业中心、特色商业街"为核心的"3+1"实体商业空间体系且成效显著，上海社会消费品零售总额稳步增长。2022年发布的《上海市商业空间布局专项规划（2022—2035年）》全面升级了商业空间体系框架，不仅新增了高规格的国际级消费集聚区，更新为"4+X+2"商业空间体系，并且对原规划的商业中心数量进行扩容，形成有机的市域商业设施网络，以满足不同群体消费者多层次、多样化消费需求，充分体现了城市总体规划战略平台和空间统筹的作用。

新城商业中心立足交通枢纽和新城中央活动区，发挥对长三角地区的辐射带动作用，打造区域消费枢纽节点。奉贤枢纽中心市级商业中心（远期）总用地面积约0.9平方公里，依托奉贤综合交通枢纽建设，围绕上海之鱼及中央林地，结合奉贤新城中央活动区建设，发挥美丽健康产业资源优势，打造商旅文融合型商业中心。根据奉贤区有关部门的摸底调查，截至2023年上半年，奉贤区全口径楼宇（含工业、研发、商办）已建总建筑面积约241.4万平方米，总空置面积约89.1万平方米。其中，商办楼宇已建19个，总建筑面积约58.8万平方米，总空置面积约23万平方米。奉贤区全口径楼宇（含工业、研发、商办）在建总建筑面积约 129.2 万平方米，其中在建商办楼宇 2 个，面积约 33.9 万平方米。①

（一）规划发展方向

2023 年，奉贤区经委以"把恢复和扩大消费摆在优先位置"为目标，重点从强特色、提能级、补短板三个方面，聚焦新城范围各大重点板块和现有的商圈、商业街、街区、城市功能性项目等载体，通过科学合理规划，加强招商引资，努力填补目前存在的商业空白，不断提升商业品质。

1. 加快政策驱动，夯实消费城市基础

进一步强化顶层设计，促进恢复消费市场，提振消费信心，助力奉贤消费城市建设。推动实施《奉贤区关于促进商业发展支持消费城市建设的实施细则》，重点围绕地标商圈培育、首发经济导入、商贸品牌提质升级、商贸企业创新发展、社区商业优化、特色活动提振消费、在线新经济壮大、数字商业赋能等八大方面，制定穿透力政策，推动商业综合体积极转型升级，鼓励各大机构、平台、品牌来奉贤落地生根开花，加大布局各类首店潮牌落户，全面提升奉贤城市知名度、消费繁荣度、商业活跃度。

2. 注重规划引领，完善城市商业体系

围绕《上海市商业空间布局专项规划（2022—2035 年）》，按照城市更新、功能分区、消费分层的总体要求，补短板和强功能并重，着力规划形成定位准确、分工合理、特色鲜明、适度均衡的多层级城市商圈体系。重点打造社区级商业中心，有序推进上江南、经发商业广场等一批社区商业体、县域商贸中心建设。加强政府引导，精细化布局特色商业，注重功能定位、业态配比、品牌引进，提升业态差异化、精细化水平，形成各具特色、百花齐放的商业梯度发展格局。

3. 加强全年联动，打造商业节庆品牌

持续深化"一节六季"载体作用，加强全年消费热点联动。在办好五

① 数据来源于上海市奉贤区委党校（奉贤区行政学院）。

五购物节、上海夜生活节等系列活动基础上，举办迎春消费季、暑期消费季、金秋购物旅游季、拥抱进博首发季、网络购物狂欢季、跨年迎新购物季等主题消费季活动，联动做好中秋、国庆、双十一、跨年等节庆活动的宣传推广，突出"商旅文体"融合，发挥节庆活动对新兴消费的引领作用，不断提升促消费的能力和水平，确保热度不退、亮点不断。

4. 拓展夜间经济，激发消费市场活力

奉贤区围绕目前已经形成的商圈商街、景区，形成"一核一街一区一景"的整体布局。"一核"：打造以百联、苏宁、传悦坊商圈和杭州湾建材市场为核心的夜生活消费核心区。"一街"：打造以通阳路育秀路为核心的夜消费示范街。"一区"：打造以宝龙商圈、奉浦餐饮娱乐休闲街为核心的夜生活消费创建区。"一景"：打造以渔人码头、碧海金沙景区为核心的景区配套夜间消费集聚区。未来还将打造爱企谷创业生态小镇、龙湖天街夜间潮玩空间，九棵树森林剧场、"上海之鱼"夜间时尚体验区。形成集夜游、夜娱、夜食、夜购、夜读等于一体的夜间经济新场景，提升城市形象、城市活力和宜居度。

5. 丰富便民服务内容，提升邻里商业品质

围绕"15分钟便民生活圈"建设，聚焦5个建设试点单位，加快布局菜场、超市、药房等居民生活必备业态，以书店、健身房、精品咖啡馆等业态丰富社区商业配置。全力推进早餐工程，持续推进早餐网点建设，依托随申办"早餐地图"，督促各街镇（区）完成属地早餐网点的新增和维护工作；打造新一代早餐车样板工程，试点配置新一代早餐车，从形象设计、早餐品类、食品安全、数字赋能等方面进行换代升级，并由点及面在全区层面逐步推广。

（二）商业发展提升角度

具体提升可以从以下几个方面进行。

一是丰富齐全的消费品供给。提供综合性消费服务，集聚齐全的业态类型，涵盖商业综合体、购物中心、百货商场、超市、便利店、专卖店等多样

空间载体。针对不同年龄段、生活习惯等人群的需求，营造丰富多样的购物场景。

二是优质沉浸的消费环境。提升慢行品质，加强慢行网络接驳。鼓励植入艺术、生态、人文等元素，营造沉浸式体验的高品质消费环境。有序更新改造历史风貌类和年代较久的商圈。

三是生态低碳的公共空间。提高绿地比例，增加成规模绿化面积，形成生态效应。鼓励绿化形式多元，如嵌入式绿化、垂直绿化、口袋公园、半室内河道等，提升商业中心整体消费体验。

四是智慧创新的配套设施。引入创新消费模式，鼓励应用新技术，打造线上与线下、实体与虚拟经营相结合的商业模式。融合智能技术应用，用于商品展示、互动体验，提升商业服务水平，丰富购物体验。

新城商业中心可以通过兼顾提升本地消费与吸引外来消费，优先满足新城及周边地区居民就业人群消费需求，适当考虑对长三角周边地区的服务辐射，立足新城产业特色与优势，注重商业创新融合与贸易资源集聚。充分发挥新城文化与风貌特质优势，联动商、旅、文、体资源，培育具有辨识度的新城消费品牌与特色空间节点。应优先依托综合交通枢纽、轨道交通站点周边布局，助力新城高效、紧凑、活跃成长。

（三）"五大新城"商业发展存在的共性问题

从"五大新城"商业发展过程中存在的共性问题来看有以下几点。

一是人均商业建筑面积相对偏高，按 2021 年人口计算，"五大新城"现人均商业建筑面积是全市平均水平的 1.69 倍，[①] 人均规划商业用地面积也远大于主城区。就奉贤新区而言，在奉贤商业地产总体供大于求的大背景下，建议适度放缓商业地产投资增速。根据《上海市城市总体规划（2017—2035 年）》，奉贤每年导入约 5 万人，超过人口增长速度的商业开

---

① 俞玮：《上海"五大新城"新一轮商业发展的思考》，《上海商学院学报》2021 年第 22 卷第 2 期，第 9 页。

发只会造成浪费，将形成大量商业建筑垃圾。

二是社区商业便利度和品质有待提高。新城社区商业密度明显低于中心城区，网点布局分散，以临街小商铺为主，缺乏集中设置、业态完备、功能健全的邻里中心。近年来，奉贤区共形成 150 个社区生活圈，包括 35 个居住生活圈、23 个产业生活圈、3 个商务生活圈、2 个其他生活圈以及 87 个乡村生活圈，奉浦街道近年已建设完成并开放运营奉浦文化活动中心、奉浦生活驿站、秦塘生活驿站等，基本实现社区级公共服务空间科学布点，效果显著。[①]

三是特色商业街区发展不足，全上海市 67 个特色商业街区，仅有 8 个位于"五大新城"，青浦新城和南汇新城尚为空白。未来全市在各级商业中心范围外共规划 82 个特色商业街区，其中主城区内 54 个，主城区外 28 个。主城区外 7 个为特色商业街区，如南翔古镇、朱家角古镇等；21 个为规划新增，包括展现古镇风貌的罗店、廊下、张堰等，代表特色产业的马桥人工智能小镇，以及彰显生态景观的长三角水乡客厅等。[②] 因此，未来新城商业发展应有序控制增量，调整优化布局，促进商圈集聚，提高品质和产出。

四 提升新城品质面临的挑战

传统商圈和文化老街已经具备一定的品牌集聚、文化体验，在促进国际消费中心城市建设中发挥了重要作用，但仍然存在交通规划有待提升、商业业态品牌结构不合理、商业环境缺乏品质、文化体验互动性不强等问题。

（一）交通规划有待提升

城市传统商圈地上、地下交通与人流动线缺乏协调与规划。例如，商业

---

① 《聚民意、惠民生、共参与，奉贤区全面推进"15 分钟社区生活圈"行动》，https：//ghzyj. sh. gov. cn/tpxw/20230825/508a6977da4b410b8b1c28064aa99a2f. html，最后访问日期：2024 年 1 月 7 日。

② 参见《上海市商业空间布局专项规划（2022—2035 年）》。

体缺乏联动、商气不通，各商业体具有特定消费人群，引流互动不强；商圈地铁站与公交车站等换乘不便捷、地下停车缺乏一体化规划等。①

2023年11月22日奉贤新城位于光迎路的公交枢纽全新启用，毗邻龙湖上海奉贤天街商业区，可与轨道交通5号线快速换乘。这一交通枢纽优化了新城公共交通的体系结构，非常有利于龙湖天街聚拢人气，有利于新城公共交通的"新中心"。因此，在未来商业空间选址和建设时，要结合城市交通规划，让商业和交通相互促进，从留住本地消费向吸引外来客源的目标持续努力。

（二）商业业态品牌结构不合理

城市传统商圈零售业态占比过高，餐饮、休闲娱乐、生活服务等业态不足。商圈已经形成了一定的首店品牌集聚效应，但奉贤的首店数量在上海五个新城中排名垫底，在文化娱乐品牌首店方面有待进一步提升，以首店经济为主的新业态发展体现不充分，首店、旗舰店有待进一步引进。②

（三）商业环境缺乏品质

城市传统商圈在商业环境品质上有待提高。例如，商业体外立面与街区公共环境设施有待进一步融合，结合地区特色改造升级；商圈枢纽项目等空中花园绿化环境有待优化，尚未形成融合化消费空间；商圈缺乏人流引导、行人休憩的广场。位于奉贤新城核心区域，紧邻上海之鱼景区的金鱼广场在当前建设中已经将上述因素考虑在内，在规划上因地制宜，与金海城市环境、景观相互协调、相得益彰。金鱼广场由花园式智慧商务区、开放式市民广场及场景化文旅商业街组成，将成为集高端休闲商业、文化商业、商务酒

---

① 姚强、袁红、何媛、徐娜：《美日城市郊区型TOD片区紧凑性特征对比研究》，《西部人居环境学刊》2022年第4期，第7页。

② 《关于释放内需潜力提升奉贤消费能级的建议》，https：//fxzx.fengxian.gov.cn/WebSite/fxzx/fxzx_ tagz/2023-11-23/e071bd51-2f0b-4629-8ca8-cb5e059ae738.htm，最后访问日期：2023年11月24日。

店于一体的城市生态公共活动中心，融入"文娱体验、亲子欢聚、多元美食、跨界生活、活动展演"等元素，提供多种多样的差异化服务，满足市民群众的个性化需求，丰富周边居民的精神文化生活，为奉贤新城的高质量发展和金海街道居民的高品质生活注入新的动力。

（四）文化体验互动性不强

城市传统商圈文化体验互动性不强。例如，商圈商业体验性不强，数字技术与演艺资源相结合的体验缺乏，沉浸式演艺体验不足，商圈文化与艺术品位有待提高，沉浸式艺术体验不足，多媒体、光影技术等数字技术与商业资源有待融合，沉浸式科技体验不足，数字技术、音乐、运动的契合度不高，沉浸式运动体验不足；商圈满足现代消费者"好玩、好看、好逛"等复合化需求的休闲体验类商业明显不足，街区缺乏文化属性、文化元素与文化体验，相关艺术活动、丰富多元的街区体验未开展。当前奉贤新城有九棵树、奉贤博物馆等人文、自然景观优势，也有言子书院、在水一方、传悦坊等项目，可以打造融"演、展、阅、游"为一体的南上海文化夜经济，对位于新城核心区域的金鱼广场、龙湖天街，打造萌宠经济、公园式商业、沉浸式策展以及国风主题街区。

五　奉贤新城消费高质量发展的探索

《奉贤新城"十四五"规划建设行动方案》中指出，新城建设的目标定位包括创新加快编制《上海市夜间经济空间布局和发展行动指引（2022—2025年）》。着力建设滨江夜间经济活力带、多个地标性夜生活集聚区和一批夜间经济特色示范项目。鼓励旅游景点、博物馆、艺术馆、体育场馆、公园等公共场馆设施在特定时段推出夜场活动。打造"六六夜生活节"节庆品牌。设立上海夜生活首席执行官理事会，建立夜间经济集聚区运行监测机制，健全市场自治管理机制。开展夜间经济精细化管理示范区建设，加强夜间景观照明亮化提升工作，协同优化夜间停车、交通、灯光、治安等城市综合配套。

（一）打造商业数字化转型示范区

奉贤新城面临城市建设水平和城市整体功能不足的问题。以商圈建设为例，全区仅有百联、奉浦两个地区级商圈和一个社区级商圈——西渡，商业综合体除南桥百联单体超10万平方米外，其他商业综合体均小于10万平方米，其规模集聚效应不强，能级不高，缺乏核心竞争力。总体来看，目前的奉贤新城仅仅是区域内经济文化中心，城市功能以服务本地为主，对外辐射能力不足；即使是距离节点性中心城市的目标也很遥远，更不要说建设具有全球资源配置、科技创新策源、高端产业引领、开放枢纽门户等多功能的南上海中心了。因而，难以引起国际国内知名企业的关注，甚至连长三角地区的企业也很难形成有效的引力。

因此，奉贤全力打造的美丽健康产业需要推动大型连锁商业企业全方位数字化转型，建设一批智慧购物示范场景，培育一批百亿千亿级电子商务标杆企业。促进线上平台与实体商业深度合作，打造智能化、定制化、体验式的商业新业态新模式。集聚一批引领行业发展的直播电商平台，培育具有国际影响力的直播活动、直播电商基地，吸引具有跨境电商服务能力的MCN机构，鼓励品牌设立"直播旗舰店"。

（二）"15分钟社区生活圈"的商业探索

自2016年《上海市城市总体规划（2017—2035年）》提出建设"15分钟社区生活圈"的总体目标，并同步推出《上海市"15分钟社区生活圈"规划导则》以来，通过不断创新、持续改进，上海涌现了大量优秀的社区更新案例。无数社区商业节点，发挥城市商业体系中的毛细血管作用。在《上海市城市总体规划（2017—2035年）》中，不但强调了社区商业的重要性，也明确了社区商业的定义能级与业态配置。

社区商业以"15分钟社区生活圈"为基本服务单元进行配置，主要服务于本社区居民，以便民利民、满足和促进居民综合消费为目标。社区商业设施的建设规模应与社区居住人口规模相匹配，功能业态符合日常活动特征。

城镇地区的社区商业设施可分为"社区级商业中心"和"邻里商业设施"两类。坐落于浦东北蔡镇中心的叁宸里生活中心，是上海"15分钟社区生活圈"的新样板。这一项目由之前华润万家改造升级而来，拥有3.2万平方米的商业体量，旨在建设成为一个与居民建立情感联系的一站式品质社区中心。该中心关注居民购物消费、文化娱乐、亲子教育等领域，作为家庭场地空间的延伸，叁宸里生活中心规划了三个主题的空间，带来了崭新的商业消费场景，打造出一个与居民建立情感连接的一站式品质社区中心。社区商业是浦东多层级商业空间布局体系中的重要一级，多元业态集聚于"15分钟社区生活圈"，满足居民日常生活基本消费和品质消费，形成社区活力节点。

除了地理位置优越的浦东叁宸里生活中心，位于普陀区长寿路街道的鸿寿坊则面临周围一公里内新、老购物中心的激烈竞争，而且该社区生活圈的商业部分面积只有1.5万平方米。为了能够将商业深度融于生活，鸿寿坊的设计理念是"理想的附近"。通过打破时间和空间的局限，无论是菜场功能还是新潮的商业体都可以和谐相处，让居民走出家门就能感受美好生活。

2023年，奉贤新城金汇镇全面拉开"15分钟社区生活圈"建设工作。目前，金汇镇划分为5个城镇居住生活圈，聚焦便民服务、住房改善、就业保障、医疗卫生、健康为老、基础教育等方面，重点推进卫生院、学校、保障性租赁房、绿地及街道空间改善、就业创业服务站、老年运动及助餐、应急避难场所、智慧城市等重点项目，实现美好社区的打造。与上海市模板生活圈相比，便民服务方面已经取得了较好的成效。[①]

六　总结与建议

作为上海大都市圈的一部分，奉贤新城在上海培育国际消费中心城市的

---

① 《奉贤这个镇打造了五个社区生活圈，你是"圈里人"么？》，https：//m. thepaper. cn/baijiahao_24262375，最后访问日期：2023年11月26日。

过程中可以承担重要使命。然而，奉贤新城在商业发展方面仍面临一些挑战。为了实现构建现代时尚的消费场景、提高城市生活品质的目标，奉贤新城需要紧跟消费发展趋势，主动融入和服务国家战略，突出本地特色，引领国内健康、美丽等新兴市场，积极引进高端商业要素，打造标志性品质商业街，吸引更多本地消费者。同时，商业空间的开发也需要符合新一轮城市总体规划的要求，从市区用地紧约束中寻找机会，以及与城乡空间新格局相匹配，形成与公共活动中心体系、地区发展重点相协调的商业布局。

从上海市规划的实施效果可以观察到，商业中心在业态结构上需要更为丰富多元，尤其需要突出本地特色，更好地满足居民日常消费需求。随着奉贤新城规模的扩大和发展方向的明确，商业发展应该转变思路，充分发挥历史风貌资源优势，结合规划建设的交通枢纽，形成郊区型 TOD 商业片区。通过对其商业空间布局规划、发展机遇，以及面临的挑战和问题的分析，可以得出以下结论。

首先，奉贤新城商业功能区在全市商业空间布局中发展已经落后，通过实施多层级城市商圈体系、引入高规格的国际级消费集聚区，以及盘活唤醒存量商业资源，调整区域商业开发布局，形成商业设施网络。新城商业中心以其地理位置、综合交通枢纽和产业优势为基础，争取成为长三角地区的消费枢纽节点。其次，为了推动新城商业的快速发展，奉贤区在规划发展方向上采取了科学合理的策略，包括政策驱动、规划引领、全年联动、拓展夜间经济、丰富便民服务等方面。争取吸引更多商家入驻、提升商业品质、推动城市活力的不断提升。

对于"五大新城"商业发展面临的共性问题，包括人均商业建筑面积偏高、社区商业便利度有待提高、特色商业街区发展不足等难题。在未来的发展中，奉贤新城需适度控制商业地产投资增速，调整优化布局，促进商圈集聚，提高品质和产出。在提升新城品质方面，奉贤虽然已经取得了一定的成就，但仍然存在一些挑战，如交通规划不够协调、商业业态品牌结构有待优化、商业环境品质有待提高、文化体验互动性不强等。针对这些问题，需要进一步加强交通规划，引入更多新颖的商业业态，提高商业环境品质，增加文化体验与互动，以更好地满足市民和游客的多层次需求。

最后，奉贤新城商业功能区在未来的发展中应当优先考虑本地消费的需求，超前考虑对长三角周边地区的服务辐射，注重商业创新融合与贸易资源集聚。通过发挥新城文化与风貌特质，联动商、旅、文、体资源，培育具有辨识度的新城消费品牌与特色空间节点，有望为奉贤新城的高质量发展注入新的动力。

B.15
数字乡村建设助推奉贤乡村振兴

冯树辉　吴康军*

摘　要：　数字乡村建设对于助推乡村振兴具有重要意义，实施乡村振兴战略，必须将数字乡村建设作为重要推动力。高质量推进数字乡村建设也是新时期实施乡村振兴战略和建设数字中国的重要内容。奉贤作为国家首批117个数字乡村试点地区之一，对其数字乡村建设的现状和不足之处进行把脉，对进一步发挥其数字乡村建设对乡村振兴的推动作用、打造数字乡村建设助推乡村振兴的"奉贤样板"是十分必要的。本报告首先分析奉贤数字乡村建设助力乡村振兴的理论机制，然后从奉贤数字乡村建设助推乡村振兴的成果出发，对其数字乡村建设助推乡村振兴的不足之处进行了深入的剖析，并基于此对奉贤数字乡村建设助推乡村振兴提出了有针对性的政策建议。

关键词：　数字乡村建设　乡村振兴　上海奉贤

随着互联网、大数据、云计算、人工智能、区块链等现代信息技术的快速发展，数字技术成为推动经济发展的重要技术力量，数字技术影响着社会和经济发展的方方面面。党的十八大以来，党中央采取了一系列重要举措支持数字乡村发展，2018年中央一号文件提出数字乡村战略，极大地推动了农村信息化应用技术的研发和应用。党的二十大以来，国家先后出台《中华人民共和国国民经济和社会发展第十四个五年规划和2035年远景目标纲

---

* 冯树辉，上海财经大学博士后，主要研究方向为计量模型构建与分析、科技统计及科技政策评价；吴康军，中共上海市奉贤区委党校（奉贤区行政学院）讲师，主要研究方向为区域经济与农村经济。

要》、《数字乡村发展战略纲要》和《"十四五"国家信息化规划》等文件，将建设数字乡村作为建设数字中国的重要内容，并提出加快推进数字乡村建设，充分发挥信息化对乡村振兴的驱动和引领作用，推动乡村全面振兴。在此背景下，数字技术赋能乡村振兴成为重要而紧迫的任务。

2022 年，《中共中央 国务院关于做好 2022 年全面推进乡村振兴重点工作的意见》提出的数字乡村标准化建设和数字乡村试点的推进进一步为乡村振兴注入了新动力。[①] 数字乡村建设对于助推乡村振兴具有重要意义，实施乡村振兴战略，必须将数字乡村建设作为重要推动力。数字乡村建设不仅可以提高农业生产效率、促进农村经济发展、提高农民生活质量、推动乡村振兴，还可以催生乡村发展内生动力、推进乡村治理转型、提升乡村生活服务水平。因此，高质量推进数字乡村建设是新时期实施乡村振兴战略和建设数字中国的重要内容。[②] 研究数字赋能在乡村产业兴旺、生态宜居、乡风文明、治理有效、生活富裕等方面的作用具有重要的理论价值。奉贤作为国家数字乡村试点地区，准确对其数字乡村建设现状和面临的挑战进行把脉，最后提出有针对性的政策建议，对于打造数字乡村建设的"奉贤样板"、以数字乡村建设推动奉贤乡村振兴具有重要实践意义。

一 奉贤数字乡村建设助力乡村振兴的理论机制

（一）数字乡村建设推动了农业生产方式升级，促进了奉贤都市现代农业的发展

加快农业现代化建设是《中共上海市委 上海市人民政府关于做好 2023 年全面推进乡村振兴重点工作的实施意见》的首要内容，都市现代农业是

---

① 周兵、李艺、张弓：《数字乡村建设赋能乡村振兴的影响机制与空间效应》，《中国流通经济》2023 年第 7 期。

② 上海市人民政府：《2023 年上海市数字乡村发展统筹协调机制会议暨国家数字乡村试点现场交流会在奉贤举行》，https：//www.shanghai.gov.cn/nw15343/20230911/fc6677aa75f5484088765e16be7f249a.html。

农业现代化的重要体现。数字乡村建设推动数字农业发展，数字技术的应用促使农业生产方式的现代化升级，提高了农业生产效率和产出品质，从而促进了都市现代农业的发展。具体来讲，首先，数字化手段可以引入先进的农业技术，如智能农机、无人机、物联网等，提升农业生产效率和质量，降低劳动强度，推动农业生产方式向现代化方向升级。其次，数字化手段可以实现对农业生产全程的数据监控和分析，[1] 提高农业生产效率。通过对大量数据的处理，为农业生产提供精准的决策，使农民能够根据实时数据进行农业经营管理，从而提高生产效率。最后，数字化手段可以实现对农业生产的精准管理，从而最大限度地减少资源浪费，提高农产品的产量和品质。利用远程监测技术，实现对农田、温室、养殖场等农业生产环节的实时监控，及时发现问题并采取措施，利用数字技术和传感器等设备进行精准施肥、精准灌溉、精准防病虫害等，从而高效地利用农业生产资源，保障了优质农产品的供给。并且，数字化手段可以提升农业生产的环保性，通过科学施肥、病虫害防治等手段，减少农药、化肥的使用，实现农业的绿色可持续发展。

（二）数字乡村建设提供了数字化工具，促进了奉贤乡村经济的多元化发展

数字乡村建设通过推动数字农业、电商、旅游业、新兴产业的发展，提高金融服务和社会服务水平，在促进乡村经济多元化发展方面发挥了重要作用。数字技术为乡村经济提供了新的增长点，使其更好地融入现代经济体系，实现可持续发展。首先，数字化技术在农业中的应用，即数字农业提高了农业生产效率和质量。通过远程监测、精准农业等手段，农民可以更科学地管理农田、作物、养殖业等，优化农业产业结构，推动农业的现代化和多元化发展。其次，数字乡村建设推动了农产品的电商化和数字化销售。通过电商平台，农产品可以更广泛地进入市场，提高了产品的可及性，拓展了销

---

① 《无人机巡航，机器人喂兔子……数字乡村建设还会给农业农村带来哪些惊喜？》，https://export.shobserver.com/baijiahao/html/652187.html。

售渠道，为农民提供了更多的收入来源。不仅如此，数字乡村建设助推了农村旅游业的发展，这为农村经济提供了新的增长点。再次，引入数字技术促进了新兴产业的发展，包括数字农业合作社、农村电商服务站等。这些新兴产业为农村提供了创新机会，优化了经济结构，促进乡村经济多元化的形成。此外，数字化金融服务为乡村经济多元化提供了融资支持。农村企业、农民合作社等可以通过数字金融平台更便捷地获取资金，支持新业态的发展，提升乡村经济的韧性。最后，数字化手段提升了农村治理的效率。通过数字化的信息管理和决策支持系统，政府可以更精准地了解农村发展需求，制定合理的政策，有利于促进乡村产业的多元化发展。

（三）数字乡村建设为农民提供了更多的增收渠道，提高了奉贤农民的收入

数字乡村建设中的数字化手段可以促进农业与互联网的融合发展，推动农产品线上线下销售模式的创新，拓展市场渠道，优化农业产业链，发展农村新业态，从多个方面提高农民收入，具体包括以下几点。一是建立电商平台、线上预订系统等，拓展了农产品的销售渠道，使农民能够更广泛地接触市场，增加销售量，从而提高收入。二是数字化手段可以促进农业产业链的优化和整合，实现从生产、加工到销售整个产业链条的衔接，使农民能够更多地分享产业链的附加值，增加收入来源。利用数字化技术推动形成农村新业态，如农村电商、农家乐、农产品加工等，为农民提供多元化的收入渠道。三是数字乡村建设可以为农民提供创业支持。数字乡村建设还可以为农民提供数字技术的培训和教育，使其掌握现代农业生产所需的技能，使其在农业生产过程中能够胜任更高技能要求的工作，从而获得更高的薪酬。四是数字乡村建设可以通过数字化营销手段，吸引游客前来，提升乡村旅游的知名度和吸引力。农民可以通过提供农家乐、手工艺品等服务，参与乡村旅游业，实现增收。此外，数字乡村建设引入数字化金融服务，如移动支付、农村信用体系等，方便农民进行交易和融资。这有助于提高农民的资金使用效率，创造更多的经济收益。

（四）数字乡村建设赋能城乡融合发展，推动了奉贤城乡融合发展

数字乡村建设在城乡融合发展的各个方面发挥着积极的作用，为乡村振兴提供了有力的支持，促使城乡之间更加紧密地协同发展。具体来讲，一是促进了奉贤城乡产业融合发展。数字乡村建设通过引入现代农业技术、电商平台等，推动了乡村产业的数字化和智能化。例如，农业大数据可用于精准农业管理，提高农产品质量和产量；电商平台为农产品提供了更广泛的销售渠道，促进了城乡产业的互动与协同。二是促进了奉贤城乡资源的融合利用。数字技术在农业管理、资源利用等方面的应用，有助于实现城乡资源的智能化和高效利用。例如，物联网技术可以监测农田的土壤湿度，帮助农民合理用水，提高农业生产效益。三是促进了城乡人才融合发展。数字乡村建设为城乡之间人才资源的均衡流动提供了便利和支持，通过数字化教育资源、远程培训、创业孵化、在线招聘和创新创业支持等手段，积极促进城乡人才的融合。四是促进了城乡基础设施和社会服务的融合发展。数字化推动了农村基础设施的现代化、智能化建设，如智能交通、智能能源管理等。数字化在教育和医疗领域的应用更广泛，通过远程教育和远程医疗等手段，使农村居民能够享受到与城市相近的社会服务水平。电子健康档案的建立也提升了农民的健康管理水平。数字技术也促进了城乡文化的互动和融合。通过在线文化交流平台，农村居民可以更好地了解城市文化，同时传承和保护本地传统文化。这有助于构建更加丰富多彩的城乡文化共同体。

（五）数字乡村建设推动了乡村治理能力的提升，促进了奉贤乡村治理现代化

数字乡村建设在大都市城郊乡村为乡村治理提供了信息透明度、决策支持、在线参与机制、基础设施智能化、社会服务升级、安全监控与应急响应等多方面支持。具体来讲，第一，数字乡村建设通过建设信息化平台，使乡村治理更加透明。村民可以更容易地获取到政府政策、农业、公共服务等方

面的信息，提高了居民对乡村事务的了解程度。第二，引入大数据和人工智能技术，为乡村决策提供更科学、准确的支持。乡村治理者可以通过数字化手段更好地分析社会经济数据，制定更符合实际情况的农村发展战略和政策。第三，数字乡村建设通过建立在线平台，鼓励居民参与乡村治理，提供意见和建议。这种互动机制有助于加强居民与治理者之间的沟通，促进乡村治理的参与性和民主化。第四，数字化推动乡村基础设施的智能化建设，如智能交通、智能能源管理等。这有助于提高基础设施的运营效率，改善农村生活环境，提升乡村治理水平。此外，数字乡村建设引入监控设备和应急响应系统，提高了乡村治理的安全性。通过数字化手段，可以更及时、精准地监测和应对各类安全风险，增强了乡村治理的紧急响应能力。

二　奉贤数字乡村建设助推乡村振兴的成果

奉贤区是全国首批117个国家数字乡村试点地区之一。近年来，奉贤区委积极探索数字乡村建设赋能乡村振兴新路径，实践数字乡村建设推动乡村产业发展。奉贤区还推动了数字农业的发展。2020~2022年，奉贤通过公共网络实现的商品零售额从64.6亿元增长到97.2亿元，年均增长率达到19.8%。并且，在三年内，全社会消费品零售额中农业相关商品零售额也保持32.4%的高速增长。① 公共网络销售的发展，显著提升了农业相关商品的销售额。通过数字化技术手段，村民们开阔了视野，提高了栽培养殖技术，并开始利用互联网进行农产品销售。这些举措大大拓展了农产品的销售渠道和提高了农民的收入水平。目前，奉贤区青村镇吴房村、南桥镇江海村、四团镇新桥村等9个乡村被授予"数字乡村网络试点村"。奉贤在推动政务服务向农村延伸、发展智慧农业等方面取得了阶段性的成效。建立了农业信息化服务体系，推进了政务服务向农村延伸，发展了智慧农业，加强了网络安全屏障等。这些成果为奉贤区的数字乡村建设赋能乡村振兴提供了有力的支撑和保障。

---

① 数据来源于2020~2022年《上海市奉贤区国民经济和社会发展统计公报》。

251

（一）数字乡村示范村建设为推动乡村振兴积累了宝贵经验

奉贤区数字乡村示范村建设成效显著。以四团镇新桥村为例，首先，新桥村利用大数据为基层工作减负赋能，成功搭建了智慧村庄信息服务平台。这个平台结合了"微格治理"工作方法，将科技支撑作为完善社会治理体系的重要内容，促进村庄治理精准化、精细化和便民服务智慧化。通过这个平台，新桥村实现了对各类数据信息的采集、整合、分析和应用，为村民提供了更加便捷、高效的服务。[①] 其次，新桥村还积极探索数字化技术在农业生产中的应用。例如，新桥村引入了智能化的农业管理系统，以新桥村农用地 GIS 信息系统为基础，通过科院村社合作，合理规划百亩试验田等新技术、新品种试验基地，凸显锦绣南瓜、黑津西瓜、黄晶西瓜、彩色花菜、玉金香番茄等名优特产品。突出村级协调和管理功能，强化合作、生产、推介、销售过程管理，进一步提升村级集体合作社的经营能力，壮大集体经济，带动农民增收。新桥村还整合形成新桥村"醉馨桥"品牌清单，通过数字化技术对农产品进行质量追溯和品牌串联与推介，提高了农产品的品质和附加值。此外，新桥村还利用数字化技术增强了基层治理能力。他们建立了党建引领网格制，结合"社区云"信息平台等数字化手段，完善了乡村治理体系。通过这些数字化平台，新桥村能够更加及时地了解村民的需求和问题，为村民提供更加精准化、个性化的服务。最后，新桥村还通过数字化技术提高了农村居民的生活质量。通过引入了智能化的公共服务系统，为村民提供了便捷的公共服务体验。例如，村民可以通过手机 App 或微信小程序查询村内的公共事务信息、缴纳公共事业费用等。此外，新桥村还通过数字化技术为村民提供了文化娱乐、教育培训等服务，丰富了村民的精神文化生活。

（二）乡村数字化基础设施建设为乡村振兴提供了技术支撑

奉贤区在乡村数字化基础设施建设方面也取得了显著进展。全区范围内

[①] 《一部手机管理一个村庄，新桥村为乡村治理插上智慧翅膀!》，https：//news. xinmin. cn/ 2022/12/01/32275523. html。

基本完成了城市光网全覆盖工作，包括所有乡村地区。截至2020年上半年，奉贤区光网覆盖4.43万户，累计覆盖111.28万户，完成光纤覆盖100%，累计完成262个千兆小区覆盖和67个千兆商务楼宇覆盖。有线电视农网建设累计已经完成10万户，完成建设覆盖100%。① 这种全覆盖的数字化基础设施为农村地区的数字化进程提供了有力支撑。在此基础上，奉贤区还进行了大量的数字化应用开发和实践。通过数字化手段推动政务服务向农村延伸，实现政务服务事项的在线办理和信息共享；通过发展智慧农业，实现农业生产过程的智能化和精细化；通过建设数字化文化平台，推动农村文化传承和创新。通过建立"1+10+X"的"上海·奉贤数字乡村和数字农业云平台"，奉贤区已经实现了对农业资源和生产过程的全面数字化管理。② 这个云平台包括1个区级云平台、10个街镇级云平台和X个涉农工作及行业管理应用场景，覆盖了全区范围内的农业领域。在云平台的建设过程中，奉贤区完成了8类、12个应用图层建设，包括耕地、永久基本农田、三区划定、农用地现状等，图层累计近60万个地块。这些图层的应用场景模块已经达到了15个，包括土地管理、农业生产、农产品质量监管等方面，基本实现了农业生产的数字化管理和监测。③ 为了更好地推动数字乡村治理的发展，奉贤区还打造了"沃野千里"示范区14个、"精细极致"示范点18个，为农业农村高质量发展提供引领示范。④ 这些示范区、示范点的重要农产品供给能力进一步提升，2020年粮食种植面积达16.9万亩，粮食总产量9.46万吨，蔬菜在田面积3.2万亩，年产19.32万吨。⑤ 这些数据表明，数字化治理已经对奉贤区的农业生产产生了积极的影响，提高了农业生产的效率和效益。

---

① 数据来源于上海市奉贤区农业农村委员会。
② 何彬峰、吴莉莉：《建设数字乡村 赋能乡村振兴》，《上海农村经济》2023年第6期。
③ 《网络安全走进"第一网红村"奉贤数字乡村建设显成效》，https://j. eastday.com/p/1662548137048315，最后访问日期：2024年1月7日。
④ 《全域管理、全程管控：上海奉贤建设数字乡村和数字农业云平台》，https://finance. sina. com. cn/jjxw/2022-09-07/doc-imqmmtha6371563. shtml？cref=cj。
⑤ 数据来自2021年《上海市奉贤区统计年鉴》。

（三）农业数字化转型格局基本形成

奉贤区在农业数字化转型方面取得了显著的成果。通过推动数字化技术与农业生产的深度融合，奉贤区已经基本实现了农业全产业链的数字化升级。首先，奉贤区在数字农业建设方面投入了大量资源和精力。据统计，该区已经建设了 15 个数字农业应用场景，覆盖了农业生产、农产品质量监管、农业市场销售等各个环节。这些应用场景的使用，使农民可以更加便捷地进行农业生产管理，提高了生产效率。其次，奉贤区积极推广智能化的农业机械设备。据统计，奉贤区已经配备了超过 500 台智能化的农业机械设备，包括无人驾驶拖拉机、自动化收割机等。这些设备的使用，不仅提高了农事作业的效率，还降低了农民的劳动强度。此外，奉贤区还积极探索农业大数据的应用。通过建立农业大数据平台，该区能够实现对农业生产全过程的数据采集、分析和利用。这些数据不仅可以帮助农民更好地了解市场需求和趋势，还可以为政府决策提供科学依据。奉贤区以"奉贤区农用地信息综合管理平台"为核心，该平台是农业信息化服务体系的重要部分，它的作用不仅是整合涉农资源要素和开发建设应用场景，也是为了通过数字化手段提高农业生产效率和质量。[①] 在平台建设中体现统一性与多样性、共性与个性兼顾，把 GIS、三区划定、高标准农田、"二品一标"、土地流转、美丽乡村、"三园一总部"、乡愁印迹、农村综合帮扶等 12 个基础图层纳入系统，同步设置生态商务区、"三园一总部"、农经管理、农旅文创等 12 个应用场景，汇集农业生产环境、农机服务等 12 大类 36 小类涉农数据，突出过程监管、闭环可控，为农业大数据分析应用提供基础资源。到 2023 年底，已整理收集文件数据达 100G，数据存储 1.2T，数量达 500 万条。除了"奉贤区农用地信息综合管理平台"，奉贤区还建设了以其他信息化平台为辅的农业信息化服务体系。

---

① 《三农动态 | 区农业农村委召开奉贤区农用地信息综合管理平台推进会议》，"奉贤三农"公众号，https://mp.weixin.qq.com/s?__biz=MzAwMDYyNDUwMQ==&mid=2651402318&idx=1&sn=1fe50ba7a72c40067e8b0120ec43ff5a&chksm=811b8254b66c0b42c4231cf7d59ffcd4369239c770ea3c2393184e1d39c117ea4242c53ed83a&scene=27。

例如，"上海·奉贤数字乡村和数字农业云平台"就是其中一个重要的平台，这个平台重点整合了涉农资源要素和开发建设应用场景，例如在耕地、永久基本农田、三区划定、农用地现状等方面进行了数据整合和应用开发。

（四）数字乡村治理实践成效显著

奉贤区通过数字化平台的建设，实现了农村治理信息的实时共享和交流，提高了治理效率和质量。例如，南桥镇江海村、四团镇新桥村、青村镇吴房村等9个数字乡村网络安全试点村授牌，全国首批117个国家数字乡村试点区之一的奉贤区推动了政务服务向农村延伸。平台同步建设8个镇级农业和农村数字化平台，功能和架构与区级平台保持一致，同时体现各镇特色，并融合村级信息化管理系统，实现区、镇、村三级数据共享共治，同时建设区、镇二级管理后台，为后续平台数据管理提供技术支持。在具体的数字化在乡村治理应用中，首先，奉贤区将数字化手段应用于乡村环境治理。奉贤利用数字化监测设备对农村环境污染进行实时监测和预警，确保环境污染得到及时治理。[①] 同时，通过数字化技术手段，奉贤区还提高了对农村公共设施的管理和维护水平，确保公共设施的正常运转。其次，奉贤区将数字化手段应用于乡村社会治理。利用人工智能技术对乡村社会治安进行管理，实现了对治安隐患的及时发现和快速处理。同时，通过建立数字化民意调查平台，奉贤区广泛收集村民的意见和建议，提高了村民参与乡村治理的积极性和主动性。这些措施有助于增强乡村社会的稳定性和安全性。此外，奉贤区还积极探索数字化技术在乡村治理中的创新应用。例如，奉贤区利用人工智能技术对乡村社会治安进行管理，实现了对治安隐患的及时发现和快速处理。同时，通过建立数字化民意调查平台，奉贤区广泛收集村民的意见和建议，提高了村民参与乡村治理的积极性和主动性。

---

① 《【基层治理创新案例】以"数据之治'推动'乡村之治"》，"奉贤民政"公众号，https：//mp.weixin.qq.com/s?＿＿biz=MzA5ODcyNzc3MQ==&mid=2650703451&idx=1&sn=a87bfd45b867f3e2f17d76b7e6b34d82&chksm=8887046fbff08d7929f96e45d0377c82bad3c0fe3943da0a9190d4712184b8e6c57118b00039&scene=27，最后访问日期：2023年11月10日。

（五）数字化赋能乡村文化繁荣发展成效显著

奉贤区将数字化技术应用于文化传承，通过数字化手段记录和展示乡村传统文化和历史遗产。例如，建立了数字化博物馆、文化数据库等，让传统文化得以永久保存并传承下去。这些数字化文化资源不仅有助于村民了解和传承本地区的文化遗产，也吸引了更多游客前来参观，促进了当地旅游业的发展。奉贤利用数字化技术手段丰富乡村文化活动形式和内容，如数字电影放映、网络文艺表演等。这些新形式的文化活动为村民提供了更多的选择，满足了他们对精神文化的需求。同时，这些文化活动也增强了村民之间的交流和互动，有助于构建和谐、友好的乡村社会氛围。值得指出的是，奉贤推动了在线教育在乡村的普及和发展，通过搭建在线教育平台为村民提供各类培训课程和教育资源。这些在线教育资源不仅有助于提高村民的文化素质和技能水平，也有助于缩小城乡教育差距、实现公平教育资源分配目标，促进教育均衡发展并最终促进社会的全面进步。此外，奉贤区通过数字乡村建设，推动了文化产业的创新发展。例如，利用互联网平台将本地区的特色文化产业推向更广泛的消费者群体，如传统手工艺品、农副产品等。同时，该区还积极培育文化创意产业，将传统文化与现代设计相结合，打造具有特色的文化品牌。这些文化产业的发展不仅为村民提供了新的就业机会和收入来源，也促进了当地经济的发展和社会进步。

三 奉贤数字乡村建设助推乡村振兴的不足之处

尽管奉贤区在数字乡村建设助推乡村振兴方面取得了骄人的成绩，但是仍存在一些不足之处，这些不足可能阻碍数字乡村建设进一步助推乡村振兴发展，需要采取相应的措施加以改善。

（一）乡村数字化基础设施建设水平仍需进一步提升

尽管奉贤区在乡村数字化基础设施建设方面取得了一定的进展，但在一些农村，网络覆盖率和数字化服务水平仍然较低，网络覆盖不足限制了数字化农业的普及和发展，因为许多现代化的农业技术和工具需要依赖网络进行数据传输和分析。此外，一些农户可能无法承受高额的网络费用，这也影响了数字化农业的普及，无法满足乡村振兴的整体性要求。奉贤乡村数字化基础设施建设水平需进一步提升主要体现在以下四个方面。

一是基础设施仍待完善。尽管奉贤区在乡村数字化基础设施建设方面取得了一定的成就，但仍存在一些不足之处。例如，一些农村地区的网络覆盖率和数字化设备普及率仍然较低，数字化服务的应用范围和应用效果也有待提高。此外，一些农村地区的数字化设备和技术相对落后，无法满足数字化治理、数字化文化传承和创新等方面的需求。二是数字化人才缺乏和技术水平有限。数字化基础设施建设需要有具备相关技术和专业知识的人才。然而，一些农村地区可能缺乏这样的人才，无法有效地将数字化技术与农业生产和农村治理结合起来。同时，一些农村干部和居民对于数字化设备和技术的应用还不够熟练，这也会影响到数字化基础设施的建设和应用效果。三是数字化技术设施投资不足。数字化基础设施建设需要一定的资金投入，包括设备购买、网络建设、人员培训等方面的费用。然而，一些农村地区的政府对于数字化建设的资金投入不足，导致基础设施无法得到及时更新和完善。此外，一些企业和社会组织也可能缺乏对农村数字化基础设施建设的投资意愿，进一步制约了数字化基础设施的建设和发展。四是缺乏统一规划和管理。数字化基础设施建设需要统一的规划和管理，以确保各个部门之间的数字化设施可以实现有效衔接和整合。然而，一些地区的数字化基础设施建设缺乏统一的规划和管理，导致各个部门之间的数字化设施无法实现有效衔接和整合，影响到数字化服务的提供和应用。

（二）数字化技术与农业生产的融合深度需进一步提升

奉贤数字化技术与农业生产的融合不够深入阻碍了奉贤现代都市农业的进一步发展，主要体现在以下三个方面。

一是数字化技术与农业生产结合不够紧密。尽管奉贤区在数字化农业方面进行了一些探索和实践，但数字化技术与农业生产之间的结合还不够紧密。一些数字化设备和技术只是简单地应用于农业生产，缺乏对农业生产全过程的智能化管理和数据分析。例如，虽然已经有一些农业企业开始使用无人机进行巡逻和监测，但这些设备的功能还比较单一，主要集中在图像采集和简单的数据分析上，缺乏对农业生产更深层次的智能化管理。二是农业大数据整合和利用效率不足。尽管一些农业企业已经开始建立数字化农业管理系统，但往往缺乏对农业生产数据的深入分析和利用。这些数据包括土壤湿度、温度、pH 值等环境参数以及农作物的生长情况、产量等数据，这些数据对于优化农业生产过程、提高产量和质量具有重要意义。然而，目前这些数据的利用还远远不够，很多数据只是被简单地记录下来，没有得到深入分析和挖掘。三是对农业生产者的数字技术素养的关注度不足。数字化技术与农业生产的融合需要既懂数字化技术又懂农业生产的人才。目前，奉贤一些农民对于数字化设备和技术的应用还不够熟练。这主要是由缺乏相关的培训和技术支持所导致的。例如，一些农民使用智能手机时只能进行基本的操作，而无法利用互联网获取农业知识和市场信息。此外，一些农民在种植、养殖等方面仍然依靠传统经验和技术，无法有效利用数字化设备和技术的优势。这些问题限制了数字化农业的推广和应用。因此，需要对农民加强数字化素养和技术能力的培训。

（三）乡村数字化治理水平有待提高

奉贤区乡村数字化治理水平有待提高的原因主要包括体系建设不完善、平台建设不完善导致数据采集和处理能力不足、数字化设备和技术的应用不充分以及村民参与度低等。具体体现在以下几个方面。

第一，在奉贤区的部分乡村，数字化治理体系的建设尚未完善，缺乏统一的数字化治理规划和标准。各个部门和村庄各自为政，导致数字化设施的重复建设、数据难以共享等问题。这不仅影响了数字化治理的效果，也浪费了资源。第二，奉贤一些农村地区的数字化治理平台建设尚不完善，导致数据采集和处理能力不足，无法充分发挥数字化技术在农村治理中的作用。例如，平台可能存在数据共享不足、信息更新不及时等问题。这导致在奉贤区的部分乡村，数据的采集和处理能力还有待提高。数据的准确性、完整性和时效性存在不足，无法满足数字化治理的需求。同时，数据的隐私和安全问题也需要得到更好的保障。第三，数字化设备和技术的应用不充分。在乡村数字化治理中，数字化设备和技术的应用是关键。然而，在奉贤区的部分乡村，由于缺乏专业的技术人员和设备以及村民的数字化素养不高，数字化设备和技术的应用并不充分。很多设备只是简单地用于信息发布和通知，而没有发挥出其更大的作用。第四，干部数字化素养与村民数字化治理参与度低。由于缺乏相关的培训和技术支持，一些农村干部和居民对于数字化设备和技术的应用还不够熟练。这可能导致数字化治理的推广和应用受到限制。乡村数字化治理需要广大村民的积极参与和支持。然而，在奉贤区的部分乡村，村民的参与度相对较低。一些村民对数字化治理的认识不足，缺乏参与的意愿和能力。这导致数字化治理的推进困难，也影响了治理的效果。

（四）乡村数字化文化传承与创新力度不大

奉贤区的数字乡村建设注重数字化文化在农村地区的传承和创新，但在实际操作中还存在一些问题。具体表现为以下几个方面。第一，文化传承缺乏深度。一些数字化平台的建设缺乏对农村传统文化的深入挖掘和记录，无法充分发挥数字化技术在文化传承中的作用。这可能导致一些珍贵的文化遗产无法得到有效的保护和传承。第二，与文化产业结合不足。一些数字化技术的应用缺乏与奉贤乡村文化产业的结合，无法推动农村经济的多元化发展。这可能制约乡村振兴发展中文化软实力的提升，影响到农村经济的可持续发展。第三，创新能力不足。一些农村地区在数字化文化的创新方面存在不足。这可能与其资源有限、创新意识不强等因素有关，导致数字化技术在文化创新方面的应用不够充分。

四　奉贤数字乡村建设助推乡村振兴的对策建议

（一）以党建引领数字乡村建设助推乡村振兴

党建引领是数字乡村建设的核心。深化党组织在数字乡村建设中的引领作用，通过开展党员培训、组织党员参与数字化建设，使党组织在数字化乡村建设中发挥更大的政治核心作用。党组织要与地方政府共同明确数字乡村建设和乡村振兴的总体目标，并在这两个方向上制定长期规划。党组织可以发挥自身优势，组织专业团队，与相关部门深入研究，形成综合规划，确保数字乡村建设与乡村振兴相互促进、相得益彰。在党组织的领导下，可以设立专门的数字乡村建设工作小组，由专业人士、农村干部和相关部门代表组成。这个小组负责协调规划的实施，确保各项工作有序推进，有党组织的支持可以更好地推动乡村数字化建设。建设数字党建服务平台，为党员提供数字化工具和信息资源，使党建工作更加高效。通过平台，可以推动党员更好地参与数字乡村建设，发挥党组织的组织优势，引导乡村群众积极投身数字化发展。

（二）以政府统筹推动数字乡村建设，进而补齐乡村振兴短板

一是政府牵头，根据奉贤农村发展不均衡的特点，制定全面的数字乡村发展规划，结合奉贤区的地域特点和农业基础，明确数字乡村建设的总体目标和阶段性目标。该规划应涵盖基础设施建设、农业生产与数字技术融合、数字化治理等方面，确保各项工作有序推进。二是政府加大力度投入建设数字化基础设施，包括提升网络覆盖率、推动 5G 技术在乡村的应用、建设数字化农田管理系统等，特别是一些数字化基础设施建设薄弱的区域，政府需要重点关注。确保数字技术能够在乡村全面应用，促进数字化基础设施与其他振兴项目的有机结合。三是政府可出台政策鼓励农业主体采用数字技术，提升农业生产的智能化水平。推动数字技术在种植、养殖、农产品加工等环

节的深度融合，以提高生产效率、提高农产品质量，同时引导农民逐步接受和应用数字化工具。四是设立激励机制，奖励在数字乡村建设中取得显著成果的农业企业、创新团队和个人。激励措施可以包括财政奖励、税收优惠等，以提高各方参与数字化建设的积极性。

（三）以政策引导加强农业数字云平台建设

一是制定明确的数字农业平台建设规划，包括硬件设施、软件系统、数据标准等方面。采用开放式的平台架构，便于接入不同的农业信息源，包括气象数据、土壤信息、农作物生长状况等。二是通过鼓励性政策促使各类农业主体、政府机构、高校与科研机构等共享数据资源。制定标准化的数据格式和接口，降低数据集成难度，提高数据利用效率。引入先进的物联网技术，实现对农业生产全过程的实时监测和数据采集。引导农民、合作社等积极参与数据采集，形成全方位、多源头的数据汇聚。三是建立健全的数据安全和隐私保护机制，保障农业大数据的安全性。采用加密技术、身份认证等手段，防范数据泄露和恶意攻击。向农民和相关主体宣传数据使用政策和隐私保护法规，增强数据安全意识。四是制定支持农业数字化平台建设的政策，包括税收优惠、资金扶持等方面。设立数字农业发展基金，用于支持平台建设、数据采集设备更新、人才培训等。引导农业企业与数字科技公司合作，共同推动数字化平台的建设和升级。五是促进农业企业、科研机构、政府等各方形成合作共赢的数字生态系统。鼓励数字科技公司提供农业解决方案，推动产业链上下游的数字化发展。设立数字农业创新实验室，推动前沿技术在实际农业生产中的应用。此外，政府应促进数字技术与产业、科研机构、高校的深度融合，推动产学研用一体化发展。建立数字农业科研中心、培训基地，推动科研成果在农村实践中的转化。

（四）以数字人才队伍建设推动数字乡村的进一步发展

充实农村地区数字乡村建设的人才队伍是数字乡村建设助推乡村振兴的

根本支撑。① 首先，建立数字农业培训中心是关键之一。在奉贤区设立这样的培训中心，可以为当地农民提供系统的数字乡村建设培训。其次，推动高校与数字农业相关企业的合作也是重要的举措。与本地高校合作，开设数字农业专业课程，可培养更多的数字农业专业人才。企业可以提供实际项目支持，为学生提供实践机会，促进理论与实践相结合。再次，设立数字化创新基地是一个有效的手段。在奉贤区设立数字化农村创新基地，吸引具有数字化背景的专业人才参与，提供创新创业支持，鼓励人才通过创新项目参与奉贤数字乡村建设。又次，建设数字化农业实验室可以为人才提供实验和创新平台。吸引本地科研机构和专业人才参与实验室建设和项目研究，为人才提供更多在奉贤实践的机会。最后，引入专业机构提供培训。联合专业培训机构，引入数字化农村建设专业课程，面向农村居民和当地干部，建立培训合作机制，确保培训内容贴合当地的实际需求。

（五）以国有企业为主体加强企业对数字乡村建设的支持

国有企业参与数字乡村建设是推动乡村振兴、实现数字乡村建设的重要一环。国有企业可整合技术、资金、人才等资源，为数字乡村建设提供全方位支持。首先，鼓励国有企业制定与数字乡村建设相适应的战略，明确在乡村振兴中的定位和责任。制定长期规划，与地方政府、农业企业等形成合作愿景，确保企业的数字化投资与当地需求相一致。其次，国有企业可选取乡村建设的重点区域，建设数字化农业示范基地，为当地提供数字化农业的典型案例。将新技术、新设备应用于农业生产过程，向当地农民宣传数字化农业的实际效果。最后，鼓励国有企业参与农村数字基础设施的建设，包括网络覆盖、信息中心等，提供数字乡村建设的基础条件。开展数字农业相关的职业培训，为当地农民提供更多就业机会，推动乡村经济的多元化发展。此外，国有企业可以与当地农业合作社合作，共同建立数字化农业合作社。国有企业与地方政府、农业企业等建立长期合作机制，形成数字乡村建设的协同效应。

---

① 赵春苗：《加快数字乡村建设　助力乡村振兴》，《农家参谋》2021 年第 17 期。

B.16
聚贤引才，奉贤区打造南上海创新人才高地

张美星　朱嘉梅*

摘　要： 党的二十大报告中强调，科技是第一生产力、人才是第一资源、创新是第一动力。奉贤区始终秉持"求贤若渴""见贤思齐"的理念，全力实施"人才强区"战略。奉贤聚焦南上海创新人才高地建设，确立人才引领发展的战略地位，发挥新城人才政策优势，着力营造优质人才环境，集聚行业领军人才，大力引进和培育青年人才。本报告从上海人才高地建设现状及不足入手，在分析总结奉贤区人才队伍发展现状和人才工作现有成果的基础上，发现奉贤区进一步完善人才结构、推进落实人才政策、优化人才生态等方面的着力点和突破口，为奉贤区打造高品质人才生态圈，加快集聚海内外优秀人才，赋能奉贤高质量发展建言献策。

关键词： 人才高地　人才强区　人才结构　人才引育

　　人才是第一资源，是实现民族振兴、赢得国际竞争主动的战略资源。党的二十大报告指出"必须坚持科技是第一生产力、人才是第一资源、创新是第一动力"，同时强调要深入实施人才强国战略，完善人才战略布局，加快建设世界重要人才中心和创新高地。习近平总书记在中央人才工作会议上

---

* 张美星，上海社会科学院信息研究所助理研究员，主要研究方向为宏观经济计量模型构建与分析；朱嘉梅，上海市奉贤区委党校（奉贤区行政学院）教学部主任、讲师，主要研究方向为区域经济发展和公共管理。

指出，"国家发展靠人才，民族振兴靠人才"，① 深刻揭示我国人才事业发展的内在规律，擘画加快建设世界重要人才中心和创新高地的宏伟蓝图，他明确提出"在北京、上海、粤港澳大湾区建设高水平人才高地"，② 为人才提供国际一流的创新平台，加快形成战略支点和雁阵格局。

人才高地是人才发展的"极核区"和"高势能区"。人才高地具有两个维度的功效：一方面，它要有面向全国引进、涵养人才的能力；另一方面，它要有面向全国输出人才的功能与担当。因而，人才高地应是吸引人才和输出人才的有机统一。首先，它是人才涵养的聚宝盆：先将人才、准人才、潜在人才吸引集聚在某一个区域或某一座城市，在这个场域经过培养就会得到提升，有了服务社会更高层级的能力；其次，它是人才强国的发动机：经过培养成熟后的人才不仅服务于本地，而且输出至全国各地，能够为国家的人才战略提供源源不断的人才支持。③ 人才高地不仅要实现人才的高度引致，也要实现其后续的顺利输出，才能完成人才高地建设的使命，最终目标是实现"聚天下英才而用之"，服务于人民、服务于国家。

一 上海人才高地建设：现状及不足

人才是上海的第一资源。作为中国的经济中心城市，上海依靠其高城市能级、丰富的教育产业资源、高度的开放以及强大的经济活力，形成了独特的海派文化优势，吸引了大批"高精尖"人才的聚集，从而形成了人才高地的生态。多年来，上海将战略人才放在领先的位置，全方位重视人才、吸引人才，以人才计划、人才政策、人才服务、人才环境为抓手，多维度助推战略人才力量建设，整合资源，建设高水平人才高地。

---

① 人民日报评论员：《加快建设世界重要人才中心和创新高地——论学习贯彻习近平总书记中央人才工作会议重要讲话》，《中国人才》2021年第10期，第35~35页。
② 贺飞、原帅：《加快建设高水平人才高地》，《光明日报》2023年5月8日，第006版。
③ 贾利军、王宏、李琦：《上海的人才高地建设如何吸引人才与输出人才》，澎湃新闻，https：//m. thepaper. cn/baijiahao_ 22506361，最后访问日期：2024年1月7日。

（一）上海人才高地建设现状

人才高地是人才发展的"极核区"和"高势能区"，高水平人才高地包含了"高水平"和"高地"两层含义，既是人才集聚高地，也是高水平人才的集聚高地。从区域概念上讲，新时代上海要建设的高水平人才高地应该具有"世界级"的辐射广度，打造的是世界级的人才高地。从人才素质结构分析，要建设科技强国，实现高水平科技自立自强，需要拥有一批引领科技发展的科技力量，集聚战略科学家、科技领军人才、青年科技人才、卓越工程师等高水平人才。

近年来，上海加快建设高水平人才高地，人才总量在 2018～2023 年增加了 99 万人，达到 675 万人。[①] 在全国范围内，上海一直处于人才引进的"高位"。在举全市之力协同推进下，以"聚天下英才而用之"为目标，推出了一系列先行先试的人才改革举措，人才集聚的磁吸效应充分显现，人才的价值性和创造性得到充分发展，人才的获得感和成就感持续增强，在人才强国雁阵格局中"头雁效应"日益显著。其主要成效体现在以下三个方面：一是形成了更加完善的人才政策体系，二是形成了具有领先优势的人才吸引力，三是形成了一支高水平优秀人才队伍。

1. 人才政策体系更加完善

落户政策进一步放宽。2021 年，新版《上海市引进人才申办本市常住户口办法》颁布，将人才引进落户通道由 16 个增加到 18 个，规定 2021 年底，在上海五大新城和自贸区就业的本地应届研究生可直接落户。2022 年，上海人才引进落户条件再放宽，高层次人才、重点机构紧缺急需人才、高技能人才、市场化创新创业人才、专业人才和其他特殊人才等 5 类人才可直接落户上海。同时，上海重点发展地区的居转户评价标准进一步放松，以张江科学城为例，园区内单位引进人才居转户年限由 7 年缩短为 5 年，重点产业

---

① 周程祎：《"强磁场"引得人才"聚上海 创未来"》，《解放日报》2023 年 9 月 18 日，第 01 版。

的骨干人才年限由 7 年缩短为 3 年。此外，人才引进政策也向重点产业倾斜，如 2023 年 11 月发布《上海市推动人工智能大模型创新发展若干措施（2023—2025 年）》，提出打造人才集聚的大模型创新高地，重点支持大模型相关紧缺技能人才落户。2022 年上海居转户公示落户人数 3.24 万人，较 2020 年上升 76%。①

以创新价值为导向，人才评价政策体系全面优化。职称制度是专业技术人才评价和管理的基本制度，对畅通人才职业发展通道、激发人才创新活力，具有重要作用。2018 年起，上海市人社局及相关行业主管部门启动了历时五年的职称制度改革，以"破四唯""立新标"为核心，重点解决职称评价"一把尺""一刀切"等问题，累计出台 25 个全系列职称改革办法，增设 21 个新职称专业，调整 13 个职称系列的最高层级，② 推动形成有利于专业技术人才潜心研究和创新的良好氛围。

2. 人才吸引力持续提升

依托大量跨国企业和头部金融机构资源，上海充分发挥经济总量和城区人口规模领先的优势，新兴产业发达，总部经济和研发创新发展迅速，新增就业岗位多，对优质人才的吸引力持续增强。有关报告显示，上海的人才吸引力排名全国第二，仅次于北京，但在城市留住人才能力的人才净流入占比方面，上海高于北京，在一线城市中位列第一，2018~2022 年，上海人才净流入占比情况分别为 0.9%、0.5%、1.2%、2.1% 和 1.9%，呈现倒"V"形变化趋势。③ 另有数据显示，上海位列全球城市人才黏性④指数排名第 20，⑤ 在国内城市中仅次于北京。上海的内部吸引力让本地人才

---

① 《2023 中国城市人才吸引力排名》，https：//finance. sina. cn/zl/2023-05-31/zl-imyvrtce6702 444. d. html? vt=4&cid=79615&node_ id=79615，最后访问日期：2024 年 1 月 7 日。

② 《上海专业技术人才队伍总量超 300 万》，《工人日报》2023 年 9 月 1 日，https：//m. huanqiu. com/article/4EMOdps0HhT。

③ 《2023 中国城市人才吸引力排名》，https：//finance. sina. cn/zl/2023-05-31/zl-imyvrtce 6702444. d. html? vt=4&cid=79615&node_ id=79615，最后访问日期：2024 年 1 月 7 日。

④ 城市人才黏性是指一个城市对人才的吸引能力，反映了人才与城市的链接程度。

⑤ 《全球城市人才黏性指数报告（2022）》，https：//www. gsm. pku. edu. cn/thought_ leaders hip/info/9319/3050. htm，最后访问日期：2024 年 1 月 7 日。

具有较强的留居意愿，外部磁吸力则能吸引大量外地人才流入上海安居乐业。

新兴产业引领功能加快显现，高端人才需求激增。随着上海"十四五"规划中相关重点产业，如半导体、生物医药、人工智能、新能源汽车的快速发展，人才缺口较大，同时薪酬及涨幅皆领跑全国，跨区域流入上海地区的人才中，去向前 20 的二级行业中，有将近四成人才会选择这些行业就业。金融行业作为上海乃至全国薪酬排名第一的高薪行业，也吸引了 10.23% 的人才流入，而其二级行业基金证券期货，也位列上海引才细分行业第二，占比为 5.45%。[①]

人才吸引力持续提升的背后，是上海提供的良好的就业环境和优越的薪酬待遇。《2023 届高校毕业生就业数据报告》显示，上海针对 2023 年应届生新发职位占比为 11.13%，列 TOP 20 城市中首位，同时，上海也是 2023 年应届生投递简历最多的城市，占比为 10.2%。[②] 在薪酬待遇方面，2022 年，上海平均薪酬达到 13486 元/月，为一线城市中工资最高的城市。其中，生产/加工/制造、商业服务、文化/传媒/娱乐/体育、交通/运输/物流/仓储等行业，在四大一线城市中的平均招聘薪酬均排名第一。[③]

3. 人才队伍不断壮大

上海聚焦国家和本市重大发展战略，全面深化职称制度改革，着力打造规模结构合理、梯次衔接有序、适应高质量发展要求的专业技术人才队伍，取得了积极成效。目前，本市专业技术人才队伍总量已超过 300 万人，享受政府特殊津贴 1 万余人，入选上海领军人才 1739 人，培育出站博士后 3 万余人，资助超级博士后 2435 人，为上海强化"四大功能"、建设"五个中心"，发挥了重要作用。

---

① 《上海地区人才供需数据报告》，https：//www.dsb.cn/211747.html，最后访问日期：2024 年 1 月 7 日。

② 《2023 届高校毕业生就业数据报告》，https：//www.sohu.com/a/708561872_121094725，最后访问日期：2024 年 1 月 7 日。

③ 丁远泓：《一大批人，正在赶去上海》，《时代周报》2023 年 7 月 1 日，https：//mp.weixin.qq.com/s/nvmys2xtS5rhQx7MXb8Q8A，最后访问日期：2024 年 1 月 7 日。

上海新兴技术产业快速发展，需要更多人才储备作为支撑。数据显示，2019~2022 年上海地区人才保有量占全国第一，其中硬核科技产业迅猛发展带动人才供给增加，上海地区互联网行业人才占据榜首，占比为 17.76%。[①] 同时不断加强技能人才培养培训体系建设，全面推进技能人才队伍建设，截至 2022 年底，上海市高技能人才总量约 116 万人，高技能人才占技能劳动者的比重达到 35.03%。

（二）存在的不足

在更加完善的政策体系背景下，上海人才吸引力持续提升，人才队伍不断壮大。但人才高地建设是一项持续长久的战略任务，需要国际化的人才导向，世界级的人才平台，更加开放的人才政策，更加合理的人才结构，以及高品质的人才生态。目前上海建设高水平人才高地仍然存在以下不足。

1. 人才吸引力较其他世界大都市仍有差距

上海引进外国人才的数量和质量均居全国第一，8 年蝉联"外籍人才眼中最具吸引力的中国城市"。[②] 但相比纽约、巴黎、东京、多伦多等国际大都市，外籍科技人才占比仍偏低。此外，上海也存在国际化人才培养机制不健全，人才整体国际化视野、国际化理念程度不高等国内城市面临的普遍问题，除复旦大学、上海交通大学外，其余高校与国际知名高校互动交流还不充分。

2. 高层次人才储备不足

虽然上海海外引进人才数量增长较快，但面对高质量发展的需求，结构尚存短板。人才供给存在结构性短板，即高端需求强劲，但从事基础理论研究，攻关核心领域的顶尖人才较少。致公党上海市委的调研也显示，2016年以来的新"海归"中，本科占 70%，博士仅占 1%。以人工智能领域为

---

① 《上海地区人才供需数据报告》，https：//www.dsb.cn/211747.html，最后访问日期：2024年 1 月 7 日。

② 《上海连续 8 年蝉联"外籍人才眼中最具吸引力的中国城市"》，中国新闻网，https：//www.chinanews.com.cn/sh/2020/11-08/9333356.shtml，最后访问日期：2024 年 1 月 7 日。

例，根据相关部门预测，2025 年，上海市人工智能人才队伍规模要达到 40 万人，才能基本建成具有全球影响力的人工智能创新发展人才高地。截至目前，在沪高校人工智能领域在校生规模仅 4 万人，且留沪人数约为六成①，人才培养供给远远无法满足产业人才的大规模需求。此外，当前人工智能和集成电路领域人才队伍中数量最多的是"数字蓝领"，高水平顶尖的研究型人才供给严重不足，人才培养体系相对滞后且与产业需求的契合度较低。

3. 人才政策存在"碎片化"问题

调研数据显示，上海市人才政策执行力度仍有待进一步加强，仅有 21% 的调查对象认为现行的人才政策执行力度显著增强，40% 的调查对象认为略微增强，37% 的调查对象认为没有变化。同时，人才政策存在稳定性不强、显示度不高、效应持续时间短的问题，63.1% 的调查对象表示上海的多项人才政策均存在上述问题，且人才对政策知晓度不高，可预期性差。② 此外，人才政策存在比较严重的"碎片化"问题，即各部门"自扫门前雪"，政策涉及科技、教育、产业、财政、土地、工商、税务等多个领域，跨职能部门、跨领域落实政策存在比较多的阻碍。

二　奉贤打造南上海创新人才高地的现状及不足

上海市奉贤区牢固树立"人才是第一资源"的理念，以"引育留"为抓手，举全区之力构筑人才战略优势，聚天下英才而用之，加快实施人才引领发展战略，全力打造南上海人才高地。奉贤区深耕人才"百千万"工程，推出"储备人才""流量人才""青年人才"等政策，加快集聚海内外优秀

---

① 《高端人才缺，一线技术人才也缺！上海加快建金字塔型人才结构》，第一财经，https：// finance. sina. com. cn/chanjing/cyxw/2022 - 01 - 21/doc - ikyamrmz6610116. shtml？cre = tianyi&mod = pcpager_ news&loc = 34&r = 0&rfunc = 55&tj = cxvertical_ pc_ pager_ news&tr = 174，最后访问日期：2024 年 1 月 7 日。

② 《新形势下上海人才政策优化与政策建议研究》，https：//www.fzzx. sh. gov. cn/13_ edj/ 20230214/06ec7ee728a64e1c96557d5879cf06f1. html，最后访问日期：2024 年 1 月 7 日。

人才。2023 年，奉贤区重点聚焦科教人才支撑，加快人才高地建设；实施更加积极有效的人才政策，促进人才合理布局和协调发展，打造南上海人才高地；加大人才引进力度，新引进各类人才，推动创新链、产业链、资金链、人才链深度融合；优化人才服务体系，努力用一流的服务让各类人才进得来、留得住、发展好，营造高标准人才生态系统。

（一）奉贤区创新人才高地建设现状

充分释放人才政策的激励导向作用。奉贤用足用好自贸区新片区、张江高新区、五个新城等人才政策叠加优势，自贸区新片区人才政策"应享尽享"，制定《关于进一步创新推动新片区政策外溢的行动计划》，已指导 36家企业人才享受特殊政策。在新城人才政策"无缝衔接"方面，精准实施"拓宽青年引才渠道"等 40 个重点项目。2022 年，通过居转户、人才引进、留学生落户等各类渠道落户 5104 人，同比增长 56.27%，人才集聚效应更加凸显。[①]

区级人才政策"量身定制"，引育并举。制定《关于全要素全链条深化人力资源建设全力打造南上海人才高地若干意见》，出台支持科技创新创业以及生物医药、数字经济人才发展专项计划等 16 项支持政策，打造"总有一款适合你"的"政策大超市"。在政策驱动下，2022 年已有 24 名人才入选市级以上人才计划（项目），同比增长 84.62%；截至 2022 年底，区内共有市（省）级以上高层次人才 116 名，同比增长 152%。[②] 以柔性引才促本土育才，研究制定《关于奉贤区柔性引进高层次医学人才（团队）"聚英计划"的实施意见》以及相关实施方案，2022 年落地和意向引进项目 85 个，开展新技术、新项目研究近 200 个，带动本土医疗人才队伍专业水平提升。

---

① 《奉贤持续用心下好人才工作"先手棋"——为高质量发展聚智赋能》，《新民晚报》2023年 4 月 3 日，https://baijiahao.baidu.com/s? id = 1762131057386013126&wfr = spider&for = pc，最后访问日期：2024 年 1 月 7 日。

② 《构建南上海人才高地 奉贤深耕人才成长发展"沃土"》，东方网，https://www.sohu.com/a/694784877_ 120823584，最后访问日期：2024 年 1 月 7 日。

构建市场化育才机制，设立奉贤区产教融合（产学研）联盟，培育产教融合基地 12 家，支持高校、企业合作育才。

海内外优秀人才集聚，南上海人才高地加速形成。奉贤区依托生物医药、智能制造、数字经济、文化创意等区内特色产业园区，培育院士专家工作站 72 家、国家级孵化器 2 家、国家级专精特新"小巨人"25 家，形成产业发展与人才集聚"双螺旋"上升的"场效应"。作为"五个新城"中唯一承办"海聚英才"全球创新创业大赛外省市分赛区赛事的新城，奉贤区积极承办 2022"海聚英才"全球创新创业大赛浙江分赛区赛事，吸引 390个海内外项目参赛，成功签约 18 个获奖人才项目，"人才+项目"的互动机制不断深化。此外，充分调动行业领军人才、专家学者、社会英才等多元化的社会力量，聘请近 240 名各领域的专家学者、企业家等作为"招才大使""亲商大使"，为奉贤代言推介、引才荐才。以"引进一名人才、带领一个团队、做大一个产业"为思路，探索建立"人才+项目+产业"长期稳定协同支持机制。截至目前，引进生物医药、新材料等领域专家近百名，海外高层次人才创业园已累计落地 94 个人才项目。[①]

（二）奉贤区创新人才服务举措

1.贤才赋能，助力高端人才招引

奉贤抢抓高校毕业季、产业招商季、营商环境提升季三大时间节点，全力打造"贤城贤治、贤才毕至"的"贤才"工作品牌，为助力南上海人才高地建设引才赋能。奉贤持续开展高校毕业季系列招聘会、开展"贤才大巴"、推出高校"贤才小帮办"工作机制、企业"贤才问诊"、"双招双引"、"贤才驿站"、"贤才管家"和"贤才卡"等系列活动，做好高端人才招引工作，使高端人才能够引得进、留得下、用得好。

（1）持续开展高校毕业季系列招聘会。在毕业季来临之前，联合在奉

---

① 《以"引育留"为抓手 奉贤全力打造南上海人才高地》，《经济参考报》2023 年 6 月 2 日，https：//baijiahao. baidu. com/s？id=1767553889745697337&wfr=spider&for=pc，最后访问日期：2024 年 1 月 7 日。

高校开展"才聚贤城、职翔未来"等主题高校毕业季系列招聘会，组织园区重点企业设岗招聘，吸引高校应届毕业生来奉就业创业。

（2）开展"贤才大巴"系列活动。联合区团委和高校，定期开展"高校学子、走进奉贤"系列活动，组织高校学子进园区参观学习，进一步促进产学研深度融合，打破高校与企业间的人才培养"边界"。

（3）推出高校"贤才小帮办"工作机制。联合高校组织开展人才积分、落户、就业、安居等方面的政策宣讲帮办活动，发放奉贤"人社政策汇编本"，抢先一步搭建人才通道，为人才解决后顾之忧，吸引人才来奉就业安居。

（4）做实做细园区企业"贤才问诊"工作。编制企业人才需求招募情况调查问卷，及时掌握企业人才招聘、技能人才培训等需求，定向为企业组织开展送政策、送培训、送服务活动。

（5）全力参与"双招双引"工作。主动跨前对接街镇、园区等，为招商推介"站台"，实现"人才+项目"同步落地。联合园区、重点企业、街镇组成奉贤招商引资、招才引智推介团队，赴各地开展招才推介活动。

（6）积极构建"贤才驿站"服务网络。在镇级综合服务空间以及人才公寓、青年社区、文化功能空间等人才集聚区，构建贤才驿站阵地矩阵，就近就便为人才提供各类服务。

（7）打造"贤才管家"专业队伍。以"贤才管家"统筹提升基层人才工作服务水平，加大与企业 HR 沟通联系力度，以综合开发区东方美谷"贤才管家"进区人才开发服务中心跟班学习为契机，着力形成"贤才管家"业务提升长效机制。

（8）推出"贤才卡"贴心服务。整合区内文旅、体育、医疗、教育、安居等领域优质资源，创新推出高层次人才服务卡，覆盖市、区两级高层次人才，为园区高端人才提供高质量菜单式服务。

（9）多措并举保证"贤才专窗"服务提质增效。不断优化奉贤区人才中心管理信息系统，实现区级人才激励补贴全程线上办理模式，提高窗口及后台人才工作服务效率，切实提升园区高端人才满意度和增强其获得感。

2. 深入一线，拓展企业服务渠道

（1）成立政策宣讲团，实现政策"云派送"。2023 年 1~6 月，奉贤区人才中心共组织开展各类政策宣讲 30 次，派出宣讲员 38 人次，惠及区内重点企业园区和高校 4100 多人，发放人才政策宣传页 1000 余册，现场解决各类人才相关问题 24 个。①

（2）积极走访企业，开展"大走访、大排查"工作。落实"连心桥"企业走访制度，跨前一步开展人社政策"大走访、大排查"，主动倾听企业心声，切实了解企业人才诉求。2023 年 1~6 月，人才中心主动走访企业 10 次，参与领导 13 人次，走访涉及企业 192 家，现场为企业解答人才相关问题 13 个，涵盖居住证积分、居转户、人才引进落户、留学生落户、应届毕业生落户、五个新城人才发展政策等多个方面。②

（3）强化生物医药领域重点机构人才引进服务。奉贤区人社局组织开展以"贤才沙龙走进生物医药企业"为主题的系列活动。聚集奉贤区 40 家生物医药领域重点机构，集中为区域内生物医药领域重点企业、高新技术企业等详细讲解区人才引进、五个新城等人才政策，并现场答疑，开展生物医药领域重点机构人才需求摸底，建立生物医药领域高层次人才引进岗位清单和引进人才服务诉求清单，加强业务指导、难点攻关协调等，帮助企业用足用好人才政策，助力生物医药产业引智留才。

3. 多措并举，提升人才服务能级

（1）聚焦提升，抓好服务"精准度"。①发挥"互联网+"受理优势，加强人才线上受理平台建设。为方便办事群众，奉贤区人才中心不断简化受理流程，优化邮箱受理流程，确保积分受理业务实现线上一站式受理模式。②发挥"奉贤人才服务之窗"公众号宣传阵地作用。及时发布公共服务信息，加大人才政策宣传力度，优化留言服务功能，做到群众之事无小事，件

---

① 《区人才中心惠企政策精准直达，为奉贤企业送上专属"服务包"》，"上海奉贤"公众号，https://mp.weixin.qq.com/s/sLIstn-_N_xZ5BnQ2Ktmug，最后访问日期：2024 年 1 月 7 日。

② 奉贤区人才中心统计并提供相关数据。

件快答复、事事有回音。截至 2023 年 6 月底,共解决留言诉求 3920 条,留言答复率 100%。① ③完善管理信息系统,推动人才服务智慧升级。进一步整合资源,优化奉贤区人才服务管理信息系统,实现区级人才激励补贴网上提交、网上受理、网上审批全程线上办理模式,实现人才服务"云上办理"不打烊。

(2)聚焦便民,推行服务"贴心度"。①推行积分"一次办结"新模式。在材料齐全的情况下收取积分办理全部材料,学历验证后不再退回,直接进入积分受理环节,推行"一窗受理,一次办结",减少材料退回次数,降低办事群众往返频次,全面优化窗口受理流程。②完善业务材料"一本清"流程。更新办事指南,梳理、简化业务办理流程图,更新人才政策宣传页。将所有流程图、办事指南制成二维码"上墙"贴在咨询台;将介绍信等空白模板材料"上架"放置在取号处以方便群众随手拿取;将所有相关政策、办事指南、材料清单"上网"传到服务平台,更加方便群众,使之一目了然。③升级改造软硬件便民设施,持续优化政务服务环境。通过更新自助服务区电脑硬件、定期维护大厅便民设施、扩充自助打印服务区、适时采取延迟提交申请材料、先审批后补材料等人性化方式,不断提升人才服务水平,优化人才服务环境。

(3)聚焦需求,直击服务"匹配度"。①开通"贤小才·微课堂"。奉贤人才中心聚焦各项人才政策变化点、日常业务办理的关键点和容易犯错的疑难点,推出一系列操作"锦囊"。通过制作简单易懂的宣传小视频,以通俗易懂的语言和简单直观的流程操作、喜闻乐见的宣传方式,"手把手"指导办事群众完成积分学历认证、税单下载、落户系统开户、个人信息申报等操作。②优化基层人才工作站服务平台。充分利用各街镇人才服务工作站的优势,健全基层沟通联络机制,建立重点企业微信联络群,加强对人才服务专员的培训指导,帮助各街镇、社区落实好人才服务窗口功能,做到人才服务零距离。③设立"子女就学服务专窗"。对于居住证积分办理中主证人子

---

① 奉贤区人才中心统计并提供相关数据。

女遇到升学的，参加中高考等情况专窗开通绿色通道，后台审核开启"加速度"，大幅缩短办结时间，切实有效解决人才的后顾之忧。

（三）存在的不足

1. 区位存在先天不足，基础配套欠缺

尽管在"十三五"期间，轨道交通 5 号线南延伸段、虹梅南路越江隧道、全市首条 BRT、闵浦三桥等重大交通线路建成通车。[①] 但奉贤区由于离市区较远，部分区域公共交通配套资源仍存在相对不足的问题。以海湾大学城为例，由于离地铁站距离较远，学生乘坐公交再换乘地铁前往市区往往需要两个小时左右，且大学城周边商业配套设施不足，给大学生实习造成了诸多不便。此外，人才不仅需要就业、创业的环境，还有子女求学、医疗保障等需要，目前的教育和医疗配套的数量和质量尚不能满足人才强区的建设需求。奉贤先天存在区位较为偏远的问题，因而更应重视本土人才的培养和留存问题，为青年人才提供便捷的公共交通和生活、商业配套设施，提升对人才的吸引力和承载力。

2. 人才集聚度有待提升，结构亟须优化

近年来，随着奉贤城市服务功能逐渐完备，新城辐射能力进一步提升，产业功能也将进入快车道。但由于基础设施、商务配套等公共服务短板依然存在，对行业领军人物、技术型顶尖人才以及高级技工等高端人才吸引力不足，产业高端人才引进不尽如人意，高端人才总量偏低。一方面，研发和科技类的高端人才占比较低，产业人才分布不均衡；另一方面，受限于职业教育社会认同度低、职业教育内容滞后于行业发展、职业技术人才群体的综合素质有待提高等，活跃在一线的实验或操作技术人才也存在较大缺口，奉贤仍面临人才集聚度不足、本土人才流失严重、人才紧缺制约行业发展的问题。

---

① 《奉贤："美"字当头，还给郊区发展"打个样"》，人民网，http：//sh.people.com.cn/n2/2021/0223/c134768-34589321.html，最后访问日期：2024 年 1 月 7 日。

3. 人才政策个性化不足，工作机制有待完善

目前，奉贤区的人才政策体系注重普惠性，而具有个性化、定制化的"高峰政策"数量还不够多、力度还不够大。特别是在高端人才引进渠道方面，存在单一性的问题。多样化的引才途径对于吸引更多领军人物、技术顶尖人才和高级技工至关重要，但当前的渠道相对有限。社会力量在人才引进中的作用尚未充分发挥，需要更灵活的合作机制以更好地整合社会资源。在鼓励高端人才自主创新方面，缺乏项目评定、风险预估、资金扶持、风险防范等一整套扶植高新技术产业项目的具体措施。此外，人才工作涉及面广，在统筹协调上需要进一步加大工作力度，工作机制需要进一步有针对性地优化完善。以更灵活、高效地应对人才引进、培育和发展的多样化需求。在推动整个人才生态系统的协同发展中，加大工作力度、改善工作机制将有助于更好地满足奉贤区不同层次、不同领域人才的发展需求，促使人才政策更为全面、具体地贴合实际情况。

三 奉贤区打造南上海创新人才高地的政策建议

1. 全面提升基础设施配套水平，引进优质教育、医疗资源

一是大力推进交通基础设施建设。优化公共交通配置，增加公共交通线路，提高运营频率和服务质量。引入智能交通管理系统，提升交通运营效率。同时，加快研究未来轨道交通布局，为人才提供更丰富、更便捷的出行方式。二是积极引进优质的医疗资源。针对医疗资源相对不足的问题，奉贤区应通过合作协议或其他机制，提供税收和其他激励措施，吸引国内外知名医生在奉贤区的医疗机构开展临床工作。鼓励本地医疗机构与国内外先进医疗机构建立合作关系，共享医疗资源和技术。推动医疗机构间的信息互通，提高医疗服务水平。三是加快优化教育资源步伐。一方面，通过改善学校硬件设施，提高教育质量；引进有经验的教育专业人士，进行培训和管理；推动教育信息化，提高教学水平和学生综合素质。另一方面，着眼于高等教育，鼓励国内外知名大学在奉贤区设立分校或合作办学项目；提供更多高等

教育资源，培育更多本土人才。

2. 加快推动专业技术人才引育，加强产学研创新合作

针对奉贤面临的人才引进不足、人才流失严重、人才结构亟须优化的问题，应从引才、培育、创新、合作等多个层面推动奉贤区高端人才的引进和培养，以推动南上海创新人才高地建设。一是制定更具吸引力的高端人才引进政策，包括薪酬激励、住房购房补贴、子女教育优惠等福利待遇。二是增加对科研和创新的投入，设立科技创新基金，支持科研机构和企业开展创新项目。提供科技类人才的培训和发展计划，激励他们在奉贤从事创新研究工作。三是建设创新孵化器和科技园区，提供良好的创业环境，吸引初创企业、高科技企业及国外顶尖企业和科研机构入驻，形成创新产业集聚效应。四是加强产学研合作。与高校签署战略合作协议，共建实践基地，提供学生实习和就业机会。加大对职业技术人才的培训力度，建立更多的实验室和技术创新平台，提供更多的实际操作机会。设立奖学金和科研基金，吸引优秀毕业生留在奉贤从事科研和产业工作。

3. 加强政策顶层设计，优化人才工作机制

一是进一步加强定制化政策的系统研究和顶层设计，吸引更多"头部人才""腰部人才"集聚奉贤，避免出现有些政策"高端人才不需要，中低端人才享受不到"的尴尬现象。二是推出个性化引才计划。制定个性化、定制化的高端人才引进计划，根据其专业背景和技能需求量身定制差异化激励措施，设立专业的招聘团队，积极主动联系潜在人才。三是优化人才工作协调机制。设立人才协调机构，负责协调各类人才政策的实施，推动政策的协同发展。建立政府、高校、企业和社会组织等多方参与的协调机制。加强与其他区域的合作，形成更大范围的人才共享和流动，避免人才局部流失。

B.17
协同推进奉贤"无废城市"建设
与"双碳"战略目标

徐大丰*

摘　要：　在"双碳"战略目标下，生态文明建设的主要问题表现为降碳。"无废城市"与降碳无论是在目标，还是在路径上都存在高度的协同性。本报告梳理奉贤"无废城市"建设的举措，从"双碳"战略目标的角度评价奉贤"无废城市"的建设成效；揭示奉贤"无废城市"建设中存在的问题；从废物与碳排放的同根、同源性出发，挖掘"无废城市"借力"双碳"政策的可能性，提出协同推进奉贤"无废城市"建设与"双碳"战略目标的启示。

关键词：　"无废城市"　碳达峰　协同

我国自 2005 年启动低碳经济建设以来，减污降碳工作一直持续推进。在党的十八大、十九大、二十大等一系列重要会议中，减污降碳都是生态文明建设和生态环境保护的重要内容，减污降碳已经成为我国环境保护与生态文明建设的头等大事。各级政府与部门围绕减污降碳展开了积极行动。由于固体废弃物的规模、处置等问题日益突出，为探索建立固体废物污染防治的长效机制，推进固体废物治理体系和治理能力现代化，2018~2019 年，国务院办公厅组织开展了"无废城市"建设试点工作。2021 年 12 月 29 日，生

---

* 徐大丰，经济学博士，华东政法大学商学院副教授、数学与大数据科技教学中心主任，主要研究方向为数量经济学、低碳经济学。

态环境部等 18 个部门共同印发了《"十四五"时期"无废城市"建设工作方案》。该方案指出了"无废城市"建设对减污降碳的重要作用，提出了我国"无废城市"建设的总目标、总任务与总要求。

为深入贯彻落实生态环境部和上海市委、市政府工作部署，根据国家"十四五"时期"无废城市"建设工作的要求，2022 年 9 月《奉贤区"无废城市"建设实施方案》（以下简称《方案》）正式出台，奉贤开启了全面建设"无废城市"的新征程。奉贤坚持问题导向、目标导向，多点发力，通过顶层设计、数字赋能、全域参与、压实责任、探索创新，打造"无废"细胞，推进更高水平的"无废城市"建设，形成具有奉贤特色的"无废城市"建设路径。

《方案》指出，奉贤要把减污降碳、协同增效作为促进全面绿色转型的总抓手，充分发挥固体废物污染防治对减污降碳的推动作用，为打好污染防治攻坚战，实现碳达峰、碳中和等国家重大战略目标，系统部署"无废城市"建设的具体工作，努力增强减污与降碳的协同性，同步推进"无废城市"建设与低碳经济发展。然而，全国各地在推进"无废城市"建设的过程中，普遍存在固体废物资源化利用水平不高、固体废物处理处置与再利用过程中的排放偏高等问题。本报告先梳理奉贤"无废城市"建设的基础与成果，再剖析奉贤"无废城市"建设面临的问题，然后从"无废城市"建设的内涵、低碳经济发展的要求出发，厘清"无废城市"与低碳经济的关系，为发挥"无废城市"建设与减污降碳的协同性，推动生态文明建设提供理论支撑。最后，结合国家"双碳"战略目标的要求，提出奉贤借力"双碳"有关政策发展"无废城市"，推动"无废城市"建设与实现"双碳"战略目标的建议。

一　奉贤"无废城市"建设取得丰硕成果

根据 2022~2023 年《上海市奉贤区统计年鉴》，2022 年，奉贤区一般工业固体废物产生量为 23.76 万吨，同比增长 22.7%；综合利用量和处置量分别为 12.03 万吨和 11.7 万吨，占比分别为 50.6% 和 49.2%，比上年分别下降 9.1 个百分点和上升 9.0 个百分点。危险废物产生量为 4.66 万吨，同比增长 15.9%；处置量为 4.63 万吨，占比为 99.4%，比上年上升 0.4 个百分点。2022 年，奉贤全区城市干、湿、可回收垃圾产生量均同比下降，建筑垃圾产生量同比上升，垃圾无害化处理率连续两年维持在 100% 的水平。

固体废弃物源头减量、固废资源化利用、固废物末端处置是"无废城市"建设的三大重要环节。根据奉贤有关"无废城市"建设指标体系，一般工业固体废物产生强度、工业危险废物产生强度、绿色建筑占新建建筑的比例、绿色食品/有机农产品种植推广面积占比、畜禽养殖标准化示范场占比、生活垃圾清运量、城市居民小区生活垃圾分类覆盖率、农村地区生活垃圾分类覆盖率、装配式建筑占新建建筑的比例等是反映固体废弃物源头减量的指标。据笔者的考察，除装配式建筑占新建建筑的比例这一指标基本达标外，其他指标的水平均较好。一般工业固体废物综合利用率、工业危险废物综合利用率、秸秆收储运体系覆盖率、畜禽粪污收储运体系覆盖率、畜禽粪污综合利用率、农膜回收率、农药包装废弃物回收率、建筑垃圾资源化利用率、生活垃圾回收利用率、秸秆综合利用率是反映固体废弃物资源化利用的指标。据笔者的考察，除秸秆综合利用率指标基本达标外，其他指标的水平均较高。反映固体废弃物最终处置的指标（主要有医疗废物收集处置体系覆盖率、社会源危险废物收集处置体系覆盖率、病死畜禽集中无害化处理率、城镇污水污泥无害化处置率等）也都已经达标。奉贤无论是在固体废弃物源头减量、固体废物资源化利用，还是在固体废物最终处置上都取得了丰硕的成果。

二 "无废城市"建设存在的问题

1. 部分"无废城市"指标与建设目标尚有一定的差异

笔者根据有关资料整理发现，从固体废弃物源头减量来看，开展生态工业园区建设、循环化改造、绿色园区建设的工业园区占比等指标的提升方面进展缓慢。从固体废物资源化利用来看，再生资源回收量增长率、医疗卫生机构可回收物回收率、化学农药施用量亩均下降幅度、化学肥料施用量亩均下降幅度等指标与目标值尚有一定的差距。从固体废物最终处置来看，工业危险废物填埋处置量下降幅度指标不降反升，与目标值要求有一定的差距。

2. "无废城市"建设的动力机制尚不健全

当前，与上海市其他地区情况类似，奉贤"无废城市"建设的行政主导特征相当明显，政府在"无废城市"建设中发挥了主要作用，不仅投入了巨大的行政资源，而且投入了巨大的经济资源。然而，"无废城市"建设涉及社会的方方面面，"无废城市"治理需要充分发挥社会力量，尤其要发挥市场力量，才能具有可持续性，也才能体现生态价值与经济价值的统一。

由于全市固废交易市场还不成熟，奉贤有关固废处理企业的市场竞争力不强，营利性较差，积极性不高。"无废城市"建设与降碳工作有效融合还需要各类市场主体尤其是涉及工业生产、排放企业的充分参与，还需要以市场机制强化减污降碳成效，扎实推进产业转型升级与低碳发展。此外，从奉贤市场体系建设水平来看，距离完善的市场体系目标还有较大差距。未来还需不断增加"无废城市"建设项目投资总额、引导更多固体废物相关企业纳入企业环境信用评价范围、提高危险废物经营单位环境污染责任保险覆盖率。

三 "双碳"战略目标与"无废城市"协同推进的理论基础

"无废城市"是在城市空间领域内实现废弃物减量化，最大限度减少废弃物的产生，立足于深化对资源概念的认知，变废弃物为可用资源，实现废弃物再利用的同时，通过生产方式变革、生活方式变革推动城市实现资源的循环利用，贯彻创新、协调、绿色、开放、共享的新发展理念。而"双碳"战略目标是我国作为发展中国家，参与全球气候治理与对全球气候变暖问题的战略应对，是为解决大气中二氧化碳浓度过高等问题而提出的。遏制全球气候变暖既是维护地球生态循环，维持人类可持续发展的需要，也是实现中华民族永续发展的必然选择。"无废城市"建设与"双碳"战略目标的内在逻辑是一致的。具体体现为如下两个方面。

1. 目标与理念相通

"无废城市"建设从固体废弃物入手，旨在通过缩小城市固体废弃物规模、提升固体废弃物资源化利用与终端处置水平，有效应对城市资源制约问题。而"双碳"战略目标是基于我国发展中国家的实际国情，综合经济发展与遏制全球气候变暖的中国责任，为有效应对全球气候变暖、积极参与全球气候治理而采取的一项重大战略。旨在通过碳排放的阶段性安排，有序、高效控制碳排放，减少温室气体排放，以应对气候变化。虽然两者侧重点不同，但其目标是高度一致的，都是为实现城市全面绿色转型、可持续发展，推动生态文明建设。"无废"与"降碳"都是为了在不影响生态系统平衡和不降低生态环境质量的情况下，高质量推动社会经济绿色发展，最终全面提升民生福祉。无论是"无废城市"建设，还是"碳达峰"目标都是以循环经济理论、可持续发展理论为基础的，都是习近平生态文明思想的重要体现，贯彻的都是新发展理念。二者均已纳入我国生态文明建设的整体布局，在目标与理念上具有协同性。

从实践层面来看，"无废城市"建设对降碳具有显著作用。联合国环境规划署经过评估后认为，若在固废回收利用及处理、处置等环节采取有效的措施，可以降低全球温室气体总排放量至少 10%~15%。巴塞尔公约亚太区域中心以全球 45 个国家和区域为样本，测算了固体废物管理过程中的碳减排潜力。他们发现，提升城市的工业、农业和建筑行业中的各类固体废物生产、流通、处置中的管理水平，可以减少 13.7%~45.2%（平均 27.6%）的碳排放。[①] 中国循环经济协会对"十三五"期间我国发展循环经济对碳减排的贡献进行了测算，结果发现，发展循环经济对降低我国的碳排放总量也有

---

① 姜玲玲、丁爽、刘丽丽、滕婧杰、崔磊磊、杜祥琬：《无废城市建设与碳减排协同推进研究》，《环境保护》2022 年第 11 期，第 39~43 页。

显著作用。从最终结果来看，"无废城市"建设与"降碳"高度相通，"无废城市"建设与循环经济可有效减少固废污染、提升资源利用效率和减少碳排放。因此，推动"无废城市"建设能够促进减碳，能够为实现可持续发展目标做出更大贡献。

既有研究还发现，由于工业碳达峰是"碳达峰"目标的重要组成部分，"碳达峰"在工业领域的行动也对同根、同源、同过程伴生的固体废物治理起到积极推动作用，能促进固体废弃物治理，也可以促进"无废城市"建设的发展。[①] 张瑜等对中国减污、降碳政策的协同性进行了研究，结果表明，中国在发展"无废城市"、碳达峰行动中采取的减污和降碳政策从一开始实施就展现出显著的协同效果；两种政策的实施时间越长，两种政策的协同作用也越强。[②] Wu 等以广州为样本，研究了碳达峰不同模式对固体废弃物及其他污染物排放的影响，结果发现，所有碳达峰模式都能降低各种污染物的排放。[③] Yan 等、Wang 等研究发现，在 2030 年前实现碳达峰目标下，碳排放权交易、加大环境规制力度等降碳措施可同时对空气状况改善产生协同效应。碳排放权交易一方面可以促进污染减排技术水平的提升，减少碳基能源的消耗，另一方面也减少了其他污染物的排放。[④] "无废城市"借力"双碳"目标具备实践上的可能性。

与世界上其他国家不同的是，我国的"双碳"战略目标是主动行为。在碳排放规模的刚性约束下，各生产部门、生活部门中的排放主体需要从源头上、过程中、末端等所有环节都采取节能减排措施，减少包含二氧化碳在

---

① 王慧、孙慧、肖涵月、辛龙：《碳达峰约束下减污降碳的协同增效及其路径》，《中国人口·资源与环境》2022 年第 11 期，第 96~108 页。

② 张瑜、孙倩、薛进军、杨翠红：《减污降碳的协同效应分析及其路径探究》，《中国人口·资源与环境》2022 年第 5 期，第 1~13 页。

③ Wu P. C., Guo F., Cai B. F., et al., "Co-benefits of Peaking Carbon Dioxide Emission Sonairquality and Health, a Case of Guangzhou, China," *Journal of Environmental Management* 2082, 2021: 111796.

④ Yan Y. X., Zhang X. L., Zhang J. H., et al., "Emission Strading System (ETS) Implementation and Its Collaborative Governance Effects on Air Pollution, " *The Chinastory Energypolicy*, 138, 2020: 111282. Wang B., Wang Y. F., Zhao Y. Q., "Collaborative Governance Mechanism of Climate Change and Air Pollution: Evidence From China," *Sustainability* 13 (12), 2021: 6785.

内的所有污染物的排放。各行政主体也将加强对污染排放与固体废物生产的管理，推动碳达峰并降低碳排放峰值，为实现碳中和创造有利条件。从碳排放与固体废物的同根、同源性以及生产排放的各环节考虑，"双碳"战略目标对"无废城市"建设的协同性可通过如下路径实现。（1）降低能源消费强度。从源头控制方面来看，工业生产、能源消耗本身也是工业固体废物的来源。《2030年前碳达峰行动方案》要求在源头上控制能源消费总量，也即意味着从源头上可以实现固体废弃物减量化。（2）优化能源消费结构。从过程控制方面来看，"双碳"目标要求清洁能源占比不断提升。传统的化石燃料在燃烧过程中会产生大量的固体废物（如废渣），因此，优化能源消费结构，提高清洁能源的比例，可以减少固体废物的产生。（3）倒逼绿色技术进步。从末端控制方面来看，"双碳"目标对绿色、低碳、减排技术提出了更高要求，这些技术的运用在末端治理方面对降碳起到了积极作用，也对固体废物无害化处理提供了技术支撑。（4）加大外部管制力度。从行政主体加强管理的角度来看，在"碳达峰"的刚性约束下，以"降碳"为目标的源头治理将要求行政主体加大管理力度，在实现生态环境保护的同时，通过减污降碳的协同治理提升治理强度与效率。在指标体系考核方面，加大"无废城市"建设与碳减排相关绩效评价指标的权重，也有助于"无废城市"的持续推进。"无废城市"借力"双碳"政策也具备实践上的可能性。

2. 路径与模式相近

从绿色经济发展的国际经验来看，主要发达国家和地区均在以不同形式推动着循环经济发展、"无废城市"/"低碳城市"建设。事实上，"无废城市"建设与降碳都与循环经济运行模式密切相关。"无废城市"建设强调了废物减量化、资源化利用以及无害化处理等原则，旨在促进经济的循环发展。而降碳也需要通过提高能源利用效率、推广清洁能源等措施，实现二氧化碳的循环发展。自十八大以来，我国进入了新发展阶段，减污降碳成为我国经济转型和生态文明建设的中心任务。绿色、低碳循环发展体系不仅是新发展阶段的核心工作，也对各行各业，尤其是工业发展提出了新要求。在

"双碳"战略目标下，我国的产业结构会实现低碳、绿色转型，化石能源产业、高耗能的低效产业将逐渐被淘汰。通过建立资源循环利用体系，实现资源再利用，提升资源的综合利用效率。引导、支持、促进绿色产品设计、绿色制造工厂建设和绿色供应链建设，实现各环节降碳的同时也能够为"无废城市"建设提供支持。而"无废城市"建设也是推动城市绿色低碳发展的有效途径。固体废物既是污染物，也是"资源"，改变"大量消耗、大量消费、大量废弃"的粗放型生产、生活方式，源头减量化、过程资源化、末端无害化是固体废物污染防治的根本途径，也是加快推进城市绿色低碳转型的新抓手。

首先，"无废城市"建设做的是"减法"，能够在源头上降碳。固体废物减量化是要从源头上减少废物的产生，是实现"无废城市"建设的首要环节。固体废物在产生的过程中势必释放大量温室气体，通过减量化，可以减少废物的产生和对环境的污染，从而在源头上降低碳排放。奉贤在推进"无废城市"建设时，将"减少固体废物的产生量"融入各环节，抓住了源头治理这一关键环节。而从"碳达峰"的高度看，《方案》强调"严控高耗能、高排放项目准入""通过财政、金融等各种政策支持生产工艺革新与设备更新，积极推广可以减少工业危险废物产生量和降低工业危险废物危害性的生产工艺、设备的商业化运用"，不仅可以从源头上减少固体废物的产生，也可以从源头上实现降碳，有助于积极稳妥推进碳达峰工作。

其次，"无废城市"建设发挥的是"循环"作用，能够在资源利用过程中降碳。提高固体废物资源化利用水平是奉贤区推进"无废城市"建设的又一工作重点。固体废物再利用和资源化可以减少对原材料的需求，从而减少原材料在开采、加工和运输等过程中的能源消耗和碳排放；固体废物再利用和资源化可以减少废物的产生与处置，从而减少废物填埋和焚烧等过程中的碳排放。因此，提高固体废弃物"循环"水平，能够在资源利用过程中降低碳排放。目前，奉贤在工业、农业、建筑垃圾与生活垃圾等各方面的固体废物资源化利用水平均有稳步提升。

最后，降碳与"无废城市"建设的衔接能够发挥协同效应，提高减废降碳效率。开展"无废"工作应当与降碳任务相衔接,二者在目标、举措与政策上存在高度相融性。在推进"无废城市"建设过程中,奉贤将"无废"建设与降碳工作紧密结合,提出了一系列能够将二者有效衔接的重要举措,例如"推动工业低碳转型""践行绿色生活方式""推广绿色低碳建筑"等。在"双碳"的战略目标下深入推进"无废城市"建设,可协同产业结构转型升级、建立健全绿色低碳循环经济体系、提高资源能源利用效率,既借"双碳"之力完成"无废"建设目标,也助力实现碳达峰、碳中和。

四 奉贤"无废城市"建设与"碳达峰"战略目标协同推进的建议

奉贤是上海重点推进的五大新城之一,发展前景广阔,潜力巨大。奉贤推进"无废城市"建设,加快固体废物减量化、资源化利用能带来显著的环境效益、经济效益和社会效益,具有促进二氧化碳减排的较大潜力;同时,奉贤"碳达峰"行动也能够助力"无废"目标顺利完成。

1. 高度关注固体废物资源化利用过程的碳排放

尽管奉贤区固体废物资源化利用整体水平较高,但部分研究认为,固体废物的资源化利用率可以作为低碳生态城市评价的重要指标[1],但是也应该注意固体废物资源化利用过程中的隐含碳排放,可能影响资源化利用的降碳潜力。首先,从资源化利用全过程看,分拣、运输、生产、处理各个环节均有可能引致新增碳排放。例如,有研究认为可再生能源开发利用过程中的新型固废处置问题会成为未来的突出问题。[2] 其次,固体废物资源循

---

[1] 张年、张诚:《工业固体废物处理与城市雾霾相关性的实证分析——以上海为例》,《生态经济》2015年第8期,第151~154页;钟永德、石晟屹、罗芬、罗伟亮:《杭州低碳生态城市评价体系设计及实证研究》,《中南林业科技大学学报》2014年第6期,第117~123页。

[2] 庄贵阳、王思博:《协同推进降碳减污扩绿增长:内涵、挑战及应对》,《城市与环境研究》2023年第2期,第45~55页。

环利用覆盖不全面，在工业固体废物、建筑垃圾、电子废弃物等高价值领域的覆盖面较广，而在废纺、废木、杂塑等低价值领域的覆盖面较窄。这些领域的可回收物处置企业数量少、规模小，发展还不够壮大。[①] 最后，如果管理不当或缺乏有效的监管机制，就可能导致资源化利用过程中的能源消耗和碳排放增加。缺乏有效的监管机制可能导致部分企业或个人为降低成本而使用低效的资源化技术或设备，导致"碳排放峰值"提高，影响碳中和战略目标的进程。

2. 建立健全废弃物交易市场，提升"无废城市"动力

针对奉贤固体废弃物的特点，围绕医药产业、新能源产业废弃物的特点，根据全国固体废弃物市场的分工，推动奉贤废弃物特色交易市场的发展，以产业思维、市场思维推动"无废城市"建设。

3. 针对本区固废的形成特点与演化过程，培育固废处理企业的发展

随着奉贤产业结构升级，固体废弃物的形态会出现动态变化。不同种类的固废处理技术、要求等都有着很大的不同。随着奉贤医药与新能源产业的发展，固废也将出现新的特点，相应的，对固废处理也会提出新的要求。根据产业发展规划，科学引导固废处理企业的规划，夯实、夯牢奉贤"无废城市"建设的基础，使奉贤"无废城市"建设可持续发展。

4. 加强"无废城市"建设的"降碳"核算，充分利用碳交易市场，提升"无废城市"建设动力

"无废城市"建设与双碳战略目标的协同推进需要发挥政府的作用，但也要发挥市场的作用。虽然固体废物所涉及的类型多，但是固体废弃物的市场规模较小，固体废弃物市场对促进"无废城市"建设作用并不明显。由于减污降碳的协同性，可以考虑借力全国碳交易市场，实现减污的经济效益。然而，"无废城市"建设的各个环节对降碳的贡献并不明晰，需要准确评估"无废城市"建设的减排贡献。为此，固体废物领域亟须追溯碳排放

---

① 杜欢政、聂雨晴、陆莎、樊亚男：《上海垃圾分类资源化利用的现状、问题与实践路径》，《中国环境管理》2022 年第 2 期，第 13~18 页。

源头，需要加强顶层设计，建立一套完整的针对固体废物类型特点和处置方式的碳排放核算体系，以及建立面向固体废物处置场地碳排放的监测体系。① 鉴于此，奉贤可基于"无废城市"建设综合信息平台，引入"固体废物处置场地碳排放溯源引擎"，查明固体废物碳排放源、总体排放规模，减量化处理与资源化利用，借力全国碳交易市场，提升无碳城市的发展动力，同时助力实现"双碳"战略目标。

---

① 郭媛媛、于宝源：《陈云敏院士：固体废物领域亟须追溯碳排放源头》，《环境保护》2022年第 10 期，第 37~39 页。

B.18
建构新江南文化　奉贤打造
区域文化软实力新高地

杜学峰　廖辉*

摘　要： 江南文化孕育和融合了海派文化、红色文化，成为奉贤的底色。传统倾向和现代倾向都不足以阐释江南文化的内涵，建构融合红色文化血脉、海派文化基因、江南文化精髓的新江南文化迫在眉睫。依托江南文化资源的传承与创新，奉贤在布局具有品牌影响力的文化地标、建设南上海文化创意产业集聚区和发展数字文化产业方面不懈努力。为打造区域文化软实力新高地，奉贤需以打造新江南文化品牌和建设奉贤新城为抓手，以数字文化产业发展赋能奉贤传统江南文化资源。

关键词： 新江南文化　区域文化软实力新高地　数字文化产业

一　前言

习近平总书记强调，"文化自信是更基础、更广泛、更深厚的自信，是一个国家、一个民族发展中最基本、最深沉、最持久的力量"①。江南文化历经千载，伴随着近现代工业化进程的不断推进，孕育和融合了海派文化和

---

*　杜学峰，中共上海市奉贤区委党校（奉贤区行政学院）副教授、公共管理学科带头人，主要研究方向为城市化与基层治理；廖辉，上海交通大学安泰经济与管理学院博士后、助理研究员，主要研究方向为科技统计评价、政策评估理论与应用。

① 《中共中央关于党的百年奋斗重大成就和历史经验的决议（全文）》，https://www.gov.cn/zhengce/2021-11/16/content_ 5651269. htm，最后访问日期：2024年1月7日。

红色文化，成为上海文化的本源和底色，为上海城市发展和打响上海文化品牌提供了丰厚的文化沃土。① 江南文化是中华文化的重要组成部分，推动江南文化的创造性转化、创新性发展是传承和弘扬中华优秀传统文化的应有之义，也是加快长三角一体化高质量发展的必然要求。

奉贤依江海而生，拥有5000多年的文明史，作为良渚文化的发源地，是上海江南文化、海派文化的源泉之一，先贤言子传教，见贤思齐成为奉贤人坚守的好家风好家训。自1927年8月奉贤第一个党支部成立，至今奉贤已有多处爱国主义教育基地，红色文化基因流淌在奉贤文化血脉中。红色文化是奉贤的本色，海派文化是奉贤的特色，江南文化是奉贤的底色。2021年7月，《中共上海市奉贤区委关于打响城市软实力品牌　塑造"新江南文化"的意见》明确奉贤要赓续红色文化血脉、植入海派文化基因、提炼江南文化精髓，塑造新江南文化。2022年和2023年，奉贤新城成功举办两届"新江南文化与新城建设"论坛，奉贤已经成为新江南文化建设的核心区。将"传承创新江南文化与建设现代化新城"相结合的奉贤，是践行习近平文化思想中高度文化自觉和坚定文化自信的重要阵地，塑造奉贤特色的新江南文化不仅彰显了江南文化的历史底蕴和时代特色，更推动了江南文化不断的创造性转化和创新性发展。

本报告从江南文化的内涵与演变出发，对新江南文化的内涵与特征进行建构，梳理奉贤江南文化传承与创新的特色和成果，分析奉贤打造区域文化软实力新高地的现状，旨在从建构新江南文化和数字文化产业赋能角度为奉贤建设区域文化软实力新高地提供相关建议。

二　新江南文化建构

1. 江南文化的内涵与演变

历史上，"江南"一词不仅是区域概念，而且是经济和文化概念。江南

---

① 徐锦江、花建：《上海文化产业发展报告（2021）》，上海社会科学院出版社，2021，第298页。

地区在吸收北方文化的基础上，结合时代发展的特征形成了一个具有独特文化特征的多面体。江南城池大多历史悠久，人文气息浓厚，自然山水灵秀，经济繁荣富庶。诞生于此的江南文化有着悠久的历史传统和深厚的历史底蕴。

追根溯源，是传承江南文化的重要内容。江南文化密码，最早可追溯到"孔子、董仲舒、朱熹、王阳明"的年代。[①] 先秦文化与希腊文明蓬勃发展，东西方文明在孔子时代同时起步，奠定了江南文化"仁义礼智信"的根基。在董仲舒时期，他又将法家、道家、兵家、墨家的思想进行了糅合，形成了"独尊儒术"，将统一的"思想意识"植入江南文化之中。朱熹又以"四书五经"奠定了深厚的江南文化底蕴。王阳明推崇"心学"，并以"知行合一"为哲理，成为遍布长三角三省一市的文化脉络，让江南文化多了一份特有的气质。进入新时期，江南文化与马克思主义原理、优秀文化传统的相互融合，为我们提供了一个新的方向来认识"何为中国，何为江南"这一时代内涵。

作为上海文化的底色，同时也是奉贤文化的底色，江南文化的内涵在千百年的文化积淀和社会演变中，呈现不同历史时期的风貌和特色，不同学者研究江南文化的思路也呈现不同的倾向。[②] 一是传统倾向，将江南文化视为传统文化的一部分，注重古代社会江南文化的发展状况，其关注的是江南文化的传承，如江南纺织文化、江南手工业文化、江南市民文化等，主要体现为历史时期江南水乡的秀丽山水、小桥流水、江南意象的婉转细腻。二是现代倾向，将江南文化视为动态发展的文化形态，注重江南文化在当代社会的发展情况，其关注的是江南文化的创新，如海派文化等，主要显示出为江南文化的开放创新、灵活应变等特征。两种倾向下的江南文化大相径庭，但它们都是江南文化的组成部分，两者缺一不可。尤其是在新时代，更需要将江南文化推陈出新、重新建构，使江南文化焕发新的创造活力，塑造包含传统

---

① 《第五届长三角江南文化论坛暨第二届"江南文化与新城建设"论坛在奉举行》，https://www.fengxian.gov.cn/zwyw/20231020/54962.html。

② 毕旭玲：《新江南文化建构与上海新城建设：以奉贤新城为例》，上海辞书出版社，2023。

倾向、现代倾向和新时代特征的新江南文化。

2. 新江南文化的内涵解析

新江南文化是在长三角一体化发展和上海提升城市软实力的背景下提出的新概念，建构新江南文化是奉贤打造区域文化软实力新高地的关键，是奉贤承载上海提升城市软实力建设任务的必由之路。以完善江南文化的精神谱系为前提，以明晰新江南文化的内涵特征为基础，这是建构新江南文化的重要先决条件。

建构江南文化精神谱系是区域发展的需要、空间赋能的需要、国际竞争的需要，是长三角一体化发展的应有之义。要坚持"内融外鉴、和而不同"的总体原则，以战略性、原创性、开放性、超越性为价值取向，以现代文明为指归，以都市文化为核心，以红色文化为灵魂，以创新精神为引领，以剑萧精神为底蕴，以文明互鉴为动能，从时间和空间两个维度考虑历史文化的序列性和地缘文化的相关性，探索完善江南文化精神谱系的有效道路。

基于此，建构新江南文化需要对传统江南文化从空间和时间两个维度进行突破。明清时期的江南呈现细腻婉约的水乡意象；鸦片战争之后，五口通商使得以开放为特征的海派文化与传统江南文化相互融合；1921年，中国共产党在上海成立，红色文化成为江南文化中的本色基因；改革开放以后，上海从开放虹桥地区，到浦东开放，到加入 WTO，到世博会，再到最近的建设临港新片区，作为建设社会主义市场经济的排头兵，以艰苦奋斗和开放创新为主要特征的红色文化和海派文化继续大放异彩，这也是新江南文化的重要组成部分。因此，建构新江南文化要从时间和空间两个维度来完善江南文化精神谱系，包含传统江南文化、海派文化和红色文化的基因。

首先，建构新江南文化要对传统江南文化从时间上进行前向和后向突破。一是前向突破，现有对江南文化的溯源一般到吴越文化，然而以水稻种植为经济基础的江南文化可进一步追溯到更往前的河姆渡文化、崧泽文化与良渚文化。不同于北方的游牧文化和小麦文化，南方的粟米文化更讲究精致细腻，在多次北人南迁中，江南文化与北方文化不断融合，勤奋的移民基因深入其中，见贤思齐、开放开明的江南文化本质不断形成，这也是奉贤

"贤美文化"的由来。二是后向突破，传统倾向下的江南文化更关注明清时的江南水乡意象，但是现代化进程的推进，使得江南水乡与现代社会的开放创新密切融合，在新民主主义革命和社会主义建设中形成了锐意进取的开放创新精神，以这种红色文化基因为底色，近现代的海派文化可以说是传统江南文化的进一步推陈出新。

其次，建构新江南文化要从空间上突破，传统江南文化更多关注内陆水稻种植业中的农耕文化、水运文化和手工业文化，但事实上，对外的海运文化使得沿海地区也成为新江南文化的重要组成部分。从两宋时期的海上运量带来的太仓和华亭府崛起，到新海路发展后欧洲人开启海上贸易带来东南沿海的繁荣，到五口通商，再到现在的自贸区，沿海地区的对外海洋交流不仅是江南经济繁荣的基础，更是新江南文化的内涵与核心。

因此，新江南文化是在吸收传统江南水运农耕文化的基础上，融入开放开明的海派文化特色，以艰苦奋斗、锐意创新的红色基因为本质的文化。这决定了新江南文化襟江带海、开放开明、锐意创新的特征。襟江带海指的是上海一方面通过航运港口连接国际，另一方面通过长江、黄浦江和吴淞江连接内陆和长三角洲其他地区，这种特征也使得新江南文化呈现开放开明和锐意创新的特色。开放开明体现在历史上的见贤思齐、对北方文化的吸收融合、对外贸易中的干练理性。而锐意创新则体现在上海以转型促创新、建设全球科技创新中心的实践中。

三　奉贤江南文化的传承与创新

1. 奉贤江南文化的传承

奉贤地处上海南部，历史悠久，江南文化资源丰富。如原始社会晚期流传的大禹治水开通太湖古三江、柘林和江海新石器时代文化遗址等，先秦以前的康王故城、三女冈神话、黄歇浦、干将铸戟和言偃传教等，秦汉至南北朝时的古海盐县、柘湖、秦驰道、诸葛瑾墓和古前京县等，隋唐宋元时期的古海塘、宋瓷碗堆、通津桥和制盐文化等，明清时期的华亭海塘、奉城古城和柘林古城等遗址;卖盐谣和滚灯等非物质文化遗产。对于这些蕴含江南文化的物质遗址和非物质文化遗产,奉贤在新城建设中进行了保护和进一步开发。

首先是通过城市更新传承江南记忆。如华亭海塘是全国文物重点保护单位,奉贤对海塘本体进行更完善的保护修缮,建设了"海国长城"文化遗址公园;以"南桥源"为核心布局老城区域文化格局,修缮开放和提升改造沈家花园、鼎丰酱园等项目,为奉贤老城和新城的居民提供文化展览、博物纪念、景观休闲、城市书屋等公共活动空间;在新城建设中不仅要满足居民的物质消费需求,还要满足他们多层次的精神文化需求,在修缮原有遗址的基础上再建设一座充满艺术和现代化气息的言子书院,这个水庭文院既传承了言子传教的贤美文化,又符合充满诗意的江南水乡意象,还为新城居民提供了文化学习和生活体验的公共设施。

其次是通过文物保护延续历史文脉。健全文物三级网络管理体系,建设不可移动文物保护信息管理系统,通过视频监控、物联感知等技术手段实现对奉贤重点文物全过程、全天候的精细化管理。深入挖掘历史文脉,配合完成柘林遗址(良渚文化)第二次考古发掘工作,并会在条件允许的情况下启动对江海遗址的勘探工作。加大古镇古村古建筑保护力度,部门合力、整体规划,鼓励出台有针对性的保护举措和办法,适时建成专家数据库。传承乡村文脉,建成青村李窑村、庄行古村、金汇明星村等 30 余个村史馆。

最后是通过非遗保护推动活态传承。推进传统文化走出去,赴比利时、波罗的海三国等参加文化交流活动,举办"长三角滚灯艺术节","奉贤滚灯"两次登陆央视。"非遗在社区"试点工作成效显著,成功承接文旅部非遗司"非遗在社区"全国现场会。对"滚灯""江南孙氏二胡艺术"等国家级非遗代表性项目进行深度品牌打造和推介,培育具有奉贤元素、海派韵味、江南风情的非遗文化作品,促进开展对外文化交流。积极创意设计非遗工艺产品,推动非物质文化遗产与现代生活融合、活态传承、科技赋能,让非遗保护见人、见物、见生活。

2.奉贤江南文化的创新

一方沃土——江南文化，滋养着奉贤的文化底蕴。奉贤是江南文化发源地之一。近年来，一方面，奉贤传承和保护好历史文脉，深入挖掘"华亭古祠堂、柘林良渚历史底蕴"，全力焕发"青溪老街、庄行老街、奉城老城乡"的新面貌，将"古树、古桥、古建筑、古村落"的文化底蕴完整保留下来；充分展现"滚灯、皮影戏"等非物质文化遗产的魅力，让群众记得住乡愁、看得见发展。另一方面，奉贤与时俱进，丰富文化载体。建成了九棵树、海之花、博物馆、言子书院等一批文化新地标，举办了东方美谷艺术节、雍正故宫、三星堆和周秦汉唐丹甲青文等相关文化活动和文化大展，实施了"全域美育、文化基因圆梦行动"等一批暖心惠民工程，选树了一批"最美家庭、感动人物、道德模范"等典型标杆，让好家风好家训在奉贤进一步彰显。

江南文化塑造了奉贤新城"最江南"的城市形象、文化标识和生活方式，见证了奉贤新城从"贤者之地"到"江南新城"的变化。新城建设中的江南文化成长基因，为奉贤城市现代化的实现提供了厚重的底蕴和强大的文化支撑，让奉贤成为新江南文化建构阵地的核心区，成为上海乃至长三角极具发展前景的区域。面对百年未有之大变局，奉贤坚持从区域历史、当下和未来脉络延绵，从融城市、乡村、自然肌理于一体，融生活、生产、生态要素于一体的发展基础和愿景出发，找准"结合、转化、提升"的突破口。在新城建设过程中，秉承"崇实重商"的江南文化之风，在经济发展中植入开明开放的品格；秉承"崇文重教"的江南文化之风，将见贤思齐的贤者之风深入贯彻于文化自信中；秉承"天人合一"的江南文化之风，实现生态环境的全面可持续绿色发展；秉承"以人为本"的江南文化之风，以实现百姓向往的美好生活为目标。

奉贤将深入学习贯彻习近平文化思想实践活动，弘扬社会主义核心价值观，始终坚持"奉信、奉贤、奉献"的城市品格，以更坚定、更深厚的文化自信为城市发展注入更加持久、更加强劲的动力，打造区域文化软实力新高地。赓续红色文化血脉、植入海派文化基因、把握江南文化精髓，将江南文化的传统特征、时代内涵与马克思主义深入结合，建构新江南文化。把贤美文化和新城建设最好的结合点、最好的连接点同人民群众的美好生活结合起来，在新城建设中凸显新江南文化价值和品牌，增强新江南文化的传播力和影响力。围绕优化文化发展生态、培育新型文化业态，促进文创产业专业化、品牌化、集聚化发展，着力推动文化事业繁荣发展，培养引进一批国内外优秀文化领军人才和团队，主动对接世界，讲好奉贤故事，展示奉贤形象，建设美丽宜居的活力之区和令人向往的未来之城。

四　奉贤打造区域文化软实力新高地的现状

1. 奉贤新城建设中的文化地标现状

作为上海重点推进的"五个新城"之一，奉贤新城立足"新片区西部门户、南上海城市中心、长三角活力新城"的发展定位，将建设成为长三角城市群中具有综合性辐射服务功能的节点城市、上海南部中心城市。奉贤新城规划占地面积 67.91 平方公里，规划目标人口 100 万人。依托天然水系、环城林廊等自然禀赋，这里以"十字水街"连接古镇遗存，形成"百里运河、千年古镇、一川烟雨、万家灯火"的新江南水乡景致，致力打造现代版"富春山居图"。奉贤新城围绕中央绿地已建设形成"田字绿廊、十字水街"的生态空间格局，上海之鱼及其周边地区形成的城市副中心、奉浦地区中心、南部枢纽地区中心、老城地区中心、金海地区中心都已初具规模，"一核四心"的新城公共中心体系日益明晰。

奉贤以建设新江南文化为抓手，更加突出新江南特色、内涵和标识，打响城市软实力品牌，打造更富独特魅力的人文之都，积极传承红色文化、海派文化、江南文化基因。比如，以九棵树（上海）未来艺术中心、上海之鱼、奉贤博物馆、言子书院等为代表的文化地标建成使用，奉贤借助这些平台举办数百场文化演出、文物大展和文旅活动，如"古蜀之光"三星堆·金沙遗址出土文物大展；相应配套的雕塑艺术公园、青年艺术公园、那年那天、在水一方等地标性文化项目有序推进落地。

2. 南上海文化创意产业集聚区现状

奉贤已初步建成南上海文化创意产业集聚区，区内文创企业云集、文创载体和文化空间快速成长、文化品牌影响力持续上升，建设"四城一都"中的文化创意之都目标已初步实现。① 依托东方美谷产业优势，百雀羚、伽蓝、玛丽黛佳、贞格格等一批时尚创意方面的美妆企业入驻奉贤；呼应临港新片区先进制造片区定位，结合奉贤在印刷制造和文具用品上的传统优势，晨光文具、水星家纺、邑通道具等文创类企业不断注入科技要素和奉贤特色历史文脉资源，传统文化制造领域迸发出新的活力，其中晨光文具、泛微网络、猎鹰网络等相继挂牌上市；紫顶艺术、汉光陶瓷等艺术品制造企业不断做大做强，成为行业具有影响力的企业；借力数字经济赛道，钗头凤影业、祺天文化等企业在"网红"经济赛道走出新的发展业态，笑果文化获"上海十佳文化企业"称号。

影视传媒、印刷出版、文化装备和消费终端生产、创意设计服务等领域的文创企业健康发展，进一步推动了文创载体与文化空间的培育和发展，奉贤文创产业的规模和能级实现了迭代提升，文创载体功能日渐完善。2021年，奉贤文创产业完成税收 111.35 亿元，其中 16 家文创载体和文化空间入驻企业完成税收 9.3 亿元；"十三五"期间认定重点文创企业 27 家，其中 2021 年确定 9 家；② 认定市、区两级文创载体 14 家，术界创 e 园为市级示范园区；依托九棵树（上海）未来艺术中心，打造艺术生态圈，配套完成多项艺术空间。依托"文化基因"工程，文化创意人才集聚奉贤；举办"东方美谷"系列活动，提升品牌竞争力和影响力，打造具有奉贤区域特色的品牌文化项目。

3. 奉贤数字文化产业发展现状

数字人文赋能江南文化产业发展，数字人文可以促进文化资源的开放共

---

① 《南上海文化创意产业集聚区》，https：//www.fengxian.gov.cn/shfx/whcycy/。
② 数据来自奉贤区宣传部文创办公室。

享，打通文化边界。① 江南文化底蕴铸就人文经济共同体。江南文化可以概括为四方面：开放包容的文化态度、以人为本的文化价值、致用创新的文化实践、风雅隽永的文化风貌。随着数字技术的不断渗透，数字技术与文化设计、创作、生产和消费产业的关系也从未赋能到赋能文化的动态转变，实现了文创产业的效率提升和结构升级。奉贤充分利用数字文创的统一大市场优势，挖掘传统文化资源的新活力。

江南文化产业数字化高质量发展的三个途径：一是科学制定相关政策，统筹规划全域虚拟现实产业布局；二是推动产学研结合，加快培养专业型人才；三是推动长三角一体化产业协同发展，形成集群优势。立足奉贤，需积极拥抱数智时代，推动文创产业线上线下相互融合，打造数字文创总部经济，从影视产业、电竞游戏产业、数字出版产业和在线直播产业等方面不断发力，借助城市更新、乡村振兴等渠道，实现产业布局和人才引进，依托产业优势形成产业集聚。

五 奉贤打造区域文化软实力新高地的路径分析与相关建议

1. 以新江南文化品牌引领奉贤区域文化软实力新高地建设

通过举办两届"新江南文化与新城建设"高峰论坛，奉贤从新江南文化的边缘区转入核心区。奉贤需要进一步以建构新江南文化和建设奉贤新城为抓手，不断提升南上海文化创意产业集聚度、显示度、贡献度，持续打响属于奉贤、属于上海、属于中国的新江南文化品牌，建设区域文化软实力新高地。新江南文化建构需参与奉贤城市规划、产业布局和人文环境设计，打造具有奉贤特色的新江南城市肌理、新江南产业基地和新江南人居环境。

依托本土文化资源，优化文创空间布局。做强"九棵树"文化艺术核

---

① 江小涓：《数字时代的技术与文化》，《中国社会科学》2021年第8期，第4~34页、204页。

心区。进一步完善九棵树（上海）未来艺术中心、奉贤博物馆、雕塑艺术公园、青年艺术公园、那年那天、在水一方等地标性文化项目的商业配套服务及业态功能，提高场馆利用效率和产业化发展水平。加强"新江南文化"风貌区建设。以江南文化遗产保护为重点，赋予江南文化新的时代内涵和现代表现形式。守住古宅、古树、古桥、古街、古庙等历史遗存，强化点上开发，有机串联"冷江雨巷""南桥源""水韵青溪""明城新月"等江南古镇文化风貌区。

立足产业发展基础，做大做强既有优势产业。做强文化装备生产。以建设"南上海文化装备研发集成高地"为目标，进一步提升科技在文化创意领域的应用转化。做强文化消费终端生产。发挥好文具用品、视听设备等制造业传统优势，融入文化、创新、科技等要素，打通文创产品从创意设计到生产销售的各个环节。做强创意设计服务。聚焦工艺设计、时尚设计、建筑设计等重点领域，加快创意设计与传统产业的融合发展，推动"文创产业化""产业文创化"，提升创意链与产业链的结合度。做强内容创作生产。以"奉贤出品"为导引，推进出版服务、创作表演、数字内容、工艺美术等优质文创产品的原创输出，满足群众的多样化需求，引领大众性文化消费。

2. 以数字文化产业赋能奉贤区域文化软实力新高地建设

数字技术使得文化创作、生产、消费和流通效率极大提升，实现创作多元化、智能化定制、消费规模扩大和连接的规模效应，文化创作模式和群体多样化，文化生产和推荐个性化，文化消费选择更加便捷，文化产品消费体验及时反馈与传播。这也使得文化消费、生产、市场结构不断升级，智能手机的推广提高了人们文化消费时间占比，平台传播与小微企业生产协作成为主流的生产结构，几大平台相互竞争促进数字文化产品的更新迭代成为市场特点。

适应未来发展趋势，奉贤要大力发展数字文化产业，推动线上线下不断融合。如青村镇吴房村借助"网红"经济，实现了上海"第二模式"的乡村振兴，既有黄桃的本土产业，又有网红民宿、各类"打卡地点"建成落地，注册企业达 100 多家。未来奉贤可通过以下几类数字文化产业赋能区域文化软实力新高地建设。大力发展影视产业。结合乡村振兴、"三园一总部"、城市更新，布局影视产业相关产业链。大力发展电竞游戏产业。利用"东方美谷+"产业集聚中心、"三园一总部"等优质空间，将电竞游戏产业和文化、旅游、科技融合，打造电竞游戏产业聚集地。大力发展数字出版产业。以在奉贤迁建上海出版印刷高等专科学校新校区为契机，同步配套规划建设"南上海数字出版园"，推动形成"环版专"数字出版产业带。大力发展在线直播产业。积极拥抱产业数字化发展趋势，抢抓在线经济新机遇，促进数字文化与网络直播、短视频等在线新经济结合，布局网络直播相关基地和平台，打造奉贤数字新经济产业链。

Abstract

Facing the complicated situation at home and abroad and multiple factors impact than expected, in accordance with the general requirements "epidemic to guard, economic to stay steady and development to security", based on the realit, Fengxian is focusing on the new area, new city, new industry, new village, and seizing the key points of great ecological, big traffic, people's livelihood, the big data, promoting the high-quality development of "Fengxian beauty, Fengxian strength". Fengxian District has made breakthroughs in key industries, overcome difficulties in key industries, paid close attention to high-quality investment, and promoted the implementation of projects. The economic has been quickly recovered, showing good resilience in economic development.

In recent years, Fengxian has continuously optimized the industrial structure, cultivated the development momentum, activated the innovation momentum, and the economy has shown steady progress. Around the four emerging industries of "beauty and health, new energy auto parts, digital intelligence new economy, and chemical new materials", it has vigorously introduced leading enterprises to continuously strengthen the industrial chain, build an important carrier area for advanced manufacturing, the first-choice area for cutting-edge technology transformation, a vibrant area for talent innovation and entrepreneurship, and an ecologically livable industry-city integration area in Shanghai, strive to build a people's city and a city of the future that is suitable for innovation and entrepreneurship, living and business. This book makes an in-depth study of Fengxian's economy from the perspectives of agriculture, industry, service industry, fixed asset investment, consumer goods market, foreign economic situation, financial situation, real estate development situation, etc. At the same time, it makes a detailed thematic analysis on the characteristic industries of Fengxian District, such as "Oriental Beauty Valley" beautiful health industrial cluster, new energy automobile industry highland, Digital Jianghai, improving the core competitiveness of small and medium-sized enterprises, high-quality development of Fengxian New City, digital countryside, South Shanghai innovation talent highland, "waste free city" and double carbon development, and New Jiangnan Culture. The whole book is divided into one general report, eight analysis, research and judgment, and nine thematic studies. It reviews and summarizes the economic operation of Fengxian District from different angles, and puts forward corresponding analysis and judgment.

First of all, the book explains the overall situation of the economic operation of Fengxian District in the first three quarters of 2023. Fengxian seized the two historical opportunities of the new port area of the Free Trade Zone and the construction of the new city, the economic development accelerated, the new city fully developed, the business environment continued to optimize, a large number of high-quality enterprises gathered into the trend, and the economic and social development showed a good trend. Major economic indicators have recovered and the core driving force for economic growth is strong. Fengxian Digital intelligence new economic development has begun to take shape, with the "Digital Jianghai" as the engine, the scale of digital industry has grown rapidly, digital technology has enabled the rural revitalization construction to achieve remarkable results, and digital cultural industry has enabled the construction of Fengxian regional cultural soft power new highland. Fengxian plays the role of leading enterprises in the integration of the upstream and downstream of the new energy automobile industry chain, leverages industry-university-research cooperation to layout intelligent Internet-connected vehicles, and insists on the innovative development of the industry through scene construction. Fengxian adheres to the sustainable cycle of "building a city-attracting talents-entrepreneurship - development", builds Fengxian New City with high standards, accelerates the landing of various high-quality resources, and strives to create a talent highland in South Shanghai with "attracting and retaining" as the starting point.

Secondly, this book analyzes and evaluates the economic development of

Fengxian District from the perspectives of production, expenditure and income. The research shows that: from the perspective of production, rural modernization continues to upgrade, rural business entities continue to grow, industrial growth plays a significant role in driving the economy, the new momentum of economic development continues to release, the growth of the service industry gradually recovers. From the perspective of expenditure, the consumer goods market has steadily recovered, the frequent promotion of consumption policies has been beneficial, the counter-cyclical regulation of fixed assets has been highlighted, industrial investment has entered an accelerated stage, and cross-border e-commerce has been diversified. From the perspective of income, fiscal revenue has rebounded, fiscal expenditure has remained stable, real estate operations are relatively depressed, the market has shown a trend of contraction, and actively promote the construction of diversified affordable housing, the implementation of talent housing supply, application and other work.

Finally, this book summarizes and looks forward to the highlights and characteristics of Fengxian District's economic development. Fengxian accelerates the promotion of the core competitiveness of small and medium-sized enterprises, strengthens the main role of innovation, continuously optimizes the business environment, and promotes the landing of scientific and technological achievements. Fengxian will seize the opportunity of the new area, create new energy automobile industry highland, strengthen advantages in the field of auto parts and intelligent network connection, and strengthen the coordinated development of the industrial chain. Focusing on Digital Jianghai construction, Fengxian will promote the digital transformation, enrich the construction of digital scenes, and expand the breadth and depth of applications. By creating a modern consumption scene and improving the quality of urban life, it will lead a "healthy" and "beautiful" new consumer market, meet diversified needs, promote a new consumer economy, and enhance the popularity and prosperity of Fengxian New City. Further give play to the role of digital rural construction in promoting rural revitalization, and create a "Fengxian model" of digital rural construction in promoting rural revitalization. Fengxian actively promotes the construction of "waste free city", accelerates the reduction of solid waste and the utilization of resources to bring significant environmental, economic and social benefits, and has the potential to promote carbon dioxide emission reduction. Fengxian will create a cultural landmark with brand influence and promote the construction of South Shanghai cultural and creative industry cluster. Fengxian continues to gather talents and attract talents, build innovative talents highland in South Shanghai, accelerate the promotion of professional and technical talents, and optimize the working mechanism of talents.

Keywords: Econmoy of Fengxian; High-quality Development; Rural Revitalization

Contents

I General Report

B.1 Economy of Shanghai Fenxian: Analysis and Forecast (2024)

Zhu Pingfang, Di Junpeng / 001

Abstract: Under the influence of the severe international economic and trade situation, the continued slowdown in global economic growth, and the slowdown in external demand, Fengxian District will promote high-quality regional economic development in 2023 according to its positioning as the western gateway of the new area, the urban center of South Shanghai, and the dynamic new city of the Yangtze River Delta. In the first three quarters of 2023, the main economic indicators resumed their growth trend, and the overall economic operation improved. Rural modernization is constantly upgrading, and rural business entities are constantly growing; Industrial growth has a significant driving effect on the economy, and new drivers of economic development are constantly being released; The growth rate of the service industry gradually recovered, and the growth rate of fixed assets investment accelerated. The consumer goods market is steadily recovering, the countercyclical regulation of fixed assets is highlighted, and the real estate market is showing a trend of contraction. Taking into account the external environment and the development of internal driving forces in Fengxian District, it is expected that Fengxian will accelerate the pace of regional GDP growth in 2024, with a growth rate expected to be higher than that of 2023. However, it is still necessary to focus on the international economic and trade development situation, and do a good job in expanding domestic demand, promoting consumption, attracting investment, and attracting talents. Seize the opportunities of accelerating the layout of the digital industry, clustering development of the biopharmaceutical and new energy vehicle industries, rural revitalization, and the construction and development of Fengxian New City, continuously promote technological innovation, and promote sustainable economic development in Fengxian.

Keywords: Economy of Fengxian; Stable Growth; Industrial Agglomeration

Ⅱ   Topical Reports

B.2   Analysis and Judgement of Agricultural Economic Situation

in Fengxian District（2023－2024）   *Fang Shunchao* / 020

Abstract: Fengxian District adheres to the prioritization of agriculture and rural development in the "14th Five-Year Plan," continuously optimizing and enhancing agricultural structures, laying the foundation for high-quality agricultural development, especially with the continuous improvement of the brand effect of agricultural products. In terms of urban-rural integration, Fengxian District has promoted the "Three Parks and One Headquarters" project, achieving a new layout for urban and rural development. By attracting high-end headquarters and research institutions to settle in, it has established a high-quality rural industrial system. Regarding rural revitalization, Fengxian District has promoted rational allocation of land resources through deepening the "Three Areas of Land" reform, gradually forming an efficient and integrated rural layout. It continuously promotes agricultural modernization and improves the living environment in rural areas through agricultural digitization. Accelerating rural investment attraction, discounted funds have been initiated to encourage social and financial capital into rural revitalization. However, Fengxian's agricultural economy still faces challenges in rural governance, increasing farmers' income, and rural talent cultivation.

Keywords: Rural Revitalization; Agricultural Production Structure; Digital Agriculture

B.3 Industrial Economy of Shanghai Fengxian: Analysis

and Forecast (2023-2024)

Wang Yongshui, Ren Jing and Ni Runde / 034

Abstract: In the first half of 2023, in the face of a complex and severe international environment and arduous reform and development tasks, the city conscientiously implemented the decision-making and deployment of the Party Central Committee, The State Council and the work requirements of the municipal Party committee and the municipal government, firmly grasped the primary task of high-quality development, and went all out to improve confidence, expand demand, stabilize growth and promote development. Fengxian District up and down together, seize the opportunity, overcome difficulties. The region's industry has stabilized and rebounded, and its quality has improved steadily. From January to September 2023, there are 1252 industrial enterprises above designated size in the region, and the total output value of industrial enterprises above designated size reaches 206.2 billion yuan. The development of the industrial economy continued to unleash new driving forces. The industrial output value of strategic emerging industries reached 92.33 billion yuan, accounting for 44.8% of the total industrial output value above designated size in the region. The total industrial output value of the beauty and health industry above designated size reached 35.19 billion yuan, accounting for 17.06% of the total industrial output value above designated size in the region.

Keywords: Industrial Economy; Beauty Health Industry; Strategic New Industry

B.4 Service Industry of Shanghai Fengxian：Analysis and Forecast（2023－2024） *Ji Yuanyuan* / 066

Abstract：In 2022, the added value of the service industry in Fengxian District reached 48.005 billion yuan, a year-on-year decrease of 2.0%, accounting for 35.0% of the total added value in the region. This indicates that the economic structure of Fengxian District is gradually optimizing, forming a new development pattern driven by both the service and industrial sectors, entering a vibrant stage of economic development. In terms of tax structure, the tax revenue of the service industry is recovering, with a shift from negative to positive growth, consistently maintaining a leading position among the three industries, with the highest contribution rate. From January to September 2023, the service industry in Fengxian District achieved tax revenue of 30.77 billion yuan, a year-on-year growth of 14.4%, accounting for 59.06% of the total tax revenue in the region, an increase of approximately 2 percentage points compared to the previous year. Looking at fixed asset investment, although the proportion of fixed asset investment in the service industry in Fengxian District has decreased compared to the previous year, it still maintains a dominant position. In terms of industrial investment direction, from January to September 2023, fixed asset investment in the service industry in Fengxian District reached 29.043 billion yuan, with a growth rate turning positive at 12.4%, accounting for 69.97% of the total fixed asset investment in the region. When examining different sectors within the service industry, wholesale and retail continue to decline, the consumer goods market is impacted, the real estate industry is contracting, and the financial industry is experiencing a slowdown in growth. It is expected that in 2024, the consumer goods market in Fengxian District will stabilize and rebound, with online retail driving consumption recovery. The real estate market will continue to contract, but after a period of cyclical adjustment, it is anticipated to return to a growth trend.

Keywords：Service Industry；Added Value；Fixed Assets Investment；Tax Structure

B . 5   Analysis and Forecast of Fengxian's Fixed Assets Investment

in 2023–2024   *He Xiongjiu , Fu Kaibao* / 081

Abstract: This report focuses on the fixed asset investment in Fengxian District, with an emphasis on analyzing its growth, structure, and a comparative analysis with suburban areas in Shanghai. The study investigates the developmental trajectory of fixed asset investment in Fengxian District from 2012 to 2022. It reveals that during this period, the district underwent a rapid urbanization process, with real estate development investment being a major factor driving the rapid increase in fixed asset investment. Furthermore, through horizontal comparisons with suburban areas in Shanghai and an analysis of investment structure, it is observed that the proportion of industrial investment in Fengxian District has been consistently increasing, contributing to the continuous optimization of the regional industrial structure in recent years.

By comparing the total fixed asset investment with certain counties (districts) adjacent to Shanghai, the study finds that, benefiting from improved geographical advantages, Fengxian District entered a phase of accelerated growth in fixed asset investment after the "13th Five-Year Plan" period. The report suggests that due to factors such as a high base in the second half of the previous year, external environmental uncertainties, and economic downward pressure, the growth rate of fixed asset investment in Fengxian District may have slowed down in the second half of 2023. However, overall stability is maintained, providing robust support for steady and high-quality economic development. The government's goal, as outlined in the 2023 Fengxian District government work report, of achieving a growth rate of over 6% in total fixed asset investment and around 5% in industrial investment, is considered achievable.

Taking a long-term perspective, the report emphasizes the need for Fengxian District to maintain a high level of fixed asset investment to realize goals such as building an independent comprehensive node city with "industrial-city integration, complete functions, eco-friendly living, convenient transportation, and efficient governance. " This is seen as crucial for optimizing and upgrading regional industries, contributing to the high-quality development of the region, establishing a new model of the "People's City," and accelerating the integration process in the Yangtze River Delta.

Keywords: Fixed Asset Investment; Industrial Structure; Industrial Structure

B . 6   Consumer Markets of Shanghai Fengxian: Analysis

and Forecast (2023-2024)   *Di Junpeng, Song Minlan* / 106

Abstract: The Ministry of Commerce has designated 2023 as the "Year of Consumption Boost", and has issued various distinctive consumption boost policies and measures from the national to local levels. Despite facing a relatively severe international economic and trade situation, under the policy guidance of governments at all levels, the consumer goods market in Fengxian District has shown a gradual rebound trend, with fashion consumption represented by beautiful and healthy consumer goods growing rapidly. In addition, various consumption promotion activities held in Fengxian District have led a new trend in consumption, with new consumption represented by live streaming and sales bringing new opportunities to boost the consumer goods market in Fengxian District. In the future, Fengxian District still needs to focus on the transformation and upgrading of old commercial complexes, actively embrace new consumption, and timely change promotion strategies based on dynamic observation of consumption trends. In the long run, in order to ensure the sustained growth of the consumer goods market, Fengxian District still needs to pay attention to the introduction of industries, attract young people to live and stabilize residents' income expectations.

Keywords: Consumer Goods Market; Consumption Boost; New Consumption

B.7 External Economy of Shanghai Fengxian: Analysis

and Forecast (2023-2024) *Li Shiqi* / 121

Abstract: In the face of increasingly complex and volatile domestic and international economic situation, the scale of Fengxian's foreign trade in 2022 exceeded 120 billion yuan for the first time in history. In the first eight months of 2023, the total value of Fengxian's import and export was 83. 09 billion yuan, up 1. 7% year on year. The export value was 49. 42billion yuan, up 11. 2% year on year, and the import value was 33. 67 billion yuan, down9. 6% year on year. Foreign trade fluctuations have increased, and the difference between export and import performance is more evident. Fengxian comprehensive free trade zone high-quality development is steadily advancing, cross-border e-commerce highlights the year. In the first nine months of 2023, the contracted amount of FDI in Fengxian was $ 1. 062 billion, up17. 9% year on year, and the actual amount in place was $ 265 million, up0. 2% year on year. The performance of attracting foreign investment is better than the actual investment which need to be put more effort on, and the proportion of foreign investment in the regional GDP still needs to be focused on. Looking forward to the future, trade in services and digital trade are expected to become the commanding heights of global trade competition, Fengxian should seize the new area of the free trade pilot zone to enhance strategic opportunities, in-depth docking of international high standard economic and trade rules, and effectively promote the good development of foreign economy.

Keywords: External Economy; Comprehensive Free Trade Zone; FDI

B.8 Government Finance of Shanghai Fengxian:

Analysis and Forecast (2023-2024) *Cheng Dongpo* / 139

Abstract: In 2022, the Fengxian District's economy experienced a restorative growth, with significant improvement in fiscal revenue and expenditure pressure. However, some unfavorable factors that restrict long-term economic development still persist. In 2023, the Fengxian District's economy maintained a stable recovery growth, with fiscal revenue experiencing certain pressure and showing an upward trend, while expenditures continued to expand steadily. Nevertheless, the emergence of potential economic risks means that the fiscal revenue and expenditure of Fengxian District still face certain uncertainties. This article utilizes the fiscal data published by the Statistical Bureau up to August 2023, along with our on-site survey results, to conduct an in-depth and detailed analysis of Fengxian District's current fiscal situation and prospects. Additionally, we will make certain predictions about the future fiscal condition of Fengxian District. This will help us better understand the economic development of Fengxian District and provide a reference for future decision-making.

Keywords: Break Even; Revenue Growth; Expenditure Control

B.9 Real Estate of Shanghai Fengxian: Analysis and Forecast (2023-2024) *Xie Ruoqing* / 154

Abstract: The real estate industry is a support industry of the national economy, playing an important role in restoring and expanding consumption. In July 2023, the Central Political Bureau meeting clarified that in order to adapt to the new situation of significant changes in the supply and demand relationship in China's real estate market, we should adjust and optimize real estate policies in a timely manner, and make good use of policy toolboxes based on different cities. Since 2021, on the background of deleveraging in the real estate industry, real estate companies have faced dual pressures of insufficient liquidity and the peak of debt repayment, which lead the entire industry into a period of deep adjustment. Fengxian real estate market actively overcame the impact of industry cycle adjustment, COVID-19, and other superimposed factors, accelerated the listing of commercial housing projects, and effectively improved the overall contribution of the real estate market to the economic recovery of the region. In 2023, the real estate market in Fengxian showed a trend of contraction, with a rapid year-on-year decrease in the construction area and new construction area of houses. The sales area and sales volume of commercial housing have not returned to the level before COVID−19. With the introduction and implementation of new policies in Shanghai, such as "housing recognition without loan recognition", Fengxian will release the demand for improved houses, to support residents to improve their living quality and improve their living conditions.

Keywords: Real Estate Market; Cycle Adjustment; Deleveraging; Healthy and Stable Development

Ⅲ Special Reports

B.10 Scientific and Technological Innovation Empowers the Life and Health Industrial Chain, and Creates a "Oriental Beauty Valley" 100 Billion-level Beautiful and Big Health Industrial Cluster *Xie Yuegu, Zhang Miao* / 171

Abstract: At present, the international environment is becoming more and more complex, Fengxian region's economic and social development of the main expected goal is stable economic growth, continuous optimization of the structure, quality and efficiency to further improve. As Fengxian "Oriental Beauty Valley" core area of key development industries, Fengxian around the positioning of the biopharmaceutical industry, the construction of a modern industrial system, in-depth aggregation of new vaccines, precision medicine and therapeutic biological agents and other sub-sectors, vigorously develop the biopharmaceutical industry. In recent years, Fengxian "Oriental Beauty Valley" biomedical production value of industrial enterprises above the scale of rapid growth, but in 2023, from January to September, the core area of biomedical production value of industrial enterprises above the scale of negative growth. This paper analyzes the development history of biomedical industry in Fengxian "Oriental Beauty Valley", summarizes the challenges faced in the development, including the regional innovation carrier service level needs to be upgraded, the regional innovation policy system needs to be perfected, the effect of the introduction of high-end innovative talents needs to be strengthened, and the biomedical industry is facing fierce competition. The core area of "Oriental Beauty Valley" should be empowered by scientific and technological innovation to build a 100 billion beauty and health industry cluster, and seek breakthroughs on the basis of doing a better job of strengthening the characteristic industry clusters, so as to promote the upgrading and transformation of sustainable consumption of the beauty and health industry, and to continue to make a name for itself as the "Oriental Beauty Valley". Continuously play the "Oriental Beauty Valley" beautiful big health brand related recommendations.

Keywords: Science and Technology Innovation; Life and Health Industry; Innovation Strategy Source

B.11   Seize the Opportunities in the Free Trade Zone and

Achieve High-level Development in Fengxian's

New Energy Vehicle Industry   *Ma Yiyuan*, *Zhang Miao* / 184

Abstract: The automotive parts industry has always been a strong suit for Fengxian. With the establishment of Tesla's Shanghai Gigafactory in the Lingang section of Shanghai Pilot Free Trade Zone, Fengxian is closely following the trend in the automotive industry, focusing on electrification, networking, intelligence, and sharing. It's implementing a full industry chain layout for new energy vehicles, achieving significant success in the fields of new energy vehicle components and intelligent network-connected automobiles. Presently, driven by Tesla's Gigafactory, Fengxian's new energy vehicle industry has seen a rapid increase in newly registered enterprises, showcasing remarkable developmental highlights and integrating into the global market. However, it faces challenges such as a scarcity of leading enterprises, weak links in the industry chain, the need for reinforced internal dynamics, and significant competition both domestically and internationally. There's a necessity to accelerate strengthening, supplementing, and extending the industry chain, fortifying key enterprises as "chain leaders", and refining the industry service chain in order to seize opportunities and construct Fengxian as a pinnacle in the new energy vehicle industry.

Keywords: New Energy Vehicles; Industry Chain; Chain Leaders

B . 12 Promoting the Digital Transformation of Fengxian

District Focusing on Digital Jianghai

Qiao Na, Ding Botao / 198

Abstract: Fengxian District is comprehensively promoting the construction of urban digital transformation, focusing on the strategic positioning of digital Jianghai, promoting the development of digital empowerment, improving the quality and competitiveness of the city, and assisting in the construction of digital smart city. This article provides a detailed introduction to the achievements made in the construction of digital rivers and seas, as well as the urban digital transformation planning system and key tasks in Fengxian District. It analyzes the progress of urban digital transformation from the aspects of economy, life, governance, and summarizes the problems in digital infrastructure construction, data governance capabilities, digital innovation system, digital scene application, and digital dividend sharing during the transformation process. Finally, based on the actual development of Fengxian District, this article proposes suggestions for Fengxian District to promote urban digital transformation in the future by creating a good innovation ecosystem, improving citizens' digital literacy, enriching digital scene construction, building a secure operation system, and promoting cross regional collaborative development.

Keywords: Digital Jianghai; Smart City; Digital Transformation

B.13   Enhance the Core Competitiveness of Small and

Medium-sized Enterprises and Promote the

High-quality Development of Fengxian's Innovation

Ma Pengqing, *Shen Pengyuan* / 215

Abstract: 2023 is a crucial year for the construction of the Innovation Vitality Zone for Small and Medium sized Enterprises in Fengxian District during the 14th Five Year Plan period. In order to better integrate into the construction of a globally influential innovation center in Shanghai, Fengxian District actively practices the "Five Innovations" concept, continues to focus on the innovation vitality zone for small and medium-sized enterprises and the digital transformation of cities, and enhances the core competitiveness of small and medium-sized enterprises, Implement the promotion of high-quality regional economic and social development through innovation. In order to implement the spirit of national and Shanghai's innovation, Fengxian District has issued and implemented many policies. Analyzing the important innovation policies in Fengxian District since the 14th Five Year Plan can clarify the new direction and goals of Fengxian District's innovation policies; The cultivation speed of small and medium-sized enterprises in Fengxian District is constantly accelerating, and the carrier construction and innovation environment are continuously optimizing, presenting some new highlights; New achievements have been made in the transformation of scientific and technological achievements; At the same time, there are still some problems in the high-quality development of scientific and technological innovation in Fengxian District, and corresponding countermeasures and suggestions are provided.

Keywords: Fengxian District; Small and Medium Sized Enterprises; Techonological Innovation; Digital Transformation

B.14   Urban Function Construction for the Overall Improvement

of the Quality of the New City   *Meng Xing*, *Du Xuefeng* / 229

Abstract: Fengxian District, as a key node in the Shanghai metropolitan area, has the potential to be an engine for enhancing urban vitality through commercial development. However, there is currently an issue of insufficient commercial competitiveness. Fengxian New City can become a demonstration area for business digitization, promote new consumption patterns, and enhance urban visibility and prosperity by creating modern consumption scenes and improving urban living quality. Fengxian New City should lead in the development of new markets for "healthy" and "beautiful" consumption, catering to diverse needs, especially those closely associated with public transportation. The commercial functional area of Fengxian New City is fully leveraging the development opportunities outlined in the Shanghai Commercial Space Layout Plan. Relying on the Fengxian transportation hub and central activity zone, combined with resources from the beauty and health industry, it is committed to building a business center that integrates commerce, tourism, and culture. At the same time, improving the quality of the new city faces challenges, including insufficient traffic planning, issues with the commercial brand structure, the need to enhance the quality of the commercial environment, and a lack of cultural experiences.

Keywords: Commercial Functional Zone; Urban Quality Enhancement; New City Construction; High-Quality Consumption Development

B.15   Digital Rural Construction Boosts Rural Revitalization

in Fengxian   *Feng Shuhui*, *Wu Kangjun* / 246

Abstract: The construction of digital rural areas holds significant importance in promoting rural revitalization. In the implementation of the rural revitalization strategy, the construction of digital rural areas must be considered a crucial driving force. Advancing the construction of digital rural areas with high quality is also an essential component of implementing the rural revitalization strategy and building a digital China in the new era. Fengxian, as one of the first 117 pilot areas for digital rural development in the country, has examined the current status and deficiencies of its digital rural construction. This assessment aims to further leverage the role of digital rural construction in promoting rural revitalization, making it imperative to create a "Fengxian model" for digital rural construction to drive rural revitalization. This report first analyzes the theoretical mechanisms through which Fengxian's digital rural construction contributes to rural revitalization, then delves into a detailed analysis of the shortcomings of its digital rural construction in promoting rural revitalization. Based on these findings, targeted policy recommendations are proposed to enhance Fengxian's digital rural construction and contribute to the revitalization of rural areas.

Keywords: Digital Rural Construction; Rural Revitalization; Shanghai Fengxian

B.16 Gathering Wisdom, Attracting Talents: Fengxian District Forges the Innovative Talent Hub in Southern Shanghai

Zhang Meixing, Zhu Jiamei / 263

Abstract: The 20th National Congress of the Communist Party of China emphasizes that science and technology are the primary productive forces, talents are the primary resources, and innovation is the primary driving force. Fengxian district has consistently adhered to the philosophy of "eagerly seeking talents" and "learning from the wise" vigorously implementing the "talent-strong district" strategy. Focusing on the construction of the innovative talent highland in southern Shanghai, it establishes the strategic position of talent-led development, leverages the advantages of new urban talent policies, strives to create a high-quality talent environment, attracts industry-leading talents, and actively introduces and cultivates young talents. This special topic will start by examining the current situation and deficiencies in the construction of the talent highland in Shanghai. Based on the analysis and summary of the current development status of the talent team and the existing achievements in talent work in Fengxian district, it will explore the focal points and breakthroughs in further improving the talent structure, implementing talent policies, and optimizing the talent ecology. The aim is to contribute suggestions for creating a high-quality talent ecosystem in Fengxian, accelerating the gathering of outstanding talents from home and abroad, and empowering high-quality development in Fengxian.

Keywords: Talent Highland; Talent-Strong District; Talent Structure; Talent Attraction and Cultivation

B.17　Coordinate to Promot "Waste Free City" construction and
　　　 "Dual Carbon" development strategy in Fengxian District

Xu Dafeng / 278

Abstract: Under the "Dual Darbon" strategy, the main problem of ecological civilization construction is carbon reduction. There is a high degree of synergy between "Waste Free City" and carbon reduction, both in terms of goals and paths. This article outlines the measures for the construction of "waste free city" in the district, and evaluates the effectiveness of the construction of "Waste Free City" from the perspective of achieving carbon peak in the district. Revealing the problems in the construction of Fengxian's "Waste Free city. Starting from the homology between waste and carbon emissions, this paper explores the possibility of "waste free cities" leveraging the "Dual Carbon" policy, and proposes inspiration for promoting the construction of "Waste Free city" and carbon emission peaking in Fengxian.

Keywords: "Waste Free City"; Carbon Emission Peaking; Coordination

B.18　Construction of New Jiangnan Culture, Fengxian to create
a new highland of regional cultural soft power

Du Xuefeng, Liao Hui / 289

Abstract: Inorderto adhere to cultural self-confidence and promote Shanghai's cultural brand, Fengxian is in action. Jiangnan culture has nurtured and integrated Shanghai style culture and red culture, becoming the foundation of Fengxian. Both traditional and modern tendencies are insufficient to explain the connotation of Jiangnan culture, and it is urgent to construct a new Jiangnan culture that integrates the red cultural bloodline, Shanghai style cultural genes, and the essence of Jiangnan culture. Relying on the inheritance and innovation of cultural resources in Jiangnan, Fengxian is making unremitting efforts in laying out cultural landmarks with brand influence, building a cultural and creative industry cluster in South Shanghai, and developing the digital cultural industry. To build a new highland of regional cultural soft power, Fengxian needs to focus on building a new Jiangnan cultural brand and building Fengxian New City, empowering traditional Jiangnan cultural resources with the development of digital cultural industry.

Keywords: New Jiangnan Culture; Regional Cultural Soft Power New Highland; Digital Cultural Industry

社会科学文献出版社

皮书

智库成果出版与传播平台

❖ 皮书定义 ❖

皮书是对中国与世界发展状况和热点问题进行年度监测，以专业的角度、专家的视野和实证研究方法，针对某一领域或区域现状与发展态势展开分析和预测，具备前沿性、原创性、实证性、连续性、时效性等特点的公开出版物，由一系列权威研究报告组成。

❖ 皮书作者 ❖

皮书系列报告作者以国内外一流研究机构、知名高校等重点智库的研究人员为主，多为相关领域一流专家学者，他们的观点代表了当下学界对中国与世界的现实和未来最高水平的解读与分析。

❖ 皮书荣誉 ❖

皮书作为中国社会科学院基础理论研究与应用对策研究融合发展的代表性成果，不仅是哲学社会科学工作者服务中国特色社会主义现代化建设的重要成果，更是助力中国特色新型智库建设、构建中国特色哲学社会科学"三大体系"的重要平台。皮书系列先后被列入"十二五""十三五""十四五"时期国家重点出版物出版专项规划项目；自2013年起，重点皮书被列入中国社会科学院国家哲学社会科学创新工程项目。

法律声明

"皮书系列"（含蓝皮书、绿皮书、黄皮书）之品牌由社会科学文献出版社最早使用并持续至今，现已被中国图书行业所熟知。"皮书系列"的相关商标已在国家商标管理部门商标局注册，包括但不限于LOGO（ ）、皮书、Pishu、经济蓝皮书、社会蓝皮书等。"皮书系列"图书的注册商标专用权及封面设计、版式设计的著作权均为社会科学文献出版社所有。未经社会科学文献出版社书面授权许可，任何使用与"皮书系列"图书注册商标、封面设计、版式设计相同或者近似的文字、图形或其组合的行为均系侵权行为。

经作者授权，本书的专有出版权及信息网络传播权等为社会科学文献出版社享有。未经社会科学文献出版社书面授权许可，任何就本书内容的复制、发行或以数字形式进行网络传播的行为均系侵权行为。

社会科学文献出版社将通过法律途径追究上述侵权行为的法律责任，维护自身合法权益。

欢迎社会各界人士对侵犯社会科学文献出版社上述权利的侵权行为进行举报。电话：010-59367121，电子邮箱：fawubu@ssap.cn。

社会科学文献出版社

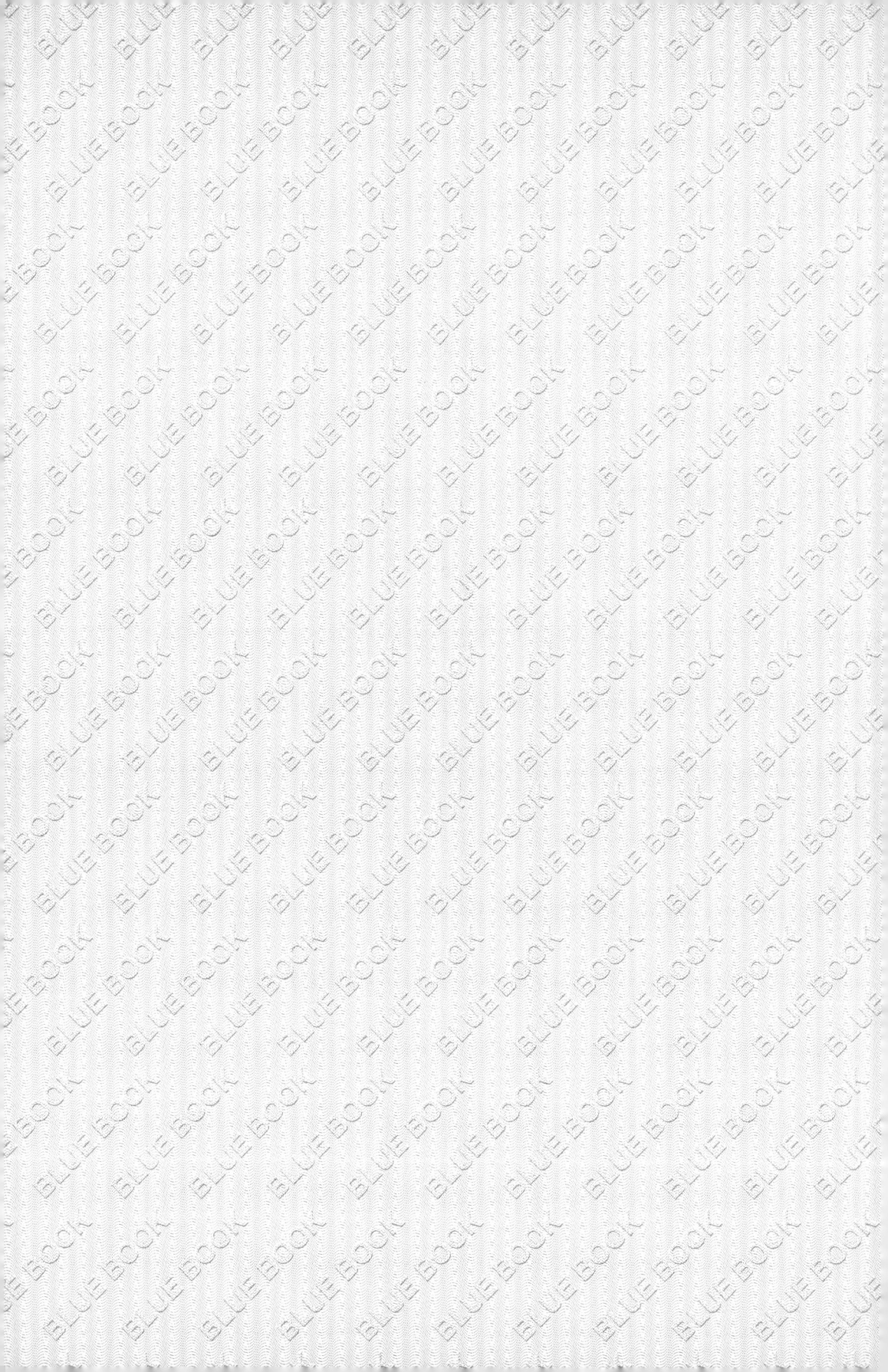